U0460643

马衔山龙文化与黄河文明

滕　力◎著

MAXIANSHAN LONG WENHUA YU
HUANGHE WENMING

敦煌文艺出版社

图书在版编目（CIP）数据

马衔山龙文化与黄河文明 / 滕力著. -- 兰州：敦煌文艺出版社,2020.12（2021.8重印）
ISBN 978-7-5468-1957-0

Ⅰ.①马… Ⅱ.①滕… Ⅲ.①龙－民族文化－研究－中国 Ⅳ.①B933

中国版本图书馆CIP数据核字（2020）第168443号

马衔山龙文化与黄河文明

滕力 著

责任编辑：尚再宗
装帧设计：王林强

敦煌文艺出版社出版、发行
地址：(730030)兰州市城关区曹家巷 1 号新闻出版大厦
邮箱：dunhuangwenyi1958@163.com
0931-8152307(编辑部)
0931-8120135(发行部)

三河市嵩川印刷有限公司印刷
开本 710 毫米×1000 毫米　1/16　印张 20.5　插页 2　字数 320 千
2021 年 4 月第 1 版　2021 年 8 月第 2 次印刷
印数：2001~4000

ISBN 978-7-5468-1957-0
定价：62.00 元

如发现印装质量问题，影响阅读，请与出版社联系调换。

本书所有内容经作者同意授权，并许可使用。
未经同意，不得以任何形式复制。

前言

Preface

　　在历史发展的长河中，中国优秀传统文化已深深熔铸在中华民族的精神品格之中，成为中华文明生生不息、代代相传的力量源泉。那么，中国优秀传统文化有着怎样的历史渊源、发展脉络和基本走向？《易经》文化系统是东方文化的精华，文字可考的就已有约五千年的历史，是中国文化百家学说的思想宝库。所以说，源远流长、丰厚华美的中国文化，其源头活水正是古老而博大精深的《易经》。

　　《易经》是华夏人文始祖伏羲将以图形语言表达宇宙万物生成的太极图演变成为符号语言的图式——八卦，经数千年来大圣先贤们不断完善而形成的文化经典。《周易·系辞上》："是故易有太极，是生两仪。两仪生四象，四象生八卦。八卦定吉凶，吉凶生大业。"这是阐述《易经》的宇宙生成理论和"一阴一阳之为道"的宇宙结构学说。老子将《易经》关于宇宙、社会、人类起源与结构的哲理概括为一句话："道生一，一生二，二生三，三生万物。万物负阴而抱阳，冲气以为和。"从老子的精辟论述中可以看出，"道生一"，是指由"道"创生了一个化身"一"，然后由这化身创生了"二"——太极——天地，从此，天地相互作用产生了世间万物。那么，这位"道"的化身是谁？他就是中国太古时代传说中开天辟地的神——盘古。从远古先民流传至今的盘古开天辟地的神话，用人人皆知的一句话来概括就是："自从盘古开天地，三皇五帝到如今。"

　　盘古不仅开天辟地，创造了宇宙万物，而且还以图形语言创造了人类文化之根——太极图，从而构成了盘古文化体系。太极图是盘古文化的标识，又被称为"天书龙图"。太极图用一个简单的形象——黑白阴阳二龙，就为人们从本质上认识宇宙事物的基本存在状态与基本的运动形式提供了内容丰富层次分明的理论依据。同时，太极图以简单隐藏复杂，创造出一个标准的形象化模式——阴、阳，这就是白色的龙代表白天，太阳（天龙），为阳；黑色的龙代表黑夜，大地（地龙），为阴。从此，由太极图衍生的太极文化便成为盘古文化的核心。

盘古是"龙首蛇身"，所以被远古先民尊称为"龙祖"。明代董斯张《广博物志·卷九》引《五运历年纪》载："盘古之君，龙首蛇身，嘘为风雨，吹为雷电，开目为昼，闭目为夜。"盘古文化体系的核心是开天辟地、创生宇宙万物，就是中国远古时代的太极文化，成为中国远古时代的"龙文化"。创世神话追溯万事万物的由来，是民族文化之根、民族精神之根，中华创世神话凝聚着全体华人的民族意识。伏羲根据太极图创立了先天八卦，是对盘古文化的核心——太极文化，亦即龙文化的传承和弘扬。这就是说，龙文化是中国文化的本源，华夏民族的根文化。

自距今8000余年的新石器时代至今，龙文化几乎贯穿了这一漫长而复杂的文化发展历程，并在宗教、政治、文学、艺术等各个领域起着重要作用。这种现象在人类发展史上是罕见的。2000年4月3日，国务院原副总理钱其琛在《深刻开掘和研究龙文化的精神内涵》一文中讲到："我们必须深入开掘和研究龙文化的内涵和底蕴，只有这样，才能使我们对龙文化的认识和理解达到科学而不盲目、深刻而不肤浅、全面而不片面的境界。"作为龙的传人，不能对中国的龙文化一无所知。不了解龙文化，就无法了解古老的中华文明。中国龙文化是一门史前历史文化。

黄河，中华民族的母亲河，华夏文明的摇篮。黄河流域孕育出与尼罗河文明、两河文明、恒河文明等一样璀璨夺目的文明。在中国古代文明的发展史中，黄河文明是最有代表性、最具影响力的主体文明。中共甘肃省委党校原常务副校长范鹏教授说："从人文地理的角度来说，黄河在甘肃这一段正好是华夏文明与中华民族形成的地方，黄河两岸支流密布，在这种支流与干流形成和演化的过程中，孕育出了中华民族和中国文化。所以我们把黄河称为母亲河。黄河作为母亲河，最重要的一段应该是西北地区这一段，这一段可以称之为华夏文明的源头。所以黄河文明、黄河文化实际是中华文明、中华文化源头。"这就是说，黄河文化的核心就是黄河文明。黄河文明不仅是东亚，也是世界上唯一延续至今的文明。

中华远古黄河文明的正式兴起，是源于神秘的太极图。大约在8000—7000年前，正是母系社会的繁荣时代，在黄河流域古龙山（今陇山）的西麓，即今天的大地湾一带，诞生了一位伟大历史人物——伏羲。相传，伏羲在渭水河畔得到了龙龟从马衔山（古空同山）天池历尽艰辛，沿着奔腾湍急的渭河而下送来的"天生神物"——太极图，此图又被称为"天书龙图"。经过长期地观察研究，伏羲根据太极图创制了先天八卦，开启了中华民族的灿烂文明。

龙文化是黄河文化的重要组成部分，是中国古代传统文化的精髓。中华文明的起源和发展，也是龙文化形成的过程。龙文化自从形成后，就一直在中国优秀传统文化中得到传承和弘扬。如《易经》乾卦六爻爻辞关于"潜龙勿用"、"见龙在田"、"或跃在渊"、"飞龙在天"、"亢龙"、"见群龙无首"的论述和《周易·文言》对"六龙态"的进一步阐述就是有力的佐证。龙文化的内容不仅在浩瀚古籍中有着多角度体现，而且龙的形象又以历史文化为背景，以文物实体、龙神话为载体出现。

龙神话是中国古代神话的重要组成部分，是中华龙文化传承的重要载体。本人研究中国龙神话的目的，是试图通过对中国古代龙神话系统深层结构的探索，找到中国传统文化的根脉之所在。因为，中国龙神话传承和弘扬了中国传统文化的正能量。以中国龙神话来宣传弘扬中华优秀传统文化的重要思想，对于追溯中华文化的源流、探究中华文化的传承、瞻望中华文化的走向，对于为中华民族精神家园立根铸魂、为中国特色社会主义事业发展凝心聚力，都有重大意义。

神话本身构成一种独立的实体性文化。神话通常体现着一种民族文化的原始意象，而其深层结构中，深刻地体现着一个民族的早期文化，并在以后的历史进程中，积淀在民族精神的底层，转变为一种自律性的集体无意识，深刻地影响和左右着文化整体的发展。在这个意义上，追溯中国原始龙神话的起源，就绝不仅仅是一种纯文学性的研究。这乃是对一个民族的民族心理、民族文化和民族历史最深层结构的研究——对一种文化之根的挖掘和求索。

作者

2019 年 8 月于靖远

目录
COntents

故事的渊源关系

第五章　老子文化

第六章　龙凤文化

第七章　文化圣苑

第八章　丝绸古道

马衔山龙文化与黄河文明

第九章　西平郡王

第十章　龙神赛会

第一章
盘古文化

第一章
盘古文化

　　在人类原始文化中，神话居于一种特殊的地位。神话是人类社会童年时期的产物，一个大人固然不能再变成一个小孩子，可是一个小孩子的天真烂漫毕竟也还是令人高兴的。从神话里，我们可以看到古代先民的思想观念是怎样的，他们怎样设想世界的构成，怎样歌颂人类的英雄，怎样向往生活过得更加美好等等。神话虽然不是历史，但可能是历史的影子，是"历史上突出的片段纪录"。（翦伯赞《中国史纲》）作为一种早期文化的象征性标记，远古神话是每个民族历史文化的源泉之一。

　　中国、印度、希腊、埃及，古代都有着丰富的神话，希腊和印度的神话更是相当完整地被保存下来。神话是远古时期的产物，它的流传又因为社会性质的改变而造成变形或消亡，因此它的保存特别依赖于古文献的记录。由于中国奴隶社会和封建社会初期战乱频繁，往往造成书籍大量散失，致使一些侥幸入书的神话，也得不到保存。如秦始皇焚书、项羽烧咸阳，乃至西汉、汉魏、两晋时期的动乱，都造成书籍的大量流失。所以，只有中国的神话，原先虽不能说丰富，可惜中间经过散失，只剩下一些零星的片段，东一处西一处地分散在古人的著作里，毫无系统条理，不能和希腊各民族的神话媲美，是非常遗憾的。

　　不幸中的幸事，中国神话的片段还赖有诗人和哲学家这两种人来加以保存。例如屈原的《离骚》、《九歌》、《天问》、《远游》……在这些瑰丽的诗篇里，遗留给我们多么丰富的神话和传说资料。尤其是《天问》一篇，光怪陆离，上天下地，无所不包。《庄子·逍遥游》里鲲鹏之变的一段描写，如果不加以仔细地考校，谁都会以为这不过是一段寓言罢了，不会把它当作一段神话看的，实际上它却是一段相当古老的神话。又如《列子·黄帝篇》的华胥氏之国、《汤问篇》中的终北国，都是优美的神话。其他如《墨子》、《韩非子》、《吕氏春秋》、《淮南子》等里面都可以找出不少。

长期以来，西方人有一种偏见，认为中国缺乏神话，是一个没有神话的民族。神话作为一门学科，在中国草创于"五四"新文化运动时期。当时一大批文学家、史学家、语言学家、民族学家等从不同的角度研究神话，如顾颉刚从史学角度、闻一多从文化人类学角度、杨堃从民族学角度、鲁迅从历史文化学角度、茅盾从神话学角度研究神话……袁珂先生传承薪火，提出了"广义神话"论，认为只要自然力未能全部为人类所支配，就有产生神话的可能。他深知中国有着极为丰富多彩、种类繁多的神话传说却又如散珠碎片湮没在浩瀚的经、史、子、集等古籍资料中。近六十年间，他孜孜不倦地从事神话整理和研究工作。他最大的贡献是对异常丰富而又极端零碎的中国神话资料作了详尽而严谨地整理、汇编，以及对《山海经》等含有丰富神话材料的古籍进行了缜密校注、校译，从而构建了中国神话资料的庞大体系。

一、盘古神话

神话一般大致可分为五类：创世神话、始祖神话、洪水神话、战争神话、发明创造神话。其中以创世神话最为重要。

创世神话反映的是原始人的宇宙观，用来解释天地是如何形成的，人类万物是如何产生的。又可粗分为世界起源神话、人类起源神话、文化起源神话。但是，不是每一个民族一定会同时拥有上述几种神话，有些民族可能讲到人类起源，却没说到文化起源，尽管如此，都仍可归纳一个神话和英雄们的种种事迹相关联。在中国，以盘古开天辟地故事最为著名。

始祖神话是指有关人类起源的神话。几乎每一个民族都会有这一类的神话，甚至有些还有不少有趣的相似性。譬如说关于造人，有意思的是它们都认为人类是神用泥土造出来的。不同的仅是造人的神，在中国则首推伏羲、女娲，希伯来人则是他们信奉的耶和华上帝，古希腊神话中则是普罗米修斯。他们都是些对人类充满慈爱和关怀的神。

　　洪水神话是以洪水为主题或背景的神话，在世界各地普遍存在。中国汉民族古代文献中的洪水神话，则主要把洪水看作是一种自然灾害，所解释的是与洪水抗争、拯救生命的积极意义，看中人的智慧及斗争精神。这些洪水神话中最杰出的英雄当数鲧、禹父子，《山海经·海内经》就有记载。

　　在中国，战争神话主要记载黄帝、炎帝和蚩尤之间的战争。其内容载于《山海经·大荒北经》《山海经·大荒东经》《史记·五帝本纪》《帝王本纪》《史记索隐》等古籍之中。

　　发明创造神话的主人公通常是人的形象。他们都有着神异的经历或本领，他们的业绩在于创造和征服。在中国，如燧人氏、有巢氏、伏羲氏、神农氏、仓颉、后稷等。

　　目前中国古籍中记述神话较多的有《山海经》《楚辞》等，在《国语》《左传》及《论衡》等书中也保存有片段材料。现存的唯一保存古代中国神话资料最多的著作是《山海经》，全书共分十八卷。《山海经》一书"是由帝禹时代的《五藏山经》、夏代的《海外四经》、商代的《大荒四经》、周代的《海内五经》四部古籍文献资料合辑而成的。"（马博主编《山海经》）里面所述神话，虽是零星片段，还存本来面貌，极其珍贵。

　　每个古老民族都有关于万物创生的神话，在中国开天辟地的是盘古氏。盘古神话第一次从民间传说转向文字记载，早在商周交替时代，已有盘古名号出现在典籍中。战国时期成书的《六韬》载："召公对文王曰：'天道净清，地德生成，人事安宁。戒之勿忘，忘者不祥。盘古之宗，不可动也，动者必凶。'"（宋《路史·前纪一》罗苹注引）召公，即周初的召公奭和太公望（姜子牙）同保周文王。由此可见，在西周太公望作《六韬》时，已有盘古名号，只是从远古时期留下来的盘古祠及宗庙是不能擅自动的，动则招凶。因为，国之大事，在祀与戎。故，召公才对文王建议"不可动也"。

　　中国龙神话，用中华民族大家庭中人人皆知的一句话来概括，就是"自从盘古开天地，三皇五帝到如今"。钱其琛 2000 年 4 月 3 日在《深刻开掘和研究龙文化的精神内涵》一文中对中国龙神话做了精辟地论述：

"由于龙是中华民族集体力量的象征，能够对中华民族团结合力做出贡献的带头人，就往往被看成龙的具体化身。在中华民族的历史文化传说中，盘古、伏羲、女娲、黄帝等代表人物，都是龙的部分或全部化身。这种善良的愿望，以后曾被封建统治者所利用，他们自称'真龙天子'，把自己的身躯称作'龙体'，把自己的衣服称作'龙袍'等等，企图以此来维护和延续自己的统治。但是，凡不能真正为中华民族谋利益，不能真正追求中华民族团结统一的统治者，都会被华夏儿女唾弃。"实际上，中国龙神话这一现象是一定文化背景的折射，是一种民族文化心理的曲折反映，其认识价值远远超出现象本身。

盘古开天辟地是中国最具神话色彩的古老传说之一，史料中对此多有记载。在中国四大奇经之一的《山海经》中，盘古是以不同名号和各种化身出现在人们的视野里。如《山海经·大荒北经》载："西北海之外，赤水之北，有章尾山。有神，人面蛇身而赤，直目正乘，其瞑乃晦，其视乃明，不食不寝不息，风雨是谒。是烛九阴，是谓烛龙。"《山海经·海外北经》云："钟山之神，名曰烛阴，视为昼，瞑为夜，吹为冬，呼为夏。不饮，不食，不息，息为风，身长千里。在无启之东。其物为人面蛇身，赤色，居钟山下。"又如《山海经·海内东经》中的"雷神"。袁珂先生在《山海经校注》中说："谓此神当即是原始的开辟神，征于任昉《述异记》：'先儒说：盘古氏泣为江河，气为风，声为雷，目瞳为电。古说：盘古氏喜为晴，怒为阴。'《广博物志·卷九》引《五运历年纪》：'盘古之君，龙首蛇身，嘘为风雨，吹为雷电，开目为昼，闭目为夜。'信然。盘古盖后来传说之开辟神也。"

三国时吴人徐整的《三五历记》载："天地混沌如鸡子，盘古生其中。万八千岁，天地开辟。阳清为天，阴浊为地。盘古在其中，一日九变，神于天，圣于地。天日高一丈，地日厚一丈，盘古日长一丈。如此万八千岁，天数极高，地数极深，盘古极长。后乃有三皇。起数于一，立于三，成于五，盛于七，处于九，故天去地九万里。"

徐整在《五运历年记》又说："天气鸿蒙，萌芽滋始，遂分天地，肇立乾坤，启阴感阳，分布元气，乃孕中和，是为人也。首生盘古，垂死化身。气成风云，声为雷霆，左眼为日，右眼为月，四肢五体为四极五岳，血液为江河；筋脉为地里，肌肉为田土，发髭为星辰，皮毛为草木，齿骨为金石，精髓为珠玉，汗流为雨泽，身之诸虫，因风所感，化为黎甿。"这就是说，宇宙本是混沌一片，是因盘古殚精竭虑，开天辟地，不惜以生命换来生机勃勃的大千世界。

盘古为什么有那样大的神力？因为盘古是龙。徐整在《五运历年记》中说："盘古之君，龙首蛇身，嘘为风雨，吹为雷电，开目为昼，闭目为夜。死后骨节为山林，体为江海，血为淮渎，毛发为草木。"（明·董斯张《广博物志·卷九》引《五运历年纪》）在甘肃有一首《盘古龙》的歌谣流传："盘古龙，盘古龙，尸身变成万座峰，血流成河汇成海，毛发长成千亩林。双眼睛，亮晶晶，飞向天空照万民。"（刘玉琴《对民俗的历史解读与开发》）这首歌谣生动地表现了中国创世神的形象。人们把这开天辟地而又顶天立地的形象赋予龙，是对龙神推崇至极的表现。这充分说明在中国远古文明史上，始终崇拜着一位至高无上的龙神，它就是"龙祖"——盘古。

"自从盘古开天地，三皇五帝到如今。"从这句名言中我们可以得知，在三皇之前，最远古的"龙神"就是龙祖盘古。三皇者，即中华民族的三位人文之祖——伏羲、神农、黄帝。伏羲为"三皇之首"，母亲是华胥氏。伏羲氏是中国古籍中记载的最早的王之一，所处时代约为新石器时代中晚期。汉晋古籍不仅记叙了伏羲生地，还记载了伏羲履迹兆孕的神奇传说。《诗含神雾》载："大（人）迹在雷泽，华胥履之，生伏羲。"（《太平御览》卷七八）西晋皇甫谧在《帝王世纪》中说："太昊帝庖牺氏，风姓也。母曰华胥，有巨人迹出于雷泽，华胥履之，有娠，生伏牺，长于成纪。"从以上文献记载可知，伏羲是其母华胥氏在雷泽履大人（巨人）迹而孕。那么，华胥氏在雷泽"履"的是哪位大人之迹？中国古代神话地理名著《山海经·海内东经》就有明确的记载："雷泽中有雷神，龙身而人头，鼓其腹。在吴西。"此后，西汉《淮南子·地形训》也有类似的记载："雷泽有神，龙身人头，鼓其腹而熙。"由此可知，华胥氏在雷泽"所履之迹"，也就是雷神之迹。

在《易经》八经卦中，我们知道震卦是以雷来表征其性质，具有震动的功能，万物取象中为龙。《周易·说卦》云："震为雷，为龙。""震，雷也。"（《谷梁传·隐公九年》）说明先民在他们最早的认识中，就把"雷"与"龙"联系在了一起。否则按卦辞安排，只会用龙来比象乾卦，不会用龙来比象震卦。因为，在整部《易经》中，只有乾卦爻辞是用龙来表征的。说明"龙"与"雷"有着密切的联系。为什么会出现这样的情况，说明先民通过长期的生产实践和观察，雷电具有十分强大的震动功能。在先民的认识上，已经清楚地知道雷与龙的关系。这一点也清楚说明了"龙"字发音为"隆"来之于先民敬畏的惊天之雷，所以在以研究世界万象规律为己任的《易经》中，先民才会把震卦从取象雷到比类为龙进行联系。所以，王充《论衡》曰："雷龙同类，感气相致。"雷神者，亦就是"龙神"也。那么，华胥氏在雷泽所履雷神之迹，也就是龙祖盘古之迹。

盘古开天辟地的神话流传广泛，在中华民族中世俗皆知。神话是神秘化的历史，传说是艺术化了的历史。在它异形的外壳里，包含着一定的真实。盘古神话是超越民族、跨越国界的开天辟地创世神话，盘古神话十分古老，它反映了原始社会先民对"龙神"的崇拜，也反映了原始先民的思维发展和原始宇宙观，揭示了宇宙起源的模式。盘古不仅开天辟地，垂死化生，创造了宇宙万物，而且还以图形语言创造了人类文化之根——太极图，从而构成了盘古文化体系。

盘古文化体系的核心是开天辟地、创生宇宙万物，它也是中国远古时代的太极文化。因为，在太极文化中天为阳、地为阴，古人用阴阳理论来阐述天地生成和变化。太极文化阐述的宇宙发展公式是：无极→太极→阴阳→万物→生生不息。伏羲对人类的伟大贡献：第一是发现了太极文化的两个密码——阴码与阳码；第二是发现了宇宙规律。伏羲根据太极图而创生了八卦，是阐明宇宙从无极而太极，以至万物化生的过程。其中的太极即为天地未开、混沌未分阴阳之前的状态。两仪即为太极的阴、阳二仪。《周易·系辞上》曰："是故易有太极，是生两仪。两仪生四象，四象生八卦。"其意思是说，《易经》创作之先有太极，太极变而产生天地阴阳，即所谓两仪，变而产生象征四时的太阳、太阴、少阳、少阴四象，四象变化而产生天、地、水、火、风、雷、山、泽的八卦。《易经》中的八卦代表了天、地、水、火、风、雷、山、泽八种自然现象，涵盖天地间的这八种自然现象又化生了万物。

《道德经》是春秋时期老子所著，是中国历史上首部完整的哲学著作。《道德经》中所讲的"道生一，一生二，二生三，三生万物"揭秘了伏羲根据太极图创生八卦的历程，这一历程被老子认为是伏羲发现宇宙万物生成的过程。"一阴一阳之谓道。"（《周易·系辞上》）这就是说，道是阴阳，太极图就是它的核心思想。因为，盘古开天辟地，创生了天地阴阳万物，所以，老子认为龙祖盘古就是"道"的化身。八卦蕴涵了太极图的全部信息，因此老子把太极八卦提高到了他整个思想中的最高范畴——"道"，认为八卦是道的载体。

道是宇宙的本原，万物的始基。"道"的概念是老子第一个提出的，用以说明宇宙的本原、本体、规律、原理等等。在老子以前，人们对生成万物的根源只推论到天，至于天有没有根源，并没有触及。至老子时，开始推求天的来源，提出了道。他认为，天地万物都由道而生。老子在《道德经》中所讲的"道生一，一生二，二生三，三生万物"即"龙祖盘古"开天辟地，创生宇宙万物的全部历程。"道生一"，这里的"一"就是指"道"的化身——"龙祖盘古"；"一生二"，就是"龙祖盘古"开天辟地创生天地阴阳；"二生三"，有了天地即太阳和地球后，在太阳和地球的相互作用下产生了覆盖地球面积71%的天然物质——水；"三生万物"，这里的"三"，广义是指太阳、地球和水；狭义上的"三"，就是指地球上的水，包括天然水（河流、湖泊、大气水、海水、地下水等）。

水是地球上最常见的组成部分，水在生命演化中起到了重要作用。根据科学家的研究证明，数十亿年前地球上有生命的物体都是从水中衍生而来，水是生命的起源。至今，所有有生命的动植物都离不开水，水更是人类的生命源泉。伏羲八卦中的乾、坤、坎、离四卦，形象地展现了"龙祖盘古"开天辟地，创生天地万物的图式。（图1）离、乾、坎、坤四卦分别位于伏羲八卦东、南、西、北的四正方位，处于太极图的春分、夏至、秋分、冬至的位置。如果将这四卦以太极图的四维弦线把它们连接起来，这样离、乾、坎、坤四卦则在太极图中形成了一个呈菱形的正四方形，那么，离、坎则位于菱形正四方形的东、西方；乾、坤则位于菱形正四方形的南、北方。在伏羲八卦中离卦代表龙祖盘古，《周易·说卦》曰："离，为火。"《金龙训言》："雷龙本是火生成。"由此可知，创生太阳和地球的龙祖应该是一条火龙。离、乾、坎、坤四卦在太极图中形成的菱形正四方图形，正是龙祖盘古开天辟地创生天地万物的真实写照：首先由离卦分别产生了乾卦、坤卦，即离（龙祖）→乾（太阳）、离（龙祖）→坤（地球）；然后由乾卦和坤卦相互作用产生了坎卦，即乾（太阳）→坎（水）、坤（地球）→坎（水）。

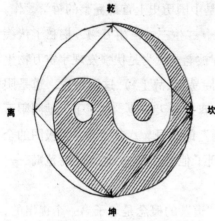

图1 伏羲八卦离、乾、坎、坤卦

老子在探究《易经》的过程中，发现了伏羲八卦中的乾、坤、坎、离四卦是揭示宇宙万物生成的奥秘。于是，老子在《道德经》第四十二章中提出了自己的精辟论述："道生一，一生二，二生三，三生万物。"用朴素的辩证思维构建起《道德经》独特理论体系和深邃的思想蕴涵。其内容重在详尽论述作为宇宙本体、万物之源和运动规律的天道，并将这种天道用以观照人道，指导治国和修身，直面现实社会，涉及宇宙、自然、社会、人生的各方面。由上所述可知，伏羲八卦是传播盘古文化的重要途径，《易经》和《道德经》是共同传承和弘扬中华龙文化的重要载体，它们都是太极文化的经典之作。

二、龙之世界

太极图是太极文化的精髓，它涵盖宇宙诞生、天体形成、地球演化、生命诞生及进化，内涵博大精深，义理奥妙无穷。太极图揭示了龙祖盘古开天辟地、创造宇宙万物一个鲜为人知的奥秘，即龙祖盘古开创了一个庞大无比的龙之世界。在这个龙的世界里，我们将它们主要分为三大类型：天象龙、生物龙和神物龙。

（一）天象龙

天象龙中最大的龙是天龙和地龙，它们就是太极图中相互扭抱的黑白二条龙。白色的龙，象征白天，为阳，代表天龙——太阳；黑色的龙，象征黑夜，为阴，代表地龙——地球。黄帝曰："余闻天为阳，地为阴，日为阳，月为阴。"（《黄帝内经·天枢》）太极图中白色的龙眼"〇"与黑色的龙眼"●"，它们既是阳和阴的标识，又分别代表白色的龙和黑色的龙，亦代表天龙和地龙，它们的形状同为圆形。天龙和地龙不仅是天象龙中最大的龙，也是所有龙类中最大的龙。正是《三五历记》所言："天地混沌如鸡子，盘古生其中。万八千岁，天地开辟，阳清为天，阴浊为地。"

龙祖盘古在开天辟地时首先创造了天龙（太阳）、地龙（地球）及宇宙，然后在历时数十亿年的漫长岁月中，又逐步地创生了地球上的万物及人类。《周易·说卦》云："乾，天也，故称乎父。坤，地也，故称乎母。"乾父坤母，万物俱为天地所生，而人类得天独厚，人类具有最高之性灵，人类为万物之灵，从而形成了天、地、人三界之世界。

1972 年，在湖南长沙马王堆一号汉墓中发现了一件彩绘的帛画。这幅画覆盖在马王堆一号汉墓锦饰内棺的盖板上，保存完整，色彩鲜艳，内容丰富，形象生动，技法精妙，是不可多得的艺术珍品。帛画长 205 厘米，上端宽 92 厘米，用单层的细绢作地，绢地呈棕色，T 形，上宽下窄。其制作方法是用三块绢帛拼成，中间用一长条整幅的绢，再取相当于长条三分之一的绢裁成两半，分别拼接在长条上部的两侧。中部和下部的两个下角，均缀有青色细麻线织成的筒状绦带，长均为 20 厘米余。帛画制作精美，线条流畅，充分反映了汉初绘画艺术的风格和成就，而且以神话与现实、想象与写实交织而成的诡异绚烂场景为构图，极具龙文化内涵。画面内容也依 T 字形的横幅和竖幅划分为天国、人间、地府三个部分。

长沙马王堆一号汉墓出土的这幅彩绘帛画，形象地描绘了龙祖盘古开天辟地，创生宇宙万物形成天、地、人三界的缩影。（图 2）横幅部分描绘的是天界。帛画所绘内容，自上而下可分为上天、人间、地下三个世

图 2　湖南长沙马王堆一号汉墓出土彩绘非衣上的龙神话世界

界，而龙遍布整个画面，起着沟通的作用，使三界成为一个整体。上天正中为一人面蛇身的大神，披发危坐，红色的长尾自环于周围，而交于身下，两旁有五只鸟正曲颈向上。大神左右各有日、月，右上角绘一轮红日，日中有一只黑色的鸟，应为太阳神鸟"金乌翼龙"。其下有一扶桑树，枝叶间挂有八个小太阳。左上角绘一弯新月，月上有一只口衔流云的蟾蜍，还有一只玉兔。月下有一女子双手托月，似在飞舞，应为嫦娥奔月。在两边的日月之下，各有一条巨龙，二龙长身兽足、展翅飞翔，龙首相对，张口吐舌。上天正中人面蛇身的这位大神就是龙祖盘古，其左右的日月，象征着龙祖盘古开天辟地，垂死化生的两大巨龙天龙（太阳）和地

龙（月亮，月为阴，代表地球，其两者同为地月系）。正如徐整在《五运历年纪》中所言："气成风云，声为雷霆，左眼为日，右眼为月。"由此可知，位于日月左右下方的两条巨龙，正是代表着天龙和地龙。

在横幅部分画面上部的最下边，对立着两个横坐的柱子，形成一个门道，门柱上各有一只小豹子，柱间有二人衣冠楚楚，头戴"爵弁"，拱手对坐，可能就是天门的守护神。其上有两个骑偶蹄动物的异兽，异兽各执绳索牵着一只环钮的奇特的钟，钟的两铣系有组带。异兽所骑动物，身着白地花衣，头和四足皆赤。钟的上面又有两只展翅俯瞰的鸟，与人首蛇身的神人两旁的鸟相似。

帛画下部的图像，最显著的是两条各为青色和赤色的龙分列左右，相互而交穿过画面中部的谷纹巨璧，龙头高昂直趋天门，龙尾曲长延至地底。天门之下，大地之上，则是人间。谷纹巨璧与交龙将这一部分画面自然地又分成了两个段落，即上为人间，下为地下。谷纹巨璧之上，两个龙首之间，绘拄杖而立的老妪，左侧有两个男人举案跪迎，右侧有三个侍女拱手相随。其下画一厅，设有壶、鼎、钫及重叠的耳杯之类的酒食具，其中又有一个大食案，上面铺着锦袱，左右侧各有三人拱手而坐，另有一人站在一侧。老妪的发髻之上插有长簪，簪首的白珠垂于额前。老妪和侍女所穿曳地的长袍均为曲裾，老妪的长袍带彩色花纹，三个侍女的长袍分别为黄、红、白色。跪迎的两个男人的长袍则为红色和青色。这些人物的脚下，有白色的平台，平台的侧面饰以勾连雷纹。平台之下，斜置一个划分成十六格的方板，板的两侧各有一只赤色的斑豹。这一部分上端与"天门"相连的地方，绘有带垂幛的华盖，盖上有两只长尾朱雀相对而立，中央则是一个大花朵，盖下有一展翅飞起的怪物。这位老妪无疑就是墓主人的写照，而双龙与璧结成一体，刚好组成了一副升天龙舟，负载墓主人的灵魂升入天堂。

最下部为地下部分，描绘了一对相交的青躯、红鳞、巨鱼，巨鱼之上立有胯下乘蛇的赤身力士顶托着平板状的大地。根据《楚辞·招魂》王逸注，这位赤身力士是幽都的土伯。力士的两侧，各有一个口衔灵芝状物的大龟，龟背上各立一只鸥鹭。地府中更有面目狰狞的狗和双目圆睁的猫头鹰，它们虽不吉利，却能镇压地府中的妖魔。这幅帛画的内容极为丰富、复杂，从人间到天上、地下，从现实到幻想，从整体看，表现手法多样而协调，正如用多种乐器合奏出的一首奇变而和谐的交响乐。综观全幅帛画共有四龙，皆长角、尖耳、兽足、蛇躯，其形象与后世龙已基本无异；四龙纵横驰骋于天、地、人三界，充分体现出其通天神兽的特性。

对于帛画中这一人首蛇身的形象，学者多有论辩，至今仍众说纷纭。有人认为此神应是烛龙，（安志敏《长沙新发现的西汉帛画试探》）有人则认为是镇木神，（顾铁符《座谈长沙马王堆一号汉墓》）郭沫若认为应是"女娲"，（郭沫若《桃都、女娲、加陵》）钟敬文则提出了"伏羲说"，（钟敬文《马王堆汉墓帛画的神话史意义》），而孙作云也认为此一人首蛇身神应是伏羲。（孙作云《长沙马王堆二号汉墓出土画幡考释》）笔者通过详细地分析与研究后，认为此一人首蛇身像，既不是伏羲，也不是女娲，而是龙身（烛龙）人首的龙祖盘古。其理由如下：

1.在中国，以图案来装饰墓室的风俗由来已久。早在商代的侯家庄1001号大墓中，就已发现有雕刻花纹的木板，可知墓室装饰在中国的发展甚早。如战国时期墓葬绘画内容主要包括以下三个方面：一是由众多神人灵异构成的诡秘怪诞世界；二是由人物和人物活动构成的人间现实场面；三是由日月星辰构成的宇宙天象景致。（贺西林《古墓丹青——汉代墓室壁画的发现与研究》第143页）可见早期中国人的灵魂观念与丧葬信仰系统，就是由这些神人灵异、日月星辰构筑而成的。

2.到了汉代以后，由于受到雷神（龙祖）神话以及龙蛇崇拜的影响，在汉代的许多壁画墓、墓室画像石、画像砖上，出现了数量不少的伏羲、女娲结合在一起的形象。原则上，汉代的伏羲、女娲的形象是战国时期就已经形成的"人首蛇身"基本形象特征的延续，随着社会环境的变迁与宗教信仰的演化，伏羲、女娲往往又与阴、阳的概念相结合，或奉日捧月，或执规持矩，因而使得这两位原始的神灵又被赋予了不同的形象含义与信仰功能。不仅将伏羲、女娲视为墓室的日、月及主宰阴、阳的两位大神，更被视为是天龙（阳龙，太阳）与地龙（阴龙，月亮）的象征和标识。由汉画像中伏羲、女娲的形象意涵可知，长沙马王堆一号汉墓出土的这幅彩绘帛画中的这位龙神就是龙祖盘古。

龙祖盘古在创造天龙（太阳）与地龙（地球）的同时，又创生了天象龙中的星象龙，这些星象龙是由天空的星体组成的。它们就是中国远古时代先民心目中的东方苍龙星、南方朱雀星、西方白虎星、北方玄武星，这四大星象各自由七个星体组成，即东方苍龙星：角、亢、氐、房、心、尾、箕七星；南方朱雀星：井、鬼、柳、星、张、翼、轸七星；西方白虎星：奎、娄、胃、昴、毕、觜、参七星；北方玄武星：斗、牛、女、虚、危、室、壁七星。四大星象中除东方苍龙星外，其他三大星象分别代表不同的动物属性，为何要将它们都称之为星象龙？这主要缘于它们各自的"龙化"特性和神物性。

在古人心目中，天象龙除了天龙、地龙、星象龙外，其他一些现象也与龙有关系。如云、雷电、虹等。

龙与云 《易》曰："云从龙。"《十三经注疏·上》："龙是水畜，云是水气，故龙吟则景云出，是云从龙也。"《淮南子·地形训》："黄龙入藏生黄泉，黄泉之埃，上为黄云。……青龙入藏生青泉，青泉之埃，上为青云。……赤龙入藏生赤泉，赤泉之埃，上为赤云……白龙入藏生白泉，白泉之埃，上为白云。……玄龙入藏生玄泉，玄泉之埃，上为玄云。"韩愈《杂说》曰："龙嘘气成云，云固弗灵于龙也。然龙乘是气，茫洋穷乎玄间，薄日月，伏光景，感震电，神变化，水下土，汩陵谷。云亦灵怪矣哉！云，龙之所能使为灵也。若龙之灵，则非云之所能使为灵也。然龙弗得云，无以神其灵矣。失其所凭依，信不可欤！异哉！其所凭依，乃其所自为也。《易》曰：'云从龙。'既曰龙，云从之矣。"

龙与雷电 古"神"字是没有"示"字旁的，"申"在卜辞中"像闪电之形，当为电之本字"。"电"能成"神"，盖源于雷电的功能与声形。雨水是先民生产生活的命脉，雨水往往有雷电相伴随，而雷电的声音和形状又是那么的奇妙无常，令人恐怖。那么，雷电之神和龙又是怎样的关系呢？王充在《论衡》中分析说："雷龙同类，感气相致"；"龙闻雷声则起，起而云至，云至而龙乘之。"《夷坚志·苕溪龙》："莫子蒙在吴兴，挈家游苕溪。时六月上旬，荷华极目，饮酒啸歌，尽清赏之致。日下昃，望数里外火煜煜起，少焉渐近，阴风掠面甚冷。舟人曰：'此龙神过也，宜急避之。'子蒙与家人皆登岸，入小民家。坐犹未稳，大风拂溪水而过，震霆随之，飞电赫然，其去如激箭，骤雨翻盆。仅两刻许，晴云烈日如初，视向来所游处，几不可识，荷芰洗空无一存。舟陷人泥中，不可即取，所携器皿皆坏。非舟人先知，殆落危境矣。"

龙与虹　大雨过后，天空中出现一道美丽的彩虹，古人便猜想，这是司理雨水的神灵在行云播雨之后，又要到江海湖泊里去汲水了。司理雨水的神灵非龙莫属，那么这弯弯的、垂下去的虹，不是龙的化身又会是什么呢？或许这个样子本来就是龙神形象的一种，只是在行云播雨时才变作翻腾的云团、曲折的闪电那些样子的。谈及虹时，古人也注意到了虹和水的关系。如"又出虹，自北饮于河。"（《殷虚书契菁华》）"虹有两首，能饮涧水，山行者或见之。"（郝懿行《山海经笺疏》）"虹下属宫中，饮井水，井水竭。"（《汉书·燕刺王刘旦传》）文物资料也为"虹为龙"提供了印证。辽宁喀左县东山嘴红山文化遗址出土的"双龙首璜形玉饰"，就是虹的样子。（图3）河南安阳殷墟妇好墓出土的龙纹玉璜也弯成了虹的形状。周代青铜器上有躬起身子、双垂龙首的虹霓纹。汉代画像石上有"龙形虹图"；在长沙马王堆三号汉墓出

图3　喀左县东山嘴红山文化遗址"双龙首璜形玉饰"

土的帛书《天文气象杂占》中：虹，被画作微拱脊背的兽形龙，其间还有被称作"双虹"的图形，体现的也是虹霓之象。

（二）生物龙

龙祖盘古的化身——伏羲，依据太极图在长期地"仰以观于天文，俯以察于地理"的过程中，通过观察白天黑夜日影的长短规律，"是故知幽明之故"而发现了春、夏、秋、冬四季，且四季正好分别处在太极图中的四正（春分、夏至、秋分、冬至）位置。通过对四象星座的进一步观察研

究，"近取诸身，远取诸物"。由四象星的苍龙星形态与大地上相对应的蛟鳄、鼍鳄形体及其特征进行了类比，使伏羲发现了"龙"。从此，伏羲认为天空中的四象星座，就是不同形态的四大星象龙。

中国古代将天空分成东、南、西、北、中区域，称东方为苍龙象，北方为玄武（龟蛇）象，西方为白虎象，南方为朱雀象。如东方苍龙，角宿象龙角，氐、房宿象龙身，尾宿象龙尾；南方朱雀则以井宿到轸宿象鸟，柳宿为鸟嘴，星为鸟颈，张为嗉，翼为羽翮。古代劳动人民把东、西、南、北四方每一方星象龙的四种动物形象，叫作四象。四大星象龙中，除东方苍龙星外，其他三大星象分别代表不同的动物属性，为何要将它们都称之为星象龙？因为，它们与天龙、地龙都属于龙祖盘古创造的天象龙，同根同源，所以，它们都是形态各异的龙。从此，在天空中形成了由四大星象龙组成的天上龙宫。

四大星象龙源于远古先民的星宿信仰，从而形成了四象文化。该文化的核心内容就是"龙神崇拜"，其崇拜蕴藏着丰富而深远的龙文化内涵。早在 2000 年前，东汉唯物主义哲学家王充在其《论衡·龙虚篇》中做出了精辟的论说："天有苍龙、白虎、朱鸟、玄武之象也，地亦有龙虎鸟龟之物。四星之精，降生四兽。"这就是说，天上的"四星之精"——苍龙、白虎、朱鸟、玄武四星象龙于不同时期先后降生到了大地上，成了恐龙、翼龙、蛟鳄、鼍鳄、鸟类、虎、龟、蛇这几种具有神性的动物。时隔一千多年后的 19 世纪，恐龙化石的发现，揭示了中生代（距今约 2.45 亿年—6600 万年前）生活在地球上的各种爬行动物，竟然与王充在《论衡》中"地亦有龙虎鸟龟之物"的论断完全相吻合，真可谓一大奇迹。

1842 年，一位名叫理查德·欧文的英国科学家研究了一些巨大的爬行动物化石。他认为，这些爬行动物属于一个之前没有被认识过的种群，他称之为"恐龙"。化石是一种很有魅力的东西，无怪乎很多人都愿意收集它们。而对于古生物学家——研究地球生命史的科学家来说，它们还是重要的信息来源。化石可以表明动物是从何时存在又是如何生存的，它们会吃些什么？有时还能反映出，动物是怎样繁殖的。如若没有化石，人们对地球生命史的了解只能上溯几千年而已。而有了化石，科学家们便能够研究那些曾经在远古时代出没的动物。

人类发现恐龙化石的历史由来已久。相传晋朝时代，四川省自贡市所在地就发现过恐龙化石。早在发现恐龙之前，欧洲人就已经知道地下埋藏有许多奇形怪状的巨大骨骼化石。恐龙化石大致可分为骨骼化石和生痕化石两种，主要保存在中生代时期形成的沉积岩中。恐龙化石的形成是一个复杂、漫长而又神秘的过程，它牵涉到恐龙的死亡和灭绝，也与地球亿万年的风云变幻息息相关，而它的发现和挖掘也同样不易。科学家们通过各种手段寻找恐龙化石的蛛丝马迹，并借助现代高科技手段来复原化石和研究恐龙。通过他们的工作，我们渐渐了解了恐龙的外形及生活习性，而来自世界各地关于恐龙的新发现以及新看法，一再修正我们原先认定的恐龙形象，使之更接近事实的真相。

人类如果不借助于化石，对恐龙这一神秘的物种就会一无所知。恐龙起源于一群名叫祖龙的爬行动物。在晚三叠纪（距今约 2.08 亿年前），祖龙自身演化成了一个更加广泛的动物集群，它们是古鳄、铁沁鳄、沙洛维龙、长鳞龙、引鳄、水龙兽、派克鳄、蜥鳄、锹鳞龙、兔鳄等。从而形成了大量新兴的爬行动物族群，包括可飞行的翼龙、恐龙和鳄目动物。

2.45 亿年前，二叠纪在一场动物生命史上最大的灭绝中结束了。这场灾难在海洋中的影响是最恶劣的，大约有 96% 的海洋生命灭绝了，而陆地上则有 75% 的物种遭到了灭顶之灾。地球生命史由此而跨入了中生代。地质学家将中生代具体划分为三叠纪、侏罗纪、白垩纪。在中生代，"四星之精"之中苍龙星、朱雀星、玄武星所降之兽来到了大地，它们就是新兴的爬行动物族群中的恐龙、鳄鱼、翼龙、鸟类、龟、蛇。因为，它们是"四星之精"所"传化"的动物，所以，我们将它们称之为生物龙。

三叠纪初期，动物生命刚从二叠纪大灭绝的余波中复苏。在人类还没有出现的遥远年代里，一群前所未有的生物龙——恐龙，（图 4）出现在了地球上。所以，三叠纪被称为恐龙出现的时代。

在侏罗纪（距今约 2.08 亿年—1.44 亿年前）时期，恐龙开始遍布整个大陆，鸟类也开始出现，但会飞的爬行动物仍掌握着天空的主导权。河里栖息着大量的鳄鱼和一种叫蛇颈龙的大型爬行动物，外形酷似海豚的鱼龙和鲨鱼则在海洋里遨游。侏罗纪的海洋生命特别丰富，因为当时的海平面比今天普遍要高。被阳光照射的浅滩处，有着丰富的沉积物，其中充满了各种各样的软体动物和其他一些小动物。

图 4　超龙　巨超龙　地震龙

到白垩纪（距今约 1.44 亿年—6600 万年前）初，恐龙已经有了长达 8000 多万年的历史。白垩纪被称为恐龙极盛时代。在这一时期，地球上的恐龙种数比其他任何时代都要多，每种恐龙都在地球上繁衍生息了数百万年，而且每时每刻又会有新的种类诞生。这些新形成的恐龙包括阿贝力龙、甲龙、鸭嘴龙以及泰坦巨龙——南方蜥脚龙的一个族群，其中可能包含着最重的恐龙。除了这些植食性恐龙，晚白垩纪还见证了暴龙的出现，暴龙科中有着陆地上最大的掠食者，它们曾遍布全球。恐龙统治地球长达 1.75 亿年，是自地球形成以来最成功的动物种类之一。

在 6600 万年前，一场大灾难使恐龙灭绝了。是小行星撞击地球，还是火山爆发引起的气候剧变？证据已被深埋地下，难以捉摸而又充满争议。不管怎样，所有的证据都指向了一个事实——恐龙的灭绝无疑是地球历史上最富灾难性的大规模物种灭绝事件之一。化石记录表明，恐龙只是 6600 万年前那场大灾难的众多受害者中的一部分。其他动物也都大量减少或灭绝了。

在海洋中，蛇颈龙和沧龙全部消失，水生的爬行动物也只有海龟幸存了下来。菊石和箭石（章鱼和乌贼的近亲）也彻底灭绝，一同消失的还有大多数白垩纪浮游生物、腕足动物和蛤蜊。在天空中，翼龙不复存在，而鸟类却存活了下来。在陆地上，哺乳动物和恐龙之外的爬行动物——鳄鱼、蜥蜴和蛇，以及两栖动物、昆虫和其他无脊椎动物则逃过一劫。

鳄鱼，是迄今发现活着的最早和最原始的动物之一。（图5）它和恐龙是同时代的动物，出现于三叠纪至白垩纪的中生代，是性情凶猛的脊椎类爬行动物，属肉食性动物。鳄鱼分为二大类，即蛟鳄和鼍鳄，古人称它们分别为"蛟龙"与"鼍龙"。秦代李斯《谏逐客令》中写道："建翠凤之旗，树灵鼍之鼓。"这里鼍和凤相对，

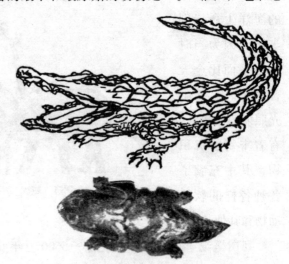

图5　西周玉鳄（辽宁博物馆藏）

鼍者龙也。难怪宋人范成大有诗曰："神鼍悲鸣老龙怨"，看来鼍和龙属于一类。关于"蛟龙"的记载，在由"龙"字组合的词中居多。《广雅·释鱼》："有鳞曰蛟龙"；《大戴礼·易本命》："有鳞之虫三百六十，而蛟龙为之长。"汉代刘向《新序》："神蛟济于渊，凤凰乘于风"，也是把龙和凤相呼应，可见蛟者亦龙也。《汉书·地理志下》说古越人"文身断发，以避蛟龙之害。"许多学者都认为避蛟龙之害就是避鳄鱼之害。由此可知，古人视鳄鱼为龙。

蜥蜴，俗称"四脚蛇"，又称"石龙子"，在世界各地均有分布。林蜥是目前发现的世界最早的爬行动物之一，它的遗骸和其他石炭纪动物的遗骸都是在树桩化石中发现的。《辞源》："爬行动物，即蜥蜴。俗名四脚蛇，大者长七八寸，入药。见宋寇宗奭《本草衍义》十七《石龙子》。"《中药大辞典》："石龙子，其类有四种，一大形纯黄色为蛇医母，亦名蛇舅母，不入药。次似蛇医，小形长尾，见人不动，名龙子。"

古人不仅认为鳄鱼是龙，还视蜥蜴为龙，他们对小小的蜥蜴崇拜如神。《酉阳杂俎》载："王彦威镇汴之二年，夏旱，时表王传、李汜过汴，因宴，王以旱为虑，李醉曰：'欲雨甚易耳，可求蛇医四头，十石瓮

二，每瓮实以水，浮二蛇医，覆以木盖，密泥之，分置于闲处。瓮前设席烧香，选小儿十岁以下十余，令执小青竹，昼夜更击其瓮，不得少辍.'王如其言，试之，一日两度雨，大注数百里。旧说龙与蛇师为亲家。"古人凭直观印象，把外形相似的鳄鱼和蜥蜴视为同物。认为其大者数丈，能翻江倒海；小者几寸，可缘壁爬行。由此自然产生了龙能大能小的神秘观念。

蛇，属爬行纲，蛇亚目。（图6）在古生代石炭纪时期，出现了真正的陆生脊椎动物，这就是爬行动物。在这个时期里，兽类和鸟类的祖先也先后从爬行动物的原始种类中演变出来，鳖、鳄、蜥蜴的老祖宗也诞生了。蛇和蜥蜴的亲缘关系最为密切，它们是近亲，蛇是从蜥蜴演变而来的。最早的蛇

类化石发现在白垩纪初 图6 江苏淮阴高庄战国墓出土青铜礼器上的巫师弄蛇刻纹期的地层里，距今大约有1.3亿年。实际上，蛇的出现比这还要早些。据推测，在距今1.5亿年前的侏罗纪，大概就已经有蛇了。毒蛇的出现要晚得多，它是从无毒蛇进化而成的，铜礼器上的巫师弄蛇刻纹出现的时间不会早于2700万年前。

在中国古籍中对蛇的记载颇多，最早关于蛇相关记载的典籍是《山海经》。《左传·文公十六年》："有蛇自泉宫出，入于国，如先君之数。秋八月辛未，声姜薨，毁泉台。"《尔雅·释鱼》："螣，螣蛇。"郭璞注："龙类也，能兴云雾而游其中。"至于龙蛇被视为同类从而并称的情形，在古籍中就更多了。《左传·襄公二十一年》："深山大泽，实生龙蛇，彼美，余惧其生龙蛇以祸女。"《孟子·滕文公章句下》："当尧之时，水逆行，泛滥于中国。蛇龙居之，民无所定。上者为巢，下者为营窟。"《汉

书·杨雄传上》："以为君子得时则大行，不得时则龙蛇。"《后汉书·郑玄传》："今年岁在辰，来年岁在巳。"《注》引北齐刘昼《高才不遇传》论郑玄曰："辰为龙，巳为蛇，岁至龙蛇贤人嗟。"

龟鳖目俗称龟，其所有成员，是现存最古老的爬行动物。特征为身上长有非常坚固的甲壳，受袭击时，龟可以把头、尾及四肢缩回壳内。大多数龟均为肉食性。龟是通常可以在陆上及水中生活，亦有长时间在海中生活的海龟。龟的最早化石是南非二叠纪的古龟，已有骨质壳匣，三叠龟与原始龟也已成龟型。在侏罗纪，中国四川省曾有两栖龟和侧颈龟两亚目动物的分布。

虎是"四星之精"之中唯一姗姗来迟的动物，属大型猫科动物。虎是由古时期食肉类动物进化而来。在新生代第三纪早期，古食肉类中的猫形类有数个分支：其中一支是古猎豹，贯穿各地质时期而进化为现今的猎豹；一支是犬齿高度特化的古剑齿虎类；一支是与古剑齿虎类相似的伪剑齿虎类；最后一支是古猫类。古剑齿虎类和伪剑齿虎类分别在第三纪早期和晚期灭绝，古猫类得以幸存。其中，类虎古猫就是现今虎的祖先。后来，古猫类又分化为三支：真猫类、恐猫类和真剑齿虎类。其后二者均在第四纪冰河期灭绝，只有真猫类幸存下来，并分化成猫族和豹族两大类群而延续至今，现今的虎就是豹族成员之一。

翼龙，是"四星之精，降生四兽"中朱雀星象龙所"传化"的动物，是各种爬行动物之中唯一能飞行的动物。（图7）翼龙比鸟类早了约7000万年飞向天空，在地球上成功地生存了1.5亿年。在鸟类进化出现之前，

图 7　无齿翼龙

翼龙是爬行动物中曾在空中成功生活过的脊椎动物。最初的爬行动物只是滑翔，还不能真正地飞起来，它们在树丛间跳跃时，利用特化的翅鳞或者皮瓣来缓冲降落过程。在中生代三叠纪末，出现了一种全新的能飞行的爬行动物族群，拥有以肌肉为动力的翅膀。它们就是翼龙目动物——一群思维敏捷而有时体型巨大的飞行者，可以在空中振翅高飞。

随着晚三叠纪翼龙目的进化，爬行动物已不再是简单的滑翔者，而成了天空中真正的主宰。翼龙目动物有时候会被误认作恐龙，但它们是有着明显区别的族群，不过确实拥有相同的直系祖先。它们不仅出现在相同的时代，还在同一时期遭到了灭绝。直到一场全球性的灾难终结了爬行动物时代为止，翼龙一直都是最大的飞行动物。与滑翔的爬行动物不同，翼龙能够拍动翅膀停在空中，而且还可能跟现在的鸟类一样机动灵活。

（三）神物龙

神物龙，它的神形兼备了各类天象龙和生物龙之形象，具有各种天象龙和生物龙特性及神性的神异之物。其奇谲怪异的形态，多维善变的神性，深邃丰富的蕴涵，从古到今，一再地吸引着海内外许多学者关注的目光。

从三国时吴人徐整的《三五历纪》、《五运历年纪》记述中可知，盘古是开天辟地以来最原始的神物龙——龙祖。老子是最早对龙祖盘古神性做出论述的人。因为，盘古是大道的化身。所以，老子在《道德经》第二十五章曰：“有物混成，先天地生。寂兮廖兮，独立而不改，周行而不殆，可以为天地母。吾不知其名，强字之曰‘道’，强为之名曰‘大’。大曰‘逝’，逝曰‘远’，远曰‘反’。故道大，天大，地大，人亦大。域中有四大，人居其一焉，人法地，地法天，天法道，道法自然。”为何要将“道”强为之名曰“大”？老子在《道德经》第三十四章中做了进一步的阐述：“大道泛兮，其可左右。万物恃之以生而不辞，功成而不有。衣被万物而不为主，可名于小；万物归焉而不为主，可名为大。以其终不自大，故能成其大。”

关于龙祖的神形状貌，老子在《道德经》第一十四章这样描述道：“视之不见，名曰‘夷’；听之不闻，名曰‘希’；搏之不得，名曰‘微’。

此三者不可至诘，故混而为一。其上不皦，其下不昧，绳绳兮不可名，复归于无物。是谓无状之状，无物之象，是谓'惚恍'。迎之不见其首，随之不见其后。执古之道，以御今之有，能知古始，是谓道纪。"

在《道德经》第二十一章中，老子对龙祖的神性做了形象的论述："孔德之容，惟道是从。道之为物，惟恍惟惚。惚兮恍兮，其中有象；恍兮惚兮，其中有物；窈兮冥兮，其中有精；其精甚真，其中有信。自今及古，其名不去，以阅众甫。吾何以知众甫之状哉？以此。"对于龙祖盘古的伟大功绩，老子做出了这样的精辟论说："道生一，一生二，二生三，三生万物。万物负阴而抱阳，冲气以为和。"（《道德经》第42章）

《山海经》与《易经》《道德经》《黄帝内经》被称为是中国的四大奇经。其中，《山海经》长期以来被人们视为最难读懂的"天书"，这是因为《山海经》不仅有着诸多的千古未解之谜，而且还蕴藏着丰富而真实的其他古籍未见的远古文明信息。《山海经》中有众多与各类"龙"相关的文字记载，同时也传递出了"中国龙文化"形成与发展的重要信息。

《山海经》中除了记载各类天象龙和大量的生物龙外，还记载了神物龙。如《山海经·海内东经》载："雷泽中有雷神，龙身而人头，鼓其腹。在吴西。"由前述得知，"雷龙同类，感气相致，"雷神者，亦就是龙神也。（图8）因此，这里雷泽中的雷神，就是龙神——龙祖。当年，伏羲的母亲华胥氏所履"雷神之迹"正是龙（雷）祖的足印。《山海经》中还有相关的神物龙记载如下：

图8　雷神（《中国古代神话》）

马衔山龙文化与黄河文明

《山海经·大荒北经》:"西北海之外,赤水之北,有章尾山。有神,人面蛇身而赤,直目正乘,其瞑乃晦,其视乃明,不食不寝不息,风雨是谒。是烛九阴,是谓烛龙。"

《山海经·海外北经》:"钟山之神,名曰烛阴。视为昼,瞑为夜,吹为冬,呼为夏。不饮,不食,不息,息为风,身长千里。在无启之东。其物为人面蛇身,赤色,居钟山下。"

《山海经·大荒东经》:"大荒东北隅中,有山名曰凶犁土丘。应龙处南极,杀蚩尤与夸父,不得复上,故下数旱。旱而为应龙之状,乃得大雨。"

《山海经·大荒北经》:"有系昆之山者,有共工之台,射者不敢北乡。有人衣青衣,名曰黄帝女魃。蚩尤作兵伐黄帝,黄帝乃令应龙攻之冀州之野。应龙畜水。蚩尤请风伯、雨师,纵大风雨。黄帝乃下天女曰魃,雨止,遂杀蚩尤。"

神物龙最基本的神性是上天入水,变化不居。《左传·昭公二十年》:"龙,水物也。"《左传·昭公二十年》:"凡祀,启蛰而郊,龙见而雩。"《管子·水地》:"龙生于水,被五色而游,故神。欲小则化如蚕蠋,欲大则藏于天下,欲上则凌于云气,欲下则入于深泉,变化无日,上下无时,谓之神。"由于神物龙具有神性,在《礼记·礼运》中被尊称为四灵之一:"何谓四灵?麟、凤、龟、龙,谓之四灵。故龙以为畜,故鱼鲔不淰;凤以为畜,故鸟不獝;麟以为畜,故兽不狘;龟以为畜,故人情不失。"

至汉代,对神物龙的描述甚为众多。刘向在《说苑·辨物》中说:"神龙能为高,能为下,能为大,能为小,能为幽,能为明,能为短,能为长。昭乎其高也,渊乎其下也,薄乎天光也,高乎其著也。一有一亡,忽微哉,斐然成章。虚无则精以和,动作则灵以化。于戏,允哉!君子辟神也。"东汉许慎的《说文解字》曰:"龙,鳞虫之长,能幽,能明,能细,能巨,能短,能长。春分而登天,秋分而潜渊。"王充《论衡·龙虚篇》:"且世谓龙升天者,必谓神龙。不神,不升天;升天,神之效也。天地之性,人为贵,则龙贱矣。贵者不神,贱者反神乎?如龙之性有神与不神,神者升天,不神者不能。龟蛇亦有神与不神,神龟神蛇,复升天乎？且龙禀何气而独神？天有苍龙、白虎、朱鸟、玄武之象也，地亦有龙、虎、鸟、龟之物。四星之精，降生四兽。虎、鸟与龟不神，龙何故独神也？人为倮虫之长，龙为鳞虫之长，俱为物长，谓龙升天，人复升天乎？龙与人同，独谓能升天者，谓龙神也。世或谓圣人神而先知，犹谓神龙能升天也。因谓圣人先知之明，论龙之才，谓龙升天，故其宜也。"

宋人王安石《龙赋》中载："龙之为物，能合能散，能潜能见，能弱能强，能微能章。惟不可见，所以莫知其乡；惟不可畜，所以异于牛羊。变而不可测，动而不可驯。则常出乎害人，而未始出乎害人夫？此所以为仁。为仁无止，则常至乎丧己，而未始至乎丧己夫？此所以为智。止则身安曰惟知几；动则物利曰惟知时。然则龙终不可见乎，曰与为类者常见之。"明代李时珍《本草纲目》："龙有九似：头似驼，角似鹿，眼似兔，耳似牛，项似蛇，腹似蜃，鳞似鲤，爪似鹰，掌似虎，是也。其脊有八十一鳞，具九九阳数……口旁有须髯，颔下有明珠，喉下有逆鳞。"

以上古籍对神物龙的记述，除老子在《道德经》中是对龙祖神性的阐述外，其他的古籍都是对一般神物龙的描述。从描述中我们可以看出，中国上古时代以龙为沟通天地使者的原始宗教观念，造就了神物龙飞升于天空的能力与形象。于是这些神物龙不仅具有天神助手的身份，飞升于天的能力，还有影响云雨河泽的神通。

古人心目中的神物龙形象，主要是源于天象龙中的星象龙——东方苍龙星、南方朱雀星、西方白虎星、北方玄武星和生物龙中的鳄、鸟、虎、龟、蛇等。神物龙是中国远古先民根据观察天空中四象龙星的形态，结合大地上相应的生物龙形象而形成的神异之物。（图9）《周易·系辞下》：

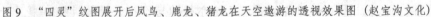

图9　"四灵"纹图展开后凤鸟、鹿龙、猪龙在天空遨游的透视效果图（赵宝沟文化）

"仰则观象于天，俯则观法于地，观鸟兽之文，与天地之宜，近取诸身，远取诸物。" 1987 年 6 月，在河南濮阳西水坡发现了一群远古时代的墓葬中，在死者的左右两侧，有用贝壳摆塑的龙和虎。这一考古发现，是对王充关于神物龙形象论说的最好印证。也进一步说明，早在 6500 多年之前，在华夏大地上的远古先民中就有龙崇拜了。

三、太极文化

从远古先民流传至今的盘古开天辟地的神话，正是中国龙神话的初始。盘古不仅开天辟地，创造了宇宙万物，而且还以图形语言创造了人类文化之根——太极图，（图10）从而构成了盘古文化体系。太极图是盘古文化的标识，又被称为"天书龙图"。太极图用了一个简单的形象——黑白阴阳二龙，就为人们从基础本质上认识宇宙事物的基本存在状态与基本的运动形式提供了内容丰富、层次分明的理据。同时，太极图以简单隐藏复杂，创造出一个标准的形象化模式——阴阳，这就是白色的龙代表白天，太阳（天龙），为阳；黑色的龙代表黑夜，大地（地龙），为阴。从此，由太极图衍生的太极文化便成为盘古文化的核心。

图 10　阴阳二龙太极图

博大精深的太极图，玄妙幽深，宛若一帧无字天书。它以黑白两个匀称且相互交感、涵容的龙形纹组成了一个圆形图案，俗称阴阳鱼图，实为"天书龙图"。太极文化与龙文化是一脉相承的。太极图中的"黑白二龙"原本始于像胚胎一样的始祖龙，它是古人将原始进化论推而广之，用以解释宇宙万物起源的一种尝试。因而，太极图是中国古代最早的宇宙论模型，它用黑白二龙象征对立统一的阴阳二物，试图表达自然界"阴阳交合产生万物"的高深易理，这种交合包含着阴阳互动与转化两个方面的蕴涵。《周易》:"一阴一阳之谓道。"这是道的总纲,是"道"独一无二的特性。太极图无论在构成上,还是在变化上,都在体现着"道"的这种特性。

图 11 大汶口象牙梳

最新的考古发现证明,太极图在中国新石器初期就有雏形了,如在1万年前的岩画上就有螺旋图。古太极图形大量存于 7000 至 5000 年前的器皿上,说明太极图的产生在新石器中后期,是中华祖先智慧的结晶。矗立于天安门广场东侧的中国国家博物馆新馆内,有一把新石器时代大汶口文化象牙梳,这是迄今为止保存最为完好的原始社会的梳子,也是中国历史上最早的象牙雕刻精品之一。令人惊叹的是,在梳子上雕刻的S形图案颇像后世的太极八卦图。(图11)

大汶口文化遗址位于泰安市的大汶口镇,分布在大汶河两岸,遗址总面积 80 余万平方米,文化堆积层 2 至 3 米,是大汶口文化的发现地和命名地。大汶口遗址包括了大汶口象牙梳文化发展的全过程,距今 6200 至 4600 年,跨度达一千多年,分为早期、中期、晚期三个阶段,属于父系氏族社会,为新石器时代遗址。26 号墓中发现的象牙梳,经易学专家、云南大学教授黄懿陆的考究,他认为这是一个太极图。黄懿陆的观点认为,象牙是非常坚硬的,6000 年前,人类社会尚未产生金属制品,要把象牙刻成梳齿,并凿穿形成三个孔,那是非常困难的。可想而知,这并不是一般的生活用品,而应该是一件精致的神器。

依据考古发现,在 5000 年前的屈家岭文化陶纺轮上,也有与太极图类似的图像。(吴山《中国新石器时代陶器装饰艺术》第 332—334 页)

位于山西省襄汾县陶寺村南部的陶寺遗址,在一座贵族大墓中出土了一件彩陶龙纹陶盘,专家认定龙纹象征王权、族徽。龙纹是个亘字,亘即恒,陶寺大墓彩陶龙纹可认为是迄今为止发现的最早的"大恒图",即"太极图"。陶寺龙山文化在年代和地域上与唐尧虞舜相当,属于中原地区龙山文化,距今年代大约为4500年—3900年。屈家岭文化与龙山文化同时,位于湖南、湖北一带,与仰韶文化、龙山文化、蜀国彝族文化存在地缘联系。大汶口文化、山东龙山文化以及殷周时期的东夷文化,都应是早期的彝族文化。古彝族文献《玄通大书》中,列有多幅"古太极图",彝族文献称之为"宇宙"。古代彝族文献的"古太极图"(冯时《中国天文考古学》第363页)完全是龙蛇的形象,第10图直接画作龙形。

第41届世界博览会于2010年5月1日至10月31日期间,在中国上海市举行。此次世博会也是由中国举办的首届世界博览会。上海世博会乌克兰国家馆外墙硕大阴阳太极图映入人们的眼帘,展现了红黑白三色装饰图案及其农耕时代之前狩猎民族的特征。(图12)驯服了的狗、被追逐的鹿、各种被捕猎的动物、弓箭、日月星辰以及带有神秘文化的各种图腾等,这些似乎在无声地宣称:乌克兰人的祖先,在农耕之前的狩猎活动中,黑白二龙的太极图案已经深入他们的骨髓。乌克兰馆馆长伊万·布恩托夫说:"这是5000年前特里波耶文化的符号。"

特里波耶文化是东欧铜石并用时代的文化,主要分布在乌克兰第聂伯河中游等地,存在于公元前4000年初至前3000年下半叶。根据19世纪末考古学家在基辅城附近特里波耶村发掘的古代文化遗址而定名。在特里波耶文化太极图外围的圆环内各有六道刻纹分成四格,如《易》之四象。每格内两个圆

图12 特里波耶文化太极图

图，共有八个圆图，如《易》之八卦。仰韶文化的陶盘图案（如半坡人面鱼纹）全是四等分。原仰韶文化半坡及姜寨村落遗址中出土的彩色陶盆的口沿上用两种符号画着八等分（八等分以四等分为基础），象征四正四隅，由此可见伏羲画卦的演变。

太极图是一种简单的几何形状，这一类符号出现在许多的文化中。早在公元前五世纪，在凯尔特艺术中就有与太极图相似的图案。后来在罗马帝国的军服徽章中出现了与远东地区几乎完全一样的太极图案，只是颜色不一样。太极图其范围还不止欧亚大陆，在美洲大陆上也发现了许多太极图，如美洲印第安人的太极图，中美洲科潘圣塔罗萨附近废墟的城市纪念物上的太极图，玛雅文字中的太极图，阿斯特克太极图。

太极图不但深刻地影响着中华民族的思维方式、思想文化观念和人文性格，也对世界的发展产生了深刻影响。在蒙古国的国旗上，在新加坡、安哥拉空军的机徽上，在韩国亚运会会徽上，在美国研制的世界第一台计算机商标上，在美洲印第安人的绘画和服饰上……太极图光辉无处不闪烁着人类的智慧和哲学的光芒。美国著名的贝尔研究所吸收太极图作为该所的徽章；丹麦物理学家玻尔把太极图看作是他"对应原理"互补的最好表现形式，并把它作为自己家族的族徽……近年来更有一些人各自从自己所研究之对象的角度出发，"将太极图视为宇宙模型，思维方式，进化过程，科学灯塔，突变模型，光学原理……"（邓球柏《论太极与〈太极图〉》）总之，太极图正越来越广泛地为世界学人所关注。

"太极"一词最早见于《易传·系辞上》："是故易有太极，是生两仪。"《易经》是中国传统思想文化中自然哲学与人文实践的理论根源，是古代汉民族思想、智慧的结晶，被誉为"群经之首"、"大道之源"。《易经》是华夏人文始祖伏羲将以图形语言表达宇宙万物生成的太极图演变成为符号语言的图式——八卦，经数千年来大圣先贤们不断完善而形成的文化经典。《周易·系辞》是总论易理的一篇文章，分上下两篇，主要阐述"是故易有太极，是生两仪，两仪生四象，四象生八卦，八卦定吉凶，吉凶生大业。"这是《系辞》阐述《易经》的宇宙生成理论和"一阴一阳之谓道"的宇宙结构学说。

老子将《易经》关于宇宙、社会、人类起源与结构的哲理概括为一句话：“道生一，一生二，二生三，三生万物。万物负阴而抱阳，冲气以为和。”（《道德经》第四十二章）从老子的精辟论述中可以看出，“道生一”，是指由“道”创生了一个化身“一”，然后由这化身创生了“二”——太极——天地，从此，天地相互作用产生了世间万物。那么，这位“道”的化身是谁？他就是中国太古时代传说中开天辟地的神——盘古。从远古先民流传至今的盘古开天辟地的神话，是超越民族、跨越国界的开天辟地创世神话，盘古神话十分古老，它反映了原始社会先民对大自然的崇拜，也反映了原始先民的思维发展和原始宇宙观。

太极图与八卦是中国古老的文化科学遗产，它们在古代为人类文明建树了不可磨灭的功勋。太极图与河图、洛书、八卦是中国古代文化史上的四个千古之谜。作为易学之源，它们之间一定存在着某种必然的内在关系，所以，自《易传》始，古代易学家们早就把它们四者紧密地联系在一起。因此，太极图、河图、洛书、八卦四者是一脉相承，是龙祖盘古和华夏人文始祖伏羲分别以图像、数字、卦爻三种方式向后人发出的一个不同凡响的信息。

太极图是龙祖盘古借助图形语言表达抽象凝练的宇宙万物生成的衍化图，以图形语言表达了龙祖盘古对宇宙起源、宇宙结构及宇宙、社会、人类演化规律的理论与图式，试图给人们提供一把解释一切现象的总钥匙——阴阳，这便是中华哲学的萌芽。随着符号的进步，太极内涵阴阳两仪的思想，通过符号表现出来，并记录在大量出土的夏商周时期的甲骨上。夏商周时期，由符号演变而来的单个文字逐步形成了系统文字，于是有了书籍的出现。《易经》就是这一时期出现的解释太极、阴阳、八卦的书籍。文字的产生极大地推动了社会文明的进步，并形成了中华文化第一高峰——百家争鸣。千百年来，太极图以博大精深的内涵，千古永辉的义理，激励着一代又一代的研究者对其寻根溯源，探赜索隐，从而汇成了中华民族的智慧源头——太极哲学。

太极图虽简单明了，一个圆圈（○）、一条曲线（S）、两个圆点（●、○），两条黑白龙形图，但经过历代的图解与诠释，它构成了一个含义丰富深邃的、庞大的"太极哲学"体系。这个哲学体系的关键词就是阴阳。阴阳既蕴含着形而上的宇宙之道与天人之间的大法则，也包括形而下的人生法则。其中"太极和"辩证法是太极哲学体系的核心。"太极和"思想认为，事物发展的终极目标不是事物的矛盾对立，而是事物之间的包容与妥协、共存与共容，共容与共存才是事物发展的根本规律。简言之，圆润的太极图形启迪我们，在一个矛盾对立体中追求平衡，在众多矛盾平衡体中追求相互的包容、化合，在矛盾对立中最终走向多元的和谐统一，这才是事物发展的终极目的与永恒动力。

在哲学里，对立统一规律是根本规律，是宇宙根本法则。太极图看似简单，却用图形语言揭示了对立统一规律这一永恒真理，这正是它的伟大之处。宋代思想家、哲学家陈抟在《易龙图序》中曰："是龙图者，天散而示之，伏羲合而用之，仲尼默而形之。"在太极图中被"黑白二龙"分割成对立的阴阳两极，喻示了宇宙及万事万物皆由辩证的二元对立所构成，如天与地、黑与白、明与暗、清与浊、寒与暑、冬与夏、上与下、南与北、祸与福、得与失、男与女、雄与雌等等，这就是所谓的矛盾对立；阴阳两极之间柔曲流畅的分界线却又昭示着对立的两极无时不有的变化与无处不在的交合，以此求得平衡，以便更好地共融于一体之中，即所谓矛盾统一。由此，揭示了宇宙万物在一个矛盾对立体中追求阴阳平衡，在众多矛盾平衡体中追求和谐的"太极和"真理。进而，揭示了宇宙在平衡中发展的变化规律和人类进步、社会发展以"和"为根本目的。此乃太极图精髓之所在，太极哲学核心之法则，太极哲学的光芒之处。"太极和"理论强调对立为手段，以"追求阴阳平衡（统一、和谐）"为目的。换句话说，太极图其实就是新石器时期龙祖盘古用图形语言表达的对立统一规律图，是世界上最早的图形辩证法。因此，我们说太极图是当之无愧的"中华第一图"。

在太极哲学地孕育下，中华民族创造了悠久璀璨的中华文明。历史语言包括图形语言、符号语言、文字语言。当今历史研究和哲学起源研究，主要依据文字史料进行。仅以文字语言为依据必然就会远离图形、符号时代，造成历史研究断层和哲学起源落后于世界文明两千多年的谬误。大量太极图考古发现这一事实，为中华哲学起源提供了一个有力的证据：我们的祖先早在八千年前就已经通过太极图阴阳两仪这一辨证矛盾来概括宇宙万物的起源与变化。由此我们可得出：太极图是中国哲学的起源、世界哲学的起源；有了中华哲学，才有了中华文明。因而，太极图就是中华文化之根、文明之母！

第二章
龙神金龙

第二章

龙神金龙

　　阴、阳在中国古代成了无所不包、无所不容的两大概念,这两个概念可以解释从宇宙、自然、社会到人类的一切现象。从太极图中可以看出,龙祖盘古在宇宙间创生的最早和最大的龙,是两条不同颜色的龙,即一条白色的龙和一条黑色的龙。白色的龙代表太阳,为阳,为天龙;黑色的龙代表地球,为阴,为地龙。它们自然形状均为圆形,太极图中它们的象征正是白色龙眼"〇"和黑色龙眼"●"。在地球的演化过程中,不同的地质时期,地质作用不同,特征不同。地球历史划分为:地球形成时期、地壳形成时期、进入太阳系前时期、进入太阳系时期、地月系形成时期、新生时期。

　　地球形成时期　这一时期被称为始古宙,是由地核俘获熔融物质开始到地表熔融物质凝固的一段地质时间。在距今约46亿年前,由铁镍物质组成的地核俘获了熔融物质形成地幔。地幔与地核接触部位温度降低,形成内过渡层。地表温度降低凝固,形成外过渡层。在这一地质时期,形成了圈层状结构的地球。

　　地壳形成时期　这一时期被称为太古宙,是由地表熔融物质凝固开始到有沉积岩形成的一段地质时间。熔融物质凝固形成收缩,在地表形成张裂沟谷高山。宇宙天体撞击,在地表形成大坑洼地。随着温度降低,熔融物质凝固过程中产生的水流动汇聚到张裂沟谷和大坑洼地中,产生的气留在地球表面,形成大气圈。由于地核俘获宇宙物质的不均,地表各处温度高低不均产生大气流动。在这一地质时期,地表形成了沟谷高山、大坑洼地,有了水和大气,产生了风化、剥蚀和搬运作用,开始形成沉积岩。原始生命蛋白质出现,进化出原核生物(细菌、蓝藻)。

进入太阳系前时期　这一时期被称为显生宙，是地壳已经形成到地球进入太阳系前的一段地质时间。这是一段没有阳光的地质时期，距今约 25 亿年。在这一段的前期，地壳的风化、剥蚀、搬运和沉积作用强，高山被剥低，在沟谷和坑洼地中沉积了巨厚的原始沉积。在这一段的后期，地壳活动变弱，地表温度渐渐降低，到了冰点以下，形成全球性的冰川。

　　进入太阳系时期　这一时期是地球进入太阳系成为行星而开始的。这一地质时期被称为显生宙的古生代，距今约 5.4 亿年。地球有了太阳的光照，形成了绕太阳的公转和自转，有了昼夜的变化。在地球的内部，地核或内球偏向太阳引力的反方向，不在地球中心。地壳由于地球自转形成由两极向赤道的离心力；在太阳引力作用下，由于地球自西向东转动，地壳形成自东向西的运动。地壳形成高山、高原，形成沟谷洼地和平原。在生物界，开始爆发式出现即开始复活。随着太阳系的演化，地球由进入太阳系时的轨道面，即轨道面与太阳赤道面夹角大约 23°26′，演化到如今的地球轨道面与太阳赤道面近平行，地轴由垂直轨道面变为倾斜在轨道上运行，形成一年的四季变化。

　　地月系形成时期　这一时期被称为显生宙的中生代，距今约 2.3 亿年，是月球被地球俘获形成地月系而开始的。月球绕地球转动，使地球的引力场、磁场发生了变化。在月球引力所形成的晃动作用下，地球的外球发生了旋转，形成地极和磁极的移动。在生物界，动物和植物都发生了变异，形成高大的树木和大型的动物。

　　新生时期　这一时期被称为显生宙的新生代，距今 6600 万年，是一颗彗星撞击地球而开始的。这颗彗星在太阳系裂解，形成绕太阳的小行星带。彗星的组成物既有岩石又有冰和大气。在冰里存在着各种生物。在这一地质时期，地球增加了水、大气和新的生物物种。原有的生物发生变异或进化。

　　地球是太阳系八大行星之一，按离太阳由近及远的次序排为第三颗，也是太阳系中直径、质量和密度最大的类地行星，距离太阳 1.5 亿千米。地球自西向东自转，同时围绕太阳公转。起初，地球被认为是宇宙的中心，而当时对宇宙的认识只包括那些肉眼可见的行星和天球上看似固定不变的恒星。地球在宇宙中的位置在最近的一个世纪里，这一认识发生了根本性的拓展。17 世纪日心说被广泛接受，其后威廉·赫歇尔和其他天文学家通过观测发现太阳位于一个由恒星构成的盘状星系中。到了 20 世纪，对螺旋状星云的观测显示我们的银河系只是膨胀宇宙中的数十亿计的星系中的一个。

在显生宙的中生代（距今约 2.3 亿年），月球被地球俘获形成地月系，即月球成了地球的唯一天然卫星。在太阳系里，除水星和金星外，其他行星里面都有天然卫星。月球直径约 3476 千米，是地球的 1/4。体积只有地球的 1/49，质量约 7350 亿亿吨，相当于地球质量的 1/81，月球表面的重力差不多是地球重力的 1/6。地球与月球互相绕着对方转，两个天体绕着地表以下 1600 千米处的共同引力中心旋转。

月球的诞生，为地球增加了很多的新事物。月球绕着地球公转的同时，其特殊引力吸引着地球上的水，同其共同运动，形成了潮汐。潮汐为地球早期水生生物走向陆地帮了很大的忙。很久很久以前，地球昼夜温差较大，温度在水的沸点与凝固点之间，不宜人类居住。然而月球的特殊影响，对地球海水的引力减慢了地球自转和公转速度，使地球自转和公转周期趋向合理，带给了我们宝贵的四季，减小了温度差，从而适宜人类居住。

由于月球在天空中非常显眼，再加上规律性的月相变化，自古以来就对人类文化如语言、历法、艺术和神话等产生重大影响。在中国传统文化中，太极图以简单隐藏复杂，创造出一个标准的形象化模式——阴阳，这就是白色的龙代表白天，太阳，为阳；黑色的龙代表黑夜，大地，为阴。从此，阴阳成为一个优秀的可具操作性的演绎平台，它将宇宙中原本不可把握的无穷无尽事物的运动变化，通过阴阳原理的简单演绎，就可以随时随地进行演示，而变化能够把握。因为，地球与月球组成了地月系统，所以月亮也就代表地球（地龙），为阴，也称太阴。

在中国传统文化中，阴阳理论是中华文化的基本核心理论，成了指导和规范中华民族思想和思维的基本准则。在古人心目中，很多自然现象似乎都可以和阴阳联系上。比如天文学上的太阳和月亮都可以通过体验联想与阴阳比附，"阴"、"阳"二字，就是根据龙祖盘古开天辟地的神话故事演绎而来。因为，太阳和月亮是由龙祖盘古的左眼与右眼而化生的。徐整的《五运历年纪》："首生盘古，垂死化身。气成风云，声为雷霆，左眼为日，右眼为月。"左眼和右眼的旁边分别是左耳（阝）和右耳（阝），所以说，阴阳二字就充分彰显了龙祖盘古太极文化核心——阴阳文化。在伏羲八卦中，阴阳二爻"—"和"--"不仅代表着阳龙（天龙——太阳）和阴龙（地龙——地球陆地和海洋），也代表着阴阳二龙中的阳龙（天龙——太阳）和阴龙（地龙——地球和月亮）。

一、神圣马衔

1912 年，德国地质学家阿尔弗雷德·魏格纳提出大陆漂移学说，并设想全世界的大陆在古生代石炭纪以前是一个统一的整体——盘古大陆。盘古大陆源出希腊语，有全陆地的意思，是指在古生代至中生代期间形成的那一大片陆地。无独有偶，盘古大陆竟与中国盘古开天辟地的传说完全吻合。

今天，在我们的地球上不均衡地分布着七个大洲。无论是从北美洲到欧洲，还是从非洲到大洋洲，都要穿越成千上万千米的外海。但是在 2.45 亿年前爬行动物时代初期，地球完全是另外一个样子。地球上所有的陆地都连接在一起，形成了一个巨型的超级大陆，被称为盘古大陆，而剩下的部分则被广阔的古代海洋覆盖着。理论上来说，一只动物只要能够顺利越过高山、渡过河流，就可以一路往前走下去。

在陆地形成之时，大陆漂移就已经开始了，那时候离盘古大陆的形成还有数百万年。对于那时候的大陆，我们知之甚少；但很明显的是，它们也在漂移着，那样巨型的超级大陆也形成过好几次。诺潘希亚就是这些古大陆中的一个，存在于 6.5 亿年前的震旦纪，在 1 亿年后开始分离成几个板块，并最终形成了后来的盘古大陆。阿尔弗雷德·魏格纳主要研究大气热力学和古气象学，1912 年提出关于地壳运动和大洋大洲分布的假说——大陆漂移说。他根据大西洋两岸，特别是非洲和南美洲海岸轮廓非常相似等资料，认为地壳的硅铝层是漂浮于硅镁层之上的，并设想全世界的大陆在古生代石炭纪以前是一个统一的整体——盘古大陆，在它的周围是辽阔的海洋。后来，特别是在中生代末期，盘古大陆在天体引潮力和地球自转所产生的离心力的作用下，破裂成若干块，在硅镁层上分离漂移，逐渐形成了今日世界上大洲和大洋的分布情况。

2亿年前，盘古大陆的中心，就是大地的中心。这个大地的中心，亦即龙祖盘古在开天辟地时，所创生的阴阳二龙之一——地龙（地球）的中心，它在太极图中的标识是黑色龙眼"●"。地球的自转和公转，使地球成了一个天然而巨大的太极。地球的自转，使地球的一面永远处于白天，另一面永远处于黑夜，即地球西半球为白天时，则东半球为黑夜；东半球为白天时，则西半球为黑夜。因为，我们生活的地球，其本身不发光。地球上的光和热，主要是因为太阳在照射着。阳光照到的半球是白天，阳光照射不到的地方就是黑夜。地球是个球体，它一刻不停地绕着地轴自西向东转动着，人们称之为地球的自转。这样，使地球上接受太阳光热的部分经常在变化。得到太阳光热的部分经常在变化，得不到太阳光热的部分也在变化，造成了白天和黑夜的不断交替，日复一日，年复一年。所以，地球永远都处在白色龙和黑色龙的怀抱中。

地球的公转，使地球的南、北极地区永远都处于极昼与极夜的自然现象之中。所谓极昼，就是太阳永不落，天空总是亮的，这种现象也叫白夜；所谓极夜，就是与极昼相反，太阳总不出来，天空总是黑的。在南极洲的高纬度地区，那里没有"日出而作，日落而息"的生活节律，没有一天24小时的昼夜更替。极昼和极夜是极圈内特有的自然现象。发生在北极圈北纬 66°34′ 以内和南极圈南纬 66°34′ 以内。极昼与极夜的形成，是由于地球在沿椭圆形轨道绕太阳公转时，还绕着自身的倾斜地轴旋转而造成的。原来，地球在自转时，地轴与其垂线形成一个约 23.5° 的倾斜角，因而地球在公转时便出现有 6 个月时间两极之中总有一极朝着太阳，全是白天；另一个极背向太阳，全是黑夜。南、北极这种神奇的自然现象是其他大洲所没有的。每年南、北两极，极昼、极夜交替出现。一年内大致连续六个月是白昼（称极昼），六个月是黑夜（称极夜）。人类居住的地球磁场力是由太极产生的，因为，地球的南北两极的白昼和黑夜正好永远是相反的。

在太极图中代表地龙（地球）的黑色龙眼"●"与代表天龙（太阳）的白色龙眼"○"相互对应，同为一轴，也就成了太极的中心。为了让世间永远牢记龙祖盘古开天辟地，创生宇宙，营造万物而永不磨灭的伟大功绩，金龙（风神翼龙）决定要为其恩师——龙祖盘古，在天地人间树立一座亘古丰碑，即在古之"空同山"——马衔山（今甘肃省榆中县与临洮县的界山）之地，要营造一座由三条巨龙（后世称为"三大干龙"）汇聚而成的龙脉宝山矗立于华夏大地，让千秋万代的后人景仰。

翼龙目动物中的骄子——风神翼龙。（图 13）因其"飞翔，则天大风。"所以被称为"风神翼龙"，是有史以来最大的飞行动物。像某些古生

图 13　风神翼龙

物学家说的那样，如果阿拉姆波纪纳龙只是一种被错误识别的风神翼龙，那么，风神翼龙就更有资格成为"顶级飞行者"了。风神翼龙的骸骨最早发现于 1971 年，由大规模的翼骨构成。将这些化石和小型物种的完整骨架进行比较，人们估计风神翼龙翼幅最长可达 15 米。跟大部分翼龙目动物不同的是，风神翼龙很可能是内陆动物，而且飞行中的大部分时候都在滑翔，就像一架具有生命的滑翔机一样。

8360 万年前，风神翼龙率领翼龙族群，不畏艰辛，代代相承，历时1700 万年终于在盘古大陆完全分裂之前，成功地营造出了中国的三大干龙汇聚于马衔山，从而形成"马衔立柱鼎天心"之威势，马衔山也成了华夏

民族的龙脉宝山。《金龙训言》曰：

> 马衔山脉三条龙，盘踞一起口吐水。
> 一条龙身后山卧，一条龙身前山坐，
> 一条龙身接崆峒，仰卧已久未动身。
> 此条山脉分量沉，脊梁背着太祖文，
> 腹中藏着伏羲门，口中衔着暂不分。
> 如此三龙正相构，三家门人同归一，
> 非看马衔土坐石，古道皇尊也登步。

不幸的是，距今约 6600 万年前一场大灾难使恐龙灭绝了。翼龙同样也遭到了灭顶之灾不复存在，而鸟类却存活了下来。风神翼龙因率领翼龙族营造了三大干龙汇聚于马衔山的丰功伟绩而被龙祖敕封居于天龙之宫，每天伴随着天龙——太阳穿行于天空中，巡视大地万物，将阳光洒向人间。

风神翼龙营造华夏三大干龙时，首先是从北干龙开始的，风神翼龙首先营造出当今的长白山，然后逐步营造出今天黑龙江省境内的小兴安岭、黑龙江省与内蒙古自治区的界山——伊勒呼里山、内蒙古自治区的大兴安岭、阴山、狼山、内蒙古自治区与宁夏回族自治区的界山——贺兰山，进入宁夏回族自治区中卫市，溯拥滔滔黄河，经黄河石林，至金城兰州，逾于河连接皋兰山，抵达兴隆山相连于马衔山金龙前池。这就是说，北干龙总体大势是由东北生发走向西南。1994 年 6 月，辽宁查海遗址发掘出的石堆塑龙就是北干龙的真实形象，龙头朝向西南，龙尾落于东北，龙昂首张口，弯身弓背，尾部若隐若现。给人以巨龙腾飞欲奔向西南方的华夏龙岛——马衔山，在那里与中国三大干龙的中干龙、南干龙"盘踞一齐口吐水"之感。（图 14）这也是后世先民纪念风神翼龙营造北干龙伟大功绩的有力佐证。

龙祖为何要安排风神翼龙居于天龙之宫伴随天龙呢？因为，8360 万年前，风神翼龙在营造华夏三大干龙时，特意在长白山中营造出了一个巨大

图14 查海遗址石堆塑龙

的龙潭，作为风神翼龙及众翼龙们生活和栖息的营地。风神翼龙也就长此以往地住在了长白山龙潭，率领翼龙族日复一日，年复一年，坚持不懈地营造华夏三大干龙这一浩大工程。长白山龙潭既是风神翼龙的指挥中心，更是辛苦了一天的翼龙们洗去一身尘埃和除去一天疲劳的沐浴之潭。所以，龙祖安排风神翼龙伴随天龙，就是为了让40亿年如一日，为宇宙万物送去阳光的天龙（太阳），在辛劳一天之后，能够如同当年的翼龙们一样也在长白山龙潭沐浴憩息。从此，天龙便在风神翼龙地伴随下，每天早上从长白山龙潭升起，"翱翔四海之外，过昆仑，饮砥柱，濯羽弱水，莫宿风穴。"（《说文·鸟部》）这里的"风穴"，是后世的人们为了缅怀风神翼龙营造三大龙脉，便将古之长白山龙潭称之为"风穴"，又因风神翼龙每天伴随天龙"莫宿风穴"，所以，又将"风穴"称为"丹穴"、"天池"，这也就是长白山天池的来由。

自从风神翼龙居于天龙之宫，每天伴随天龙穿行于太空，远古的先民便以为这是风神翼龙在驮着太阳飞行。庙底沟护村仰韶文化遗址出土的彩陶上，有一幅黑鸟驮日图就形象地描绘了乌鸟驮日的情景。（图15）《山海经·大荒东经》载："大荒之中，有山名曰孽摇頵羝，上有扶木，柱三百里，其叶如芥。有谷曰温源谷、汤谷，上有扶木。一日方至，一日方出，皆载于乌。"

图15 乌鸟驮日图

　　风神翼龙每天伴随着太阳，"出于旸谷，浴于咸池，拂于扶桑。"（《淮南子·天文训》）太阳出来，光芒万丈，世界一片亮堂，万物生长靠太阳。进入新石器时代以后，生产性经济逐步取代了掠夺性经济，太阳同先民们的关系就更直接、更密切了。在古人心目中，太阳显然是能给世间带来光明和温暖的神灵，风神翼龙因驮日飞行被认为是太阳神鸟。从而形成了远古先民最早的自然崇拜——太阳崇拜和神鸟崇拜。

　　在中国，成为太阳象征的鸟首推"乌"——太阳神鸟（风神翼龙）。在汉代王充的《论衡·说日》和《太平御览》卷三引《春秋元命苞》里都有"日中有三足乌"之说。而《淮南子·精神训》里则有"日中有踆乌"的说法。这个"踆"通"竣"，取其"止"的意思。因为"止"的后起字是"趾"，古所谓"趾"指足，不指脚趾。所以，"踆乌"的意思就是说，太阳里有只长着三条腿、三只脚的乌，这只乌要么正在随着太阳行走，要么停止在那儿，而它那与众不同的三只足则使其能够更加方便地停止和歇息。汉代画像石"日中三足乌"就形象地描绘了这一情景。（图16）

　　在古人眼里，乌和太阳的关系特别密切，不仅是太阳的伴随者、承载者，而且还是太阳的别名。于是，"乌"便常常被人们用来指代和象征太阳。如楚大夫屈原就他的《楚辞·天问》里："羿焉彃日，乌焉解羽？"在日常生活中人们根据太阳照射出的金色光芒，又将太阳称作"金色的太阳"。因日中有乌，所以"金乌"便常被用作太阳的代名词。"金乌海底初飞来，朱辉散射青霞开。"（韩愈《李花赠张十一署》）以及人们常说的"金乌西坠，玉兔东升"等。随着

图16　日中乌汉代画像石

太阳崇拜和神鸟崇拜的不断发展，太阳神鸟又被称为"金乌中的风神翼龙"，简称"金乌翼龙"。这位"金乌翼龙"也就是千万年来被后世一直传颂至今的龙神——金龙。

　　金龙在盘古大陆分裂的第二个阶段后期开始，至第三阶段率领翼龙族

群，不畏艰辛，代代相承，历时1700万年，终于在盘古大陆完全分裂之前，成功地营造出了中国的三大干龙汇聚于马衔山。当这三大龙形山脉汇聚于马衔山后，

图17 马衔山巅的巨石

怎样才能矗立起一座高山使之成为亘古丰碑？这时，金龙骑着龙马飞向昆仑山，从四千里之外的天下龙脉祖山——昆仑山衔来两块巨石投放于马衔山。顿时，这里便矗立起了一座气势雄伟的高山——马衔山。（图17）从此，三条巨龙一齐盘踞于马衔山，三条巨龙口吐水分别形成了马衔山的天池、金龙池的前池和后池。《金龙训言》曰："古那尔，吾容降世，从乎间过岭住脉，双夹两条艮向来脉，吾骑仙马嗑两石垂落，向易坤位。"这就是马衔山雄姿威名的由来。

金龙历尽艰辛，时逾数千万年，营造出华夏三大干龙汇聚于马衔山。从而形成了"马衔立柱鼎天心"之威势，宇宙由没有中心点的混沌状态变成了有中心点的太空，古圣先贤称之为"无极生太极"。所以，马衔山天池就是太极的中心，也是天下的中心，正是"马衔立柱鼎天心"的蕴含所在。《金龙训言》曰："此处正是天道心，太极中心就此孔。谁知天下中心在，便是此岭吾先开。马衔雄姿吾长传，马衔威灵说不完。"

二、助黄襄禹

四大星象龙在中生代"传化"降生于大地上的生物龙——恐龙、翼龙、鳄鱼、蛇、龟，在6600万年前的大灾中，恐龙和翼龙灭绝了。除了鳄鱼、蛇、龟逃过一劫延续至今，但一直都是生存在地球上的生物龙，只有风神翼龙成了唯一的神物龙——太阳神鸟。庞进先生说："太阳神鸟，

其实也就是凤凰……在中国，对鸟禽的任何神化，几乎都与凤的形成过程相一致——凤凰的形象和神性，足以成为神鸟们的总称和总代表。"（庞进《中国凤文化》第 035 页）四星象龙之一的朱雀与苍龙、白虎、玄武同根同源，是形态各异的龙。凤是由星象龙朱雀星的化身——凤神翼龙演变而来，所以说"凤"是朱雀的别称。

《山海经·大荒西经》曰："有五采鸟三名：一曰皇鸟，一曰鸾鸟，一曰凤鸟。"《山海经·南次三经》："又东五百里，曰丹穴之山，其上多金玉。丹水出焉，而南流注于渤海。有鸟焉，其状如鸡，五采而文，名曰凤皇，首文曰德，翼文曰义，背文曰礼，膺文曰仁，腹文曰信。是鸟也，饮食自然，自歌自舞，见则天下安宁。"至此，我们可以看出，龙神金龙是由天象龙——朱雀星，在晚三叠纪（距今约 2.08 亿年前）转化为生物龙——凤神翼龙，然后又在距今约 6600 万年前成了神物龙——太阳神鸟——金龙（金乌翼龙），也就是会飞的翼龙——凤凰。

从《山海经》中关于凤凰的记述可以看出，与龙崇拜一样，在远古先民的宗教信仰中同样也存在着凤凰崇拜。新石器时代出土的凤纹就是最有力的佐证。在距今 7800 年至 6800 年之间的高庙文化遗址出土的陶器上，就有鸟纹与太阳光芒纹在一起的图案。在高庙文化的最早阶段，常见由双线或单线刻画纹构成如网格、带状大方格填叉、鸟头、鸟翅，以及兽面和八角星等不同的图案，图像都很简化；从中期开始及其往后，开始盛行用戳印篦点纹组成各种图案，最具代表性者为形态各异的鸟纹、獠牙兽面纹、太阳纹和八角星纹，另见有平行带状纹、连线波折纹、连续梯形纹和垂幛纹、圈点纹等。同时，还出现了朱红色或黑色的矿物颜料的彩绘和填彩艺术及彩绘图像。图像中的獠牙兽长有双羽，凤鸟载着太阳或八角星象，它们显系超自然的物像。

高庙文化遗址出土的凤纹是我国目前发现最早的凤纹。（图 18）除此之外，还有赵宝沟文化凤、河姆渡文化凤、仰韶文化凤、良渚文化凤、红山文化凤等。这些凤纹至少可以让我们有四点认识：第一，凤崇拜起源于新石器早期；第二，凤崇拜与太阳崇拜有关；第三，凤崇拜是多地区、多方位发生的现象，不局限于一两个文化区域；第四，在各个文化区域内都

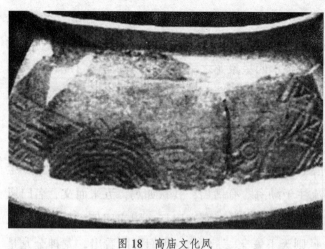

图18 高庙文化凤

有龙纹或龙凤纹出现，可以说龙凤相对应，相配合，并"呈祥"的观念在7000年以前就已经产生了。

天象龙之一的朱雀星，自从"传化"为风神翼龙后，因带领翼龙族群营造出中国三大干龙汇聚于马衔山的丰功伟绩而成为神物龙——太阳神鸟——金龙（金乌翼龙）。从此，每天伴随着太阳（天龙）穿行于天空中，巡视大地万物，将阳光洒向人间。8000年前，华夏人文始祖——伏羲在渭水河畔得到了龙龟送来的"天书龙图"——太极图，经过长期地仰观天文，俯察地理，创造了伏羲八卦，从而开启了华夏文明生生不息、光辉灿烂的文明篇章，使中华民族步入了文明时代。与此同时，作为四大星象龙之一的金龙，肩负着"传承弘扬龙文化，扩展传播龙信仰"的伟大历史使命。于是，金龙便决定以集龙凤于一身的化身"应龙"降世，辅佐华夏民族的始祖——三皇五帝，使龙文化不断丰富，逐步成为中华文化的主体。

应龙，主要特征是生双翅，鳞身脊棘，头大而长，吻尖，鼻、目、耳皆小，眼眶体极大，眉弓高耸，牙齿锐利，前额凸起，长脸无须。独角或齿状双角，颈细腹大，尾尖长，四肢强壮。在战国时期的玉雕，汉代的石刻、帛画和漆器上，常出现应龙的形象。应龙在《山海经》中多处出现，郭璞注："应龙，龙有翼者也。""应龙未起时，乃在渊底藏。非云足不踏，举则冲天翔。"（陈张正《见应龙篇》）王大有《龙凤文化源流》："作为艺术形象的应龙从目前所见到的文物看，可能始于秦，盛于汉，延续到隋唐。秦空心砖上的应龙造型已是相当成熟了，据此推断，这以前，当还有一个演变过程……应龙是由凤鸟、鳄、鲵、蛇复合而成。春秋、战国时，中山国和巴、蜀国有一种介于龙虎的龙生有双翅，或许是应龙的早期形态，或是另一类型的应龙。"（图19）因为，中山国墓葬一号墓出土的"四鹿四龙四凤方案器座"中的龙肩上生出双翼，八只龙翼翼端联结，形成覆杯形。

王大有先生关于应龙演变过程的推断是非常正确的，在这里引古籍记载以佐证：《三国志·吴书》："夫应龙以

图19 河北平山县中山国墓葬一号墓四鹿四龙四凤方案器座

屈伸为神，凤皇以嘉鸣为贵，何必隐形于天外，潜鳞于重渊者哉？"《艺文类聚·卷九十八》："应龙游于华泽，凤鸟鸣于高冈。"萧大圜《竹花赋》："学应龙于葛水，宿<鸟>凤于方桐。"嵇含《悦晴诗》："鸣凤曦轻翮，应龙曝纤鬐。"《太平御览·卷五十七》："枯泽非应龙之泉，平林非鸾凤之窟。"《太平广记》："禹治水，应龙以尾画地，导决水之所出。"刘孝绰《谢散骑表》"邀幸自天，休庆不已。假鸣凤之条，蹑应龙之亦。"《元史·舆服志》："应龙旗，赤质，赤火焰脚，绘飞龙。"以下典籍记载更进一步印证了应龙（凤凰）与其他星象龙是同根同源，形态各异的龙：

《汉书·叙传》："应龙潜于潢污，鱼鼋媟之，不睹其能奋灵德，合风云，超忽荒，而蹠颢苍也。故夫泥蟠而天飞者，应龙之神也。"

《淮南子·地形训》："毛犊生应龙，应龙生建马，建马生麒麟，麒麟生庶兽，凡毛者生于庶兽。"

《淮南子·主术训》："夫螣蛇游雾而动，应龙乘云而举。"

《艺文类聚·卷十》："元龟介玉，应龙粹黄。"

《艺文类聚·卷四十九》："偶应龙之月影，等威凤之羽仪。"

《旧唐书·李密列传》："轰轰隐隐，如霆如雷，彪虎啸而谷风生，应龙骧而景云起。"

《旧唐书·列传第五十四》："又筑城于青海中龙驹岛，有白龙见，遂名为应龙城，吐蕃屏迹不敢近青海。"

《新五代史·南汉世家》："九年，白龙见南宫三清殿，改元曰白龙，又更名龑，以应龙见之祥。"

南朝陈徐陵《丹阳上庸路碑》："天降丹鸟，既序《孝经》；河出应龙，乃弘《周易》。"

丹鸟，史书和有关文献称之为嘉羽——即凤的别称。《三国志·魏志·管辂传》曰："来杀我婿。"裴松之注引《辂别传》："文王受命，丹鸟衔书。"陈徐陵在《丹阳上庸路碑》中一语道出了金龙为何要以龙凤并举的化身"应龙"降于人间的奥秘，主要是为了丰富龙文化、传播龙文化，即"天降丹鸟，既序《孝经》；河出应龙，乃弘《周易》。"

伏羲是有史料记载的华夏民族最早的人文始祖，他和龙的关系甚深。《鲁灵光殿赋》《史记·补三皇本纪》《帝系图》《帝系谱》等记载了伏羲"人首蛇身"、"伏羲麟身"、"龟齿龙唇"、"鼻龙状"、"受龙图，画八卦"、"以龙纪官，号曰龙师"等和龙有关的特征以及事迹。伏羲所在的氏族是一个具有龙崇拜的氏族，龙文化从伏羲时开始体现，可见，龙在中华民族的内心中，有着不可代替的位置。至后世，在《帝王世纪》中将伏羲、神农、黄帝尊称为华夏民族的始祖——三皇，伏羲为"三皇之首"。伏羲之所以被推为"三皇之首"，还有一个重要原因就是与女娲的关系。

在中国古代神话传说中，相传远古女娲与伏羲结为夫妻，便成了华夏民族的始祖、始母。所以，伏羲女娲被视为中华民族的祖先并受到崇祀。女娲是中华民族共同的始祖和母亲，《帝王世纪》中的三皇之首伏羲也代表女娲。龙具有神秘而强大的力量，人们崇拜龙，给人类的始祖神赋予龙的形象，并且让他们具有龙的神力，能够沟通自然，呼风唤雨，止涝放霁，改善自然，女娲就是一例。

传说中的人类祖先伏羲、女娲都是人首蛇身。从汉代传下来的一张《伏羲女娲交尾图》，（图20）画的就是伏羲、女娲相互缠绕的场面。今天的学者们常常把著名的伏羲女娲交尾图中的伏羲女娲的像称作"蛇身像"、"龙身像"，在古人眼中，蛇和龙不仅外表非常相似，而且它们所拥有的蜕

图20　河南南阳县出土的东汉
画像石"伏羲女娲"图

变更新、生生不息的"生命意识"内涵也非常相似。传说女娲炼石补天，抟土造人，立极造物，别男女，通婚姻，造笙簧，为人类的群居、繁衍创造了条件，功德"上际九天，下契黄垆"。

在华夏先民的神话传说中，女娲除了抟黄土造人，繁衍人类之外，还有一个伟大的功绩就是补天。上古的时候，天崩地裂，天不能覆盖大地，地不能承载万物。猛烈的大火经久不息，凶猛的洪水也迟迟不消退，人类被猛兽吞食，人间惨不忍睹。人首蛇身的女娲用五色的石头堵住天空的大窟窿，砍来老鳌的四足并将其立在天地的四方，杀掉祸害人间的黑龙拯救冀州，把芦草烧成灰止住地上的洪水。女娲能够降服具有强大力量的黑龙，能够补天堵水，充分显示了她的无穷神力。

在女娲补天的传说中，为何要用五色石补天？这是因为自龙祖盘古开天辟地以来，只因天空中缺少五行之气，天常降灾难于大地。所以，女娲神采集华夏大地五方之石补天，即东、南、西、北、中五方之石，这些补天之石的颜色又必须符合五行中代表五方的颜色——苍、赤、白、黑、黄。从而，就有了留传于中华大地四面八方的女娲炼石补天之地，如东方的山东日照市天台山、南方广东清远市、中部河南淇县灵山、西方甘肃马衔山、北方吉林长白山天池。《金龙训言》曰：

雷祖生天地形成，降一玉石马衔成。

女娲补天玉石用，一位大仙采石躬，

此位大仙名讳多，吾当本是此仙名。

女娲在采集马衔山、长白山天池之石时，得到了应龙的全力支持和帮助。马衔山是中国的龙脉宝山，当应龙将马衔山山顶的石头全部奉送给女娲补天，从而留下了光秃秃的山头，这也就是马衔山为古之"空头山"的来历。女娲采石以东、南、中、西、北为顺序，最后来到北方的长白山（古之大荒山）天池时，应龙率龙族不畏艰险全力从天池深处运出龙池之石，任女娲神挑选补天。女娲补天共享五色石（五方石）三万六千五百零一块，只因一块未被选中，独留于天池，至今位于天池出水口西侧，弧形亘石，长约50米，至清代时，被安图知县刘建封命名为"补天石"。在女娲补天的过程中，应龙驾雷车帮助女娲运石，并将马衔山、长白山天池的龙石无私地奉献给女娲神补天。《淮南子·览冥训》："乘雷车，服驾应龙，骖青虬，援绝瑞，席萝图，黄云络，前白螭，后奔蛇，浮游消摇。"雷车，亦就是龙车；青虬、白螭都是龙属，可见女娲神和龙的联系非常紧密。

轩辕黄帝是中国远古时期部落联盟首领，与伏羲、神农共同被尊称为华夏民族的人文之祖。《史记·五帝本纪》载："轩辕之时，神农氏世衰，诸侯相侵伐，暴虐百姓，而神农氏弗能征。于是轩辕乃习用干戈，以征不享，诸侯咸来宾从。而蚩尤最为暴，莫能伐。炎帝欲侵陵诸侯，诸侯咸归轩辕。轩辕乃修德振兵，治五气，艺五种，抚万民，度四方，教熊、罴、貔、貅、䝙、虎，以与炎帝战于阪泉之野。三战，然后得其志。蚩尤作乱，不用帝命。于是黄帝乃征师诸侯，与蚩尤战于涿鹿之野，遂禽杀蚩尤。而诸侯咸尊轩辕为天子，代神农氏，是为黄帝。"从这一记载可知，黄帝与"炎帝战于阪泉之野。三战，然后得其志。"炎黄部族从而结盟，为其后的华夏部落联盟打下了基础。

炎黄部族集团在与蚩尤集团（东夷部族）"战于涿鹿之野"的冲突中，炎黄族团不畏"兽身人语，铜头铁额，食沙石子。"的强悍的"蚩尤兄弟八十一人"。（《正义》引《鱼龙河图》）即八十一个部落联盟的攻击，不怕失败，经过反复较量，黄帝在"应龙"地帮助下，终于歼灭了蚩尤。从而形成了炎黄部落联盟与东夷部落的统一联盟，使黄帝以统一华夏部落与征服东夷、九黎族而统一中华的伟绩载入史册。《史记·五帝本纪》中"于是黄帝乃征师诸侯，与蚩尤战于涿鹿之野，遂禽杀蚩尤"就是指应龙杀死蚩尤。《索隐》引皇甫谧云："黄帝使应龙杀蚩尤于凶黎之谷。"这里的"禽"就是飞龙——应龙。（图21）《帝王世纪》："又征诸侯，使力牧神皇直讨蚩尤氏，禽之于涿鹿之野，使应龙杀之于凶黎之丘。"

应龙帮助黄帝灭蚩尤的事迹，最早记载于《山海经·大荒北经》云：

图21　河南南阳县英庄出土的东汉画像石"应龙图"

"蚩尤作兵伐黄帝。黄帝乃令应龙攻之冀州之野。应龙蓄水。蚩尤请风伯、雨师，纵大风雨。黄帝乃下天女曰魃，雨止，遂杀蚩尤。"《山海经·大荒东经》云"大荒东北隅中，有山名曰凶犁土丘。应龙处南极，杀蚩尤与夸父，不得复上。故下数旱，旱而为应龙之状，乃得大雨。"郭璞注："应龙，龙有翼者也。"《山海经·大荒北经》云："大荒之中，有山名成都载天。有人珥两黄蛇，把两黄蛇，名曰夸父。后土生信，信生夸父。夸父不量力，欲追日景，逮之于禺谷，将饮河而不足也，将走大泽，未至，死于此。应龙乃已杀蚩尤，又杀夸父，乃去南方处之，故南方多雨。"《史记·封禅书》载："黄帝作宝鼎三，象天、地、人。"据虞荔《鼎录》记载，黄帝在荆山下铸的铜鼎很大，有一丈三尺高，容量可以装下十石谷子。鼎的周围刻有腾云驾雾的翼龙，也就是帮助禽杀蚩尤而立有大功的应龙形象，还雕刻有四方鬼神和各种奇禽怪兽图案。

大约在4000多年前，中国的黄河流域洪水为患，尧命鲧负责领导与组织治水工作。鲧采取"水来土挡"的策略治水，鲧治水失败后由其独子禹主持治水大任。大禹治水时得到了龙祖盘古的大力帮助。首先，龙祖盘古决定将天书"洛书"赐予大禹，于是派金龙化身——应龙将大禹带到黄河上游的龙湾黄河石林，让大禹观看了龙龟当年显现于黄河石林的九宫图。站在黄河石林的制高点（即今天的观景台），高空俯瞰，通过认真地观察，大禹发现黄河石林就像一个巨大的龟甲，甲上载有9种花点的图案，大禹令士兵们将图案中的花点布局描绘了下来。经过深入仔细地研究，他惊奇地发现，9种花点数正好是1—9这9个数，各数的位置排列也相当奇巧，纵横六线及两条对角线上三数之和都为15，既均衡对称，又深奥有趣，在奇偶数的交替变化之中似有一种旋转运动之妙。大禹受到启发，面对滔滔洪水，从鲧治水的失败中汲取教训，改变了"堵"的办法，对洪水进行疏导。

据《史记·夏本纪》载：大禹治水时，"左准绳、右规矩，载四时，以开九州，通九道，陂九泽……"大禹治水以九宫为据，应用到测量、气象、地理与交通运输之中，并在应龙"以尾画地，导水所注"的鼎力相助下，从而治理黄河，大获成功，受到黄河两岸人们的拥戴。屈原在《天问》中，对应龙如何帮助大禹治水、如何用尾巴在地面上划出一条江河引洪水入大海等奇事表示不解："河海应龙，何尽何历？鲧何所营？禹何所成？"（《楚辞·天问》）东汉王逸注："禹治洪水时，有神龙以尾画地，导水所注，当决者，因而治之也。"晋王嘉《拾遗记》卷二云："禹尽力沟洫，导川夷岳，黄龙曳尾于前，玄龟负青泥于后。"在禹治洪水时，神龙曾以尾画地疏导洪水而立功。助大禹治水的应龙为何又被称为"黄龙"？这是因为应龙帮助大禹治水有功，后被龙祖盘古敕封为"黄河龙神"，所以汉晋古籍中称为黄龙。

朱熹《楚辞集注》将"河海应龙，何尽何历？"作"应龙何画？河海何历？"熟知大禹治水故事的人也清楚地知道，当时大禹是利用应龙锋利的尾巴划开大地和山川，引导洪水到大海，最后才成功治水的。大禹在应龙地帮助下治水成功后，被大家推举为舜的助手。过了十七年，舜死后，他继任部落联盟首领，参照洛书九数而划分天下为九州，并且把一般政事也区分为九奥。后来，大禹的儿子启创建了我国第一个奴隶制国家——夏朝，因此，后人也称他为夏禹。

"九州"最早见于《尚书·禹贡》，是古代中国的代名词、别称之一。古人认为天圆地方，"方圆"是指范围。因此，"九州方圆"，即"中国这块地方"，是地大物博、气势磅礴的一种景象。"九州"之名，起于战国中期。当时列国纷争，战火连天，人们渴望统一，于是产生了区划中原的思想萌芽，九州制只是当时学者对统一后的中国的规划，是一种政治理想。因而《禹贡》中便有了冀、兖、青、徐、扬、荆、豫、梁、雍九州，其他古籍如《尔雅·释地》、《周礼·职方》、《吕氏春秋·有始览》中也有九州的记载，虽然各书中具体州名有所差异，但记载的均为九州。传统看法以为《禹贡》是夏制，《尔雅》是商制，《周礼》是周制。

尽管九州具体区划时间无法得到确切考证，但是依据众多考古文物遗迹的发现。我们可以了解到"九州"概念的形成不晚于战国时期。尤其遂公盨的出现，（图22）说明了"大禹治水"是一段十分可靠的历史事件。而由《尚书·禹贡》等典籍所指出的"九州"是出于国家初步建成的一种管理模式的尝试。过去著录的古文字材料，有关禹的很少，只有秦公簋提到"禹迹"，正是大禹治理规划的体现。秦公簋等都属春秋，遂公盨则早到西周，成为大禹治水传说最早的文物例证。

图 22　西周中期遂公盨

应龙曾为黄帝争夺天下的战争效力，也为大禹治水冲锋陷阵万苦不辞；既是安邦立国的功臣，更是天下百姓的福神——雨水之神。雨水是人类赖以生存和发展的最基本自然条件之一，与古人的生产、生活有着极为密切的关系。不管是早期的采集和狩猎，还是后来的种植和畜牧，都离不开雨水的作用。雨水适度，牧草丰茂，谷物有成；雨水缺乏、叶草干枯，百谷旱绝；雨水过量，人畜被淹，农田受涝。相对而言，人们对雨水的欢迎要多于对雨水的厌恶。在我国第一部诗歌总集《诗经》里，就有喜欢雨水的句子："有淹萋萋，兴雨祁祁。雨我公田，遂及我私。"然而，作为一种自然现象，阴晴雨霁是不依人的意志为转移的。它往往不"知时节"，该下雨的时候久久不雨，该晴朗的时候又久久不晴。古人对这些自然现象不可能有科学的理解，他们相信有超自然的天神主管着这一切，于是就把殷切的希望寄托在超自然的天神身上，相应地就产生天旱时求雨和雨涝时求晴的祭祀活动。

由于应龙有蓄水的本领，曾使南方多雨，因而，应龙便成了超自然的天神——雨水之神。在遇到旱情严重的年月，人们就用泥土沙石等做成应龙的模样，祈祷一番，往往就能求得大雨一场。关于天旱时求雨的祭祀活动最早记载于《山海经·大荒东经》云："大荒东北隅中，有山名曰凶犁土丘。应龙处南极，杀蚩尤与夸父，不得复上。故下数旱，旱而为应龙之状，乃得大雨。"《山海经·大荒北经》云："应龙已杀蚩尤，又杀夸父，乃去南方处之，故南方多雨。"郭璞云："应龙遂住地下。""今之土龙，本此，气应自然冥感，非人所能也。"这样，龙家族里又多了个"土龙"，民间也有了"旱则修土龙"（《淮南子·说林训》）的习俗。

《山海经·大荒经》中关于应龙的神异性的记载，称"应龙畜水"、应龙所处的南方"多雨"，则充分彰显了应龙"龙凤并举"的独特神性。所谓南方"应龙"，当即《易经》"六龙"中的"飞龙在天"之龙，即盛夏高悬于南方之龙星（东方苍龙星），应龙"有翼"，喻夏龙飞动翱翔、高悬南天之势也。龙星高悬于南天，正值雨水丰沛的盛夏，故在古人的观念中，"飞龙在天"的应龙就成了雨水的象征。应龙既为雨水之象征，亢旱不雨，则不妨作应龙之形象以致雨，故《山海经·大荒东经》云："旱而为应龙之状，乃得大雨。"

先秦典籍中，求雨之仪又称"雩"，《礼记·祭法》云："雩禜，祭水旱也。"《周礼·春官宗伯》"司巫……若国大旱，则帅巫而舞雩。"由上引《续汉书·礼仪志》的记载，知作土龙即雩礼之一节。因为"龙星初升"标志着霖雨季节的来临，故古人定于"龙星升天"之时举行雩祭，为夏天作物的生长祈求甘霖，《左传·桓公五年》谓"龙见而雩"，杜预注："龙见建巳之月，苍龙宿之体昏见东方，万物始盛，待雨而大，故祭天远为百谷祈膏雨。"建巳之月为孟夏四月，此月黄昏龙星全体已离开地面而飞升于天，且已从东方绵延而及于南方，《大荒北经》所谓应龙"去南方处之"，郭注所谓应龙有翼，谓此。所以说在传说时代，人们就认为应龙有降雨的功能，在大旱时"为应龙之状"，就可以使天降雨，这应是上古时期祈龙求雨的一种形式。既然应龙具有行云布雨的神通，因而也就成为人们祈雨的对象。综上所述，从先秦典籍中的记述可以看出，应龙不仅代表着四大星象龙中的朱雀星和苍龙星，而且还代表着白虎星和玄武星。

三、黄河龙神

21 世纪初，发现一件新出现的青铜器，由于其铭文记载着大禹治水的传说事迹，受到国内外学者的广泛注意。这件器物，就是现为保利艺术博物馆收藏的遂公盨。著名历史学家、古文字学家李学勤说："至于治水的事迹，乃是第一次发现。秦公簋等都属春秋，遂公盨则早到西周，成为大禹治水传说最早的文物例证，这对于中国古代历史文化的研究有很大的意义。"遂公盨铭的发现，充分表明早在 2900 年前人们就在广泛传颂着大禹的功绩，而夏为"三代"之首的观念，早在西周时期就已经深入人心。

应龙在"以尾画地，导水所注"帮助大禹治水时，以黄河石林和盘龙洞窟为中心，特意将黄河在这里以尾划为一个大"S"形，使这一地区成了镶嵌于大地的天然太极图。（图 23）应龙以尾所划的这个大"S"形河段全长 258 千米，即今天黄河流经大峡、乌金峡、红山峡至黑山峡上游穿越白银全境的黄河河道，从而使今天的白银地区成了一个巨大的天然太极图。应龙为何要以盘龙洞窟和黄河石林为中心将黄河在这里以尾划为一个大"S"形？因为，应龙认为黄河石林周边地区是太极文化的圣地：其一，龙祖盘古，在世界东大龙脉结止地营造了雄浑壮观的黄河石林景象和盘龙洞窟前浑然一体的天然太极图。其二，盘龙洞窟内有"五方龙神"幻化雕刻于洞顶的天然太极图和龙龟与黄河石林融化而显现的天然洛书（数字化太极图）。

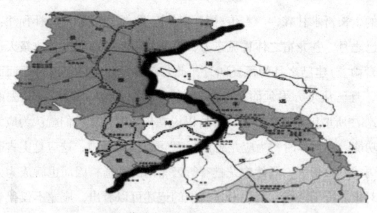

图 23 黄河流经白银形成的天然太极图

大禹治水的足迹遍布四方，各地都有大禹治水的传说。其中，禹凿龙门更是世代相传的经典故事。开凿龙门，是应龙帮助大禹治水的重要工程之一。当时，黄河中游有一座大山，叫龙门山，它和吕梁山的山脉相连接，位置在今陕西与山西两省交界的地方，正好挡住了黄河的去路，使黄河的水流到这里流不过去，只好倒回头往上流。于是，蛟龙族便趁势兴风作浪，就造成洪水的泛滥，把上游的孟门山都淹没了。《吕氏春秋·爱类篇》："昔上古龙门未开，吕梁未发，河出孟门，大溢逆流，无有丘陵沃衍平原高阜，尽皆灭之，名曰鸿水。"

《尚书·禹贡》：大禹"导河、积石，至于龙门……入沧海。"《史记·夏本纪》：禹"道河积石，至于龙门……入于海。"从这两则记载中可知，大禹治水是从积石山（在今青海省）开始的。当禹从积石山疏导黄河到龙门这里，看着奔腾而下的河水受到这座大山的阻挡，根据当时的人力和物力情况只能望而兴叹。这时，应龙站出来说道："让我来劈开它吧！"只见应龙腾空而起，向北飞去，当飞至百里之外的一个地方（今黄河壶口，向南 5 千米即孟门山），（图 24）突然，掉转头来向下俯冲直入水中，冲起一堆堆直射天空的雪浪。之后，又见应龙将头伸出水面，尾巴却深深地插入地中，竭尽全力地向南冲去，应龙所过之处，在大地上拉开了一道巨大深邃的峡谷（即今秦晋峡谷南段），四面漫延的洪水纷纷涌向峡谷。由于峡谷形成的水位差（峡谷深约 30 米），使流入峡谷的水流产生了巨大的推力，一路呼啸，势不可挡，应龙凭借着狂涛激浪的推动，奋勇向前，至龙门山时，便把这座大山拉开了一个大口子。从此，黄河水从龙门奔腾而去，河水就畅通无阻了。后世的人们为了纪念应龙帮助禹治水的功绩，便将这个应龙用尾巴拉开的大口子称为"龙门"，将被应龙劈开的这座大山称为"龙门山"。

图 24　黄河壶口

　　龙门山横跨黄河两岸，把黄河穿过的龙门紧紧夹在中间。（图 25）两山对峙，形如门阙，上入霄汉，陡壁千仞，危耸险峻，地势异常险要。至后世，东西龙门山上均建有大禹庙，建筑雄伟，依山而立，亭台楼阁，险峻秀雅，雕梁画栋，绚丽异常。站在庙前，深感"黄河一线天上来，两山突兀屏风开。"的传神。沿龙门逆水而上，两岸如同刀砍斧劈，行约 4 千米处为"石门"，此乃黄河最窄之处，咆哮的黄河在此被夹成一束急流。九曲黄河从雪峰连绵的莽莽昆仑奔腾而来，一路上，集千流，汇万溪，裹挟着黄土高原上的泥沙呼啸着直奔龙门。正如唐代大诗人李白的千古绝唱："黄河西来决昆仑，咆哮万里触龙门。"到此处洪流扑岸，奔腾湍急，浪花飞溅，百漩相连，波涛汹涌，咆哮如雷，险不可测，一种水自天泻、卷起千堆雪的壮美气势滚滚袭来……

　　龙门下游几百里的地方，是有名的三门峡，相传也是应龙帮助禹治水时劈开的。应龙把一座挡住河道的山，以尾划地破成几段，使河水分流，包绕着山经过，好像三道门，所以叫作"三门"。《水经注·河水》："砥柱，山名也，昔禹治洪水，破山以通河，三穿既决，水流疏分，指状表目，亦谓之'三门'矣。""三门"分别为"鬼门"、"神门"、"人门"。在三门峡水电站未建之前，有人将三门峡的光景描述为："站在黄河两岸的陡崖上俯瞰河谷，只见大河从上游宽荡荡地奔流过来，越往东水势越

急，刚刚流进三门峡，便被两座石岛迎面劈开，劈成惊心动魄的三股急流。这三股急流又被两岸突出的岩石紧紧卡住，瞬间三股急流又拧成一股，一起从一百二十米宽的小豁口硬冲出去，只震得满峡谷一片雷声。

图 25　黄河龙门

大禹在应龙地帮助下平治了洪水，解救了万民的痛苦，使人们得以安居乐业，过上了幸福的日子。因此他就得到了人民的爱戴和舜的信任，舜也把帝位禅让给他，他就成了五帝之一，又被称为夏代的开国君王。由于应龙在帮禹治水的艰巨任务中做出了巨大贡献，尤其在疏导黄河的过程中，以黄河石林为中心营造出了一个巨大的天然太极图，龙祖便敕封应龙为"黄河龙神"，被后世人尊称为"黄河河神"，亦称"河神"。《金龙训言》："届至三皇时期观，照照朦云似海观。再观五帝时期连，投入黄河变龙鳞。"

"龙祖"为何要敕封应龙为"黄河龙神"？一是为了表彰应龙的卓著功绩。二是为了更好地治理黄河，让应龙来监管原来品行不端的水神——河伯。因为，由"四星之精"降生于地球上的四大兽类，在 6600 万年前的大灾中，恐龙和翼龙灭绝了。除了鳄鱼、蛇、龟逃过这一劫难延续至今，只有风神翼龙因带领翼龙族营造出中国的三大干龙汇聚于马衔山的丰功伟绩而被"龙祖"敕封居于天龙之宫，成了神物龙——太阳神鸟。亿万年来，鳄鱼、蛇、龟以及后来由西方白虎星所降生的虎类，由于它们都没有大的作为，因此，鳄鱼、蛇、龟、虎类都成了留在大地上的生物龙。其中，鳄鱼类中的蛟龙（蛟鳄），不但不作为，反而做出种种卑劣之事，伤害大地上的万物生灵，被后世人称为"孽龙"。

蛟龙是生存于江河中的一种水生动物，由于其是具有能吞食虎豹、马鹿以及人类的凶猛之兽，所以，远古的先民把蛟龙奉为江河水族中的"水神"。《管子·形势解》说："蛟龙，水虫之神者也。乘于水则神立，失于水则神废……故曰：蛟龙得水而神可立也。"在江河水族中，蛟龙以其凶悍、凶猛而位居水神之位，故在黄河流域将其称为"河伯"。伯者，伯仲叔季，伯是老大，季为最小。

黄河以内蒙古自治区托克托县河口镇以上为上游；河口至河南孟津为中游；龙门居于黄河中游的中间。黄河流经的这一区段，我们将之称为黄河中上游流域。黄河中上游流域是龙的圣地，也是中华龙文化的发祥地。在这一流域有诸多中华龙文化的重要遗迹。首先，是天下龙脉祖山昆仑山和华夏龙脉宝山马衔山。其次，是昆仑山东大龙脉的结止地——黄河石林，以及由此生发的古龙山山脉和华夏龙宫老龙潭。再者，就是应龙助大禹治水，在黄河中游形成壶口瀑布和龙门。

应龙担任黄河龙神后，为了防止蛟龙族在黄河龙门以上流域兴妖作怪和保持龙圣地的纯真圣洁，应龙决定以龙门为界，拒蛟龙于龙门之外，即不允许蛟龙族越过龙门进入黄河中上游流域。这样，就必须有一支强壮精干的"水龙族队伍"在龙门守护，以堵截蛟龙族越过龙门。因为，原来黄河水神手下的成员都是靠不住的，所以，应龙决定在江、河、海的水族中招纳英才，并要打破过去长期以来形成的陈规，如"蛇雉遗卵于地，千年而为蛟，久则化为龙。"（陆禋《续水经》）"虺五百年化为蛟，蛟千年化为龙。"应龙不拘一格、广招英才的方案是：凡是能从龙门的下游跃过龙门而至上游者皆可成为龙。这样，便就有了"鱼跃龙门"的神话故事了。

江河湖海中的水族们听到这一消息后，深受蛟龙族残害的黄河鲤鱼、江海中的鲟鱼等都非常高兴。尤其是黄河鲤鱼更是兴奋不已，众多金背鲤鱼、白肚鲤鱼、灰眼鲤鱼听闻挑选能跃上龙门的优秀之才管护龙门，镇压恶蛟作祟，便成群结队，沿黄河逆流而上参加竞选。还未望见龙门之影，那一条条灰眼鲤鱼们便被黄河中的泥沙打得晕头转向，无奈只能原路返回。金背鲤鱼和白肚鲤鱼却排成一字儿长蛇阵，轮流打前锋，迎风击浪，日夜兼程，终于游到龙门脚下。应龙一见大喜曰："鱼龙本是同种生，跃上龙门便是龙。"鲤鱼们一听，立即鼓腮摇尾，使尽平生气力向上跃起，没想到刚跳出水面一丈余高，便跌落摔于水面之上，浑身疼痛。但是，鲤鱼们并未灰心丧气，而是更加日夜苦练摔尾、跳跃之功。如此苦练七七四十九天，一跃七七四十九丈高，但龙门高达百丈，还相差很远。应龙看到鲤鱼们肯用功苦练过硬本领，激流勇进，便点化："好大一群鱼!"有条金背鲤鱼听了应龙的话大有所悟，便对群鱼说："这不是启发我们要群策群力跃上龙门吗?"群鱼齐呼："多谢龙神!"鲤鱼们高兴得摇头摆尾，一条条瞪眼鼓腮，甩尾猛击水面，只听"漂漂"的击水声接连不断。一跃七七四十九丈高，在半空中一条为一条垫身，又是一跃七七四十九丈高。只差两丈，应龙便用尾巴轻轻一扇，一阵清风吹过，风促鱼跃，众鲤鱼一条接一条跃上了日夜向往的龙门。却说那条曾为其他鲤鱼多次垫身的金背鲤鱼，眼看同伴都跃上龙门，唯独自己还留在龙门山下，寻思道："我何不借水力跃上龙门。"恰巧黄河水正冲向龙门河心的巨石上，浪花一溅几十丈高，这金背鲤鱼便猛地蹿出水面，跃上浪峰，又用尾鳍猛击浪峰，一跃而起，没想到竟跃入蓝天白云之间。一会儿又轻飘飘地落在龙门之上，如同天龙下凡。应龙一见赞叹不已，随即在这条金背鲤鱼头上点了点红，瞬时，金背鲤鱼幻化成一条吉祥之物——黄金龙，应龙便命黄金龙率领众水龙管护龙门。

龙门的形成，是其东面的龙门山和西面的梁山各伸出山脊，相互靠拢，形成一个只有100米宽的狭窄的口门，好像巨钳，束缚着河水，形成湍急的水流。每当洪水季节，由于峡口中的水位壅高，而出了峡谷后，河谷突然变宽，水位则骤然下降，于是在龙门形成明显的水位差，故有"龙门三跌水"之说。沿袭相传的"鲤鱼跳龙门"的故事，就是指跳跃此处的跌水。该故事说的是小鲤鱼不畏险阻，纷纷跳跃这道通向成龙道路上的门关，能跃过去者，便能成龙。只有那些百折不挠的小鲤鱼，最终才能成龙。这个故事千百年来也激励着炎黄子孙顽强拼搏，奋斗不息。

应龙帮助大禹治水的功绩，在2900年前夏族的先民中广泛传颂着，他们对由应龙演变而来的黄河龙神——黄河河神崇祀有加。据说，夏商王朝各自都有对黄河河神的崇拜和祭祀，但关于夏王朝怎样祭河神，现已不详，殷墟甲骨文中却有很多记载关于商人祭河神的卜辞。殷商时期，商人的活动范围主要是在黄河中下游一带，由于商人的生活区域接近黄河，黄河时常因蛟龙作祟而决口泛滥，对商人的生命及财产造成威胁，从而导致了商人对黄河河神的祈求和崇祀。卜辞中有大量关于人们向河神进行"求雨"、"求年"、"求禾"等祭祀活动的记载，显然黄河河神已具备了神龙的威力。"河为水神，而农事收获依赖雨水与土地，故河又为求雨求年之对象。"（陈梦家《古文字中之商周祭祀》）

"辛未贞，求禾高祖河于辛巳，酉三燎。"

"壬午卜，于河求雨，燎。"

"戊寅卜，争贞，求年于河，燎三小牢，沉三牛。"

"壬申贞，求禾于河，燎三牛，沉三牛。"

"贞，于南方，将河宗，十月。"

"甲子，求于河，受禾。"

"帝未卜，囗贞，囗年于河。"

"壬申卜贞，囗禾于河。"

"壬申贞，囗贞，于河，匄吉方。"

"戊戌卜，祝囗于河祀。"（丁山《中国古代宗教与神话考》）

"……河珏，惠王自征。"（《甲骨文合集》2489）

"丁巳卜，其燎于河牢，沉璧。"（《殷墟书契后编》上23·4）

……

从大量的卜辞中，可以看出，殷人祭祀黄河河神是十分普遍且非常虔诚，祭祀已有相当规模，祭品不仅有牛、羊，或以三牢作为祭品献给河神。可见，黄河河神在古代崇拜与祭祀习俗中的主导地位于商朝便已奠定。

公元前1046年，姬姓族以陕西渭水中下游为中心建立了周。周的统治区域较殷商明显扩大，祭祀河神的情况也有了很大的变化。民间依然遵循旧俗祭祀自己居住区域附近的河神，但是官方则将河神列入天下名山大川一起祭祀。《史记·封禅书》："《周官》曰：……天子祭天下名山大川，五岳视三公，四渎视诸侯，诸侯祭其疆内名山大川。四渎者，江、河、淮、济也。"《礼记·曲礼下》载："天子祭天地，祭四方，祭山川，祭五祀，岁遍。诸侯方祀，祭山川，祭五祀，岁遍。大夫祭五祀，岁遍。士祭其先。"《诗经·周颂·时迈》则曰："怀柔百神，及河乔岳。"《公羊传·僖公三十一年》注释云："三望者何？望祭也。然则曷祭？祭泰山河海。曷为祭泰山河海？山川有能润于百里者，天子秩而祭之。"这些记载表明，周朝的统治区域远远大于殷商时期，黄河、淮河、长江、济水等流域皆是周人的活动范围，因而这些大江大河都成了周人祭祀的对象。此外，在周朝时期，对山川之神的祭祀已有了严格的等级划分，官方祭祀山川的活动已成为定制。《礼记·乐记》载："先王之祭川也，先河后海。"这说明黄河河神在山川之中又占据着首要位置。

秦灭六国，"自以获水德之瑞，更名河曰德水。"（欧阳修《艺文类聚》卷八）秦始皇统一天下之后，确立了名山大川为国家统一的祭祀对象。秦始皇二十六年（前221年）令祠官祀河渎，从秦代开始，河神有了庙祠。关于河祠所在地点的记载，最早见于秦代。《史记·封禅书》载："及秦并天下，令祠官所常奉天地名山大川鬼神可得而序也。……自华以西，名山七，名川四……水曰河，祠临晋。"这里"鬼神"之"鬼"字的含义并非后世的死人神灵之称。章炳麟在《小学答问》中指出："古言鬼者，其初非死人神灵之称。鬼即是夔。"《吕氏春秋·古乐》记发明音乐之神名"夔"，又称夔龙。《尚书·舜典》："伯拜稽首，让于夔龙。"所以，这里的"鬼神"应为"龙神"。

《正义》曰："（临晋）即同州冯翊县。本汉临晋县也，收大荔，秦获之更名。"秦时临晋，即今天陕西大荔县朝邑镇东南黄河西岸。这是大一统的封建国家第一个专门祭祀黄河河神的庙祠。关于临晋，《汉书》卷二五下《地理志》颜师古注曰："冯翊之县也，临河西岸。"《汉书》卷二八上《地理志》曰："临晋，故大荔，秦获之，更名。有河水祠。"《元和郡县志》记："同州，《禹贡》雍州之域。春秋时其地属秦，本大荔戎国，秦获之更名，曰临晋。后魏永平三年改为同州。"

到了汉代，汉高祖又承秦之旧，按照秦朝的祭礼来祭祀河神。《史记·封禅书》载："天下已定……长安置祠祝官、女巫……其河巫祠河于临晋。"祭祀河神的庙祠仍设置在临晋。汉文帝时，又规定祭河"加玉各二；及诸祠，各增广坛场，圭币俎豆以差加之。"（《史记·封禅书》卷二八）还用三正牲（即猪牛羊）、玉圭、玉璧、车马、绀盖沉于河中以祭河神。汉武帝建元元年（前 140 年），下诏曰："河海润千里，其令祠官修山川之祠，为岁事，曲加礼。"（《汉书》卷六·武帝纪）

秦汉以后，河神祭祀的地点仍在汾渭平原的黄河之滨。"大唐武德、贞观之治，五岳、四镇、四海、四渎，年别一祭，各以五郊迎气日祭之。"分别祭祀东海于莱州、南海于广州、西海及西渎大河于同州（治今陕西大荔）、北海及北渎大济于洛州，"其牲皆用太牢，祀官以当界都督刺史充。"（《通典·礼六·吉五》卷四六）河神祠的地点并未在同州州治，而在下辖的朝邑县境，具体位置当在河滨。据《新唐书》卷三九《地理志》记载，唐玄宗开元十五年（727 年）时将河渎祠由朝邑迁至蒲津关（一名蒲坂）。

自唐代以来，黄河龙神的地位逐渐被抬高。河渎之封爵，起始自唐朝，之后在历代皇帝不断地祭祀与加封下，河神在原来的封号上被加新的封号，每年按时享受着庄严肃穆、隆重非凡的祭典，地位不断地被抬高。《旧唐书·玄宗本纪》称，唐玄宗天宝六年（747 年），当时，"五岳既已封王，四渎当升公位"，于是"河渎封为灵源公"。遣京兆少尹章恒祭河渎灵源公，（《旧唐书·礼仪志》卷二四）当时颜师古还作了《大河祝文》，并规定了一大套隆重而烦琐的祭祀仪式，载入《开元礼》。开元十六年以来，国家诏令正式修建龙坛和龙堂以供祭祀。所谓开元"十六年，诏置（龙）坛及祠堂。"除了国家祭祀修造龙坛与龙祠外，地方在祈雨时也如法炮制。如广德二年（764 年）八月，应道士李国祯的请求，令"于（昭应）县之东义扶谷故湫置龙堂"。唐人在祈龙求雨时筑五龙坛、祭五龙的行为，也是沿袭中国上古习俗的一种做法。

宋以后，历代国家祭祀河神之地皆在河东的河中府（今山西省永济县蒲州镇）。（图 26）祭祀地点的迁移，当与祭祀河祠渡河不便、都城东移以及黄河的决徙有关。宋代由于祀河附近的黄河河道变迁频繁，所以至宋时，"立秋日祀西岳华山于华州，西镇吴山于陇州，西海、河渎并于河中府，西海就河渎庙望祭。"（《宋史·礼五》卷一百二）宋太宗时，宋祀河

图26　河中府所在地（今永济县）地图

渎于河中府。宋真宗时，大中祥符元年（1008年）"车驾至潼关，遣官祀西岳及河渎"。应在距潼关相近的河滨或河中府的河渎庙祭祀。河渎祭祀转移至黄河东岸的河中府。这说明，宋代时在河中府和澶州两地都设有河渎庙。

元时仍定岁祀河神于河中府。元世祖至元十二年（1275年）二月，"立河渎庙于河中"。（清乾隆官修《续文献通考》卷七十四）明代弘治至嘉靖年间，黄河在此多次决口，于此不断增修堤防。明弘治八年（1495年），"帝以黄陵冈河口功成，敕建黄河神祠以镇之，赐额曰昭应"。（《明史》卷八三《河渠志》）黄陵冈，在今河南兰考东，是旧黄河与贾鲁河之间的一个险工河段，明代弘治至嘉靖年间，黄河在此多次决口，于此不断增修堤防。《明一统志》云："河渎庙在西海庙（在蒲州西南）东，祀西渎大河之神。"清代亦在蒲州城西南近河处祀河。

"黄河龙神"一直以来被人们所崇敬，除了中央政府在临晋（同州）、河中府（蒲州）祭祀河神之外，地方上也建了许多"河神庙"。这些祀祠的出现，是河神在人们信仰中的反映，也是河神与人们生产与生活密切相关的反映。人们祭祀河神的目的以求雨和求河安定最普遍，也有答谢和祈祷平安的祭祀，还有一些非常之祭、报告灾异等祭祀。历史上黄河河道变迁、泛滥决口等，多发生于其中下游，由于蛟龙族被应龙拒之龙门之外，所以黄河中上游相对比较稳定。而黄河中下游地区，特别是宋元明清以来，是黄河决口改道频繁之地。所以，地方上的河神庙、河神祠或龙王庙多建于黄河沿岸，且多建于泛滥决口频繁之地。其地点以河南、江苏、山西居多，山东、陕西、甘肃等也有记载。

　　古代中国人对黄河河神的崇拜和祭祀，自殷商开始，历经三千多年。黄河河神由最初的神物龙——黄河龙神，发展成为一个人格化、社会化、世俗化的神，到明清时期又演变成为人类英雄式的河神——金龙四大王 。任何宗教信仰形式都是与社会密切相关的，都具有社会属性。古代中国对黄河河神的崇拜亦是如此，河神的发展演变过程就说明了这一点，它适应社会的需求而产生，又随社会的发展而发展，拥有着独特的龙文化内涵及多彩的神话传说，进入了黄河历史文化的光辉历程。

第三章

马衔天池

第三章

马衔天池

　　马衔山，地处甘肃省榆中与临洮两县交界之处，在大地构造上，是介于秦岭地槽系和祁连山地槽系之间的秦祁台上的孤岛状的石质山地。高耸的地势和气候条件，使马衔山的地貌景物与周围截然不同。随着海拔不同，马衔山呈现出不同的景色，每年夏季可见到山顶白雪飘，山腰百花争艳，山下绿波荡漾的奇特景观，真可谓"一山有四季，十里不同天。"海拔 1800—2200 米之间为蔷薇、山梅、虎榛子等植物组成的灌木林；2200—2400 米之间为杨、桦组成的阔叶林；2400—3200 米之间为云杉针叶林带；3200—3500 米之间为杜鹃和山柳形成的灌木林；3500 米以上为高山草甸区；这里的地貌宛如青藏高原，不见树木，唯有绿草如茵。山顶如平川，放眼四望，一派空寂坦荡。

　　马衔山是最适合人类生存的一片"绿色净土"，是大自然馈赠给世人的"天然别墅"，是难得一见的人间胜景。这里的绝大部分森林、草原、湖泊等自然生态环境依然保持其原始古貌，一山四季，景色各异。夏季的马衔山气候宜人，平均气温在 13°C—18°C 之间，是避暑的最佳去处，那醉人的绿色招引着你；秋季夺人耳目的是那林海的秋色，听林中松涛阵阵，赏亭亭玉立的白桦；站在马衔山顶到雷达站看日出日落，大自然的美景令人流连忘返。论及马衔山的美景雄姿与金龙池时，《金龙训言》概述到：

　　　　马衔宝山，鸟语花香，灵高奏音，枇杷护体。载风霜晚秋，
　　融入天丹交篝沸腾。山泉流水，银针夏络繁叶丛中，岛波双扇湖
　　礁，瓠石垒布，赫明礁暗，悬藤垂弯条窦，空悬势态亮影也。攀

梢雀鸣，金光龙体显圣，坦然间，故系不衰。跨过银河两岸，垂雄骏托，艮向横立，双臂相应，潢飞落入两脉之川。龙身显圣，口吐流水，藏娇古梅运秋，春去冬来，冰冻三尺之渊，金砖穗柳，绕穴青青。

一、龙脉宝山

马衔山是华夏民族的龙脉宝山，主要由三条龙身山脉汇聚而组成。盘踞一起的三条龙脉一齐"口吐水"形成了当今的马衔山天池、金龙前池、后池。马衔山天池，（图27）坐落于马衔山北面呈三台形的陡岭梁顶，地处东经 104°00′，北纬 35°44′，是马衔山的中心。马衔山天池虽名不及天山天池，美不及长白天池，但它却非同凡响。前已述及，马衔山是 2 亿年前古盘古大陆的中心，盘古大陆的中心又是龙祖盘古在开天辟地时，所创生阴阳二

图 27　马衔山天池

龙之———地龙（地球）的中心，它在太极图中的标识是黑色龙眼"●"。

马衔山的金龙池分为前池与后池，金龙前池和后池拱围着天池，形成"左右龙池闪光环"。金龙后池位于马衔山中部山巅南坡凹陷处，周广数里，附近灌木丛生，泥泞不能近，相传盛夏结冰。农历六月六日只开一孔，池深五尺有余，池口三尺见方，池水自石下暗道向南约一百多米处流出地面。过去建有金龙大王庙。池水沿山势流入临洮县改河乡，一直向南流进洮河汇入黄河。池北另有一小池，即在弥勒佛阁正前方的山下沟内，将此池称为前池。

被金龙称为马衔山的三条龙脉，也就是古之中国的三大干龙。史书记载大禹治水时，在"应龙"地帮助下，对全国的山川进行了一次大规模的

勘察与疏导。应龙以尾画地，于是形成了江河，使水流入大海。《楚辞·天问》："河海应龙，何画何历？鲧何而营，禹何而存？"从此形成了被称为中国三条大河的长江、黄河、鸭绿江。明人章潢《图书编》称中国有三条大河："朱子曰：'天下有三处大水，曰黄河，曰长江，曰鸭绿江。'今以舆图考之，长江与南海夹南条干龙尽于东南海；黄河与长江夹中条十龙尽于东海；黄河与鸭绿江夹北条干龙尽于辽海。此则自其水源之极远者而论之耳。"文中而言的三处大水，是指应龙助大禹治水时，形成的三条大河——黄河、长江、鸭绿江。三大干龙也就是中国的三列山脉，又称为三大龙脉，即黄河与鸭绿江之间的北干龙；黄河与长江之间的中干龙；长江与南海之间的南干龙。

中国三大干龙是中华龙文化的重要组成部分。盘踞于马衔山一起口吐水的三条巨龙，它们分别是一条代表龙祖盘古显现于大地的龙身（中条干龙）和二条代表金龙显现于大地的龙身（北干龙、南干龙）。三条龙脉中，代表龙祖盘古龙身的中干龙连接于马衔山中心——马衔山天池；二条代表金龙显现于大地的龙身——北干龙、南干龙，分别相连于金龙前池和金龙后池，拱围于中干龙的左右两边。

中国三大干龙之一的北干龙起始于长白山天池。自吉林省长白山天池生发出长白山脉，经黑龙江省境内的小兴安岭，连接于黑龙江省与内蒙古自治区的界山——伊勒呼里山，至内蒙古自治区的大兴安岭，过阴山，狼山，进入内蒙古自治区与宁夏回族自治区的界山——贺兰山，达宁夏回族自治区中卫市，溯拥滔滔黄河，经黄河石林，至金城兰州，逾于河连接皋兰山，抵达兴隆山相连于马衔山金龙前池。

中国三大干龙中的中干龙起自山东省泰山，左拥抱淮水入河南省嵩山、崤山，西接陕西省境内秦岭、太华、关中，进入甘肃省朱圉山，溯渭河而上，经鸟鼠山至马衔山，连接于马衔山天池。在中条干龙上，龙祖盘古传化诞生了中国古代伟大的哲学家和思想家、道家学派创始人——老子。

中国三大干龙之南干龙起自浙江省杭州市余杭区金龙山，西入天目山，过江西省黄山、九江，出湘江，过九嶷衡山，达贵州省关索岭，趋云南省绕益，经四川省峨眉山，溯丽江而上至岷山，沿洮河之水北上连接于马衔山的金龙后池。金龙为了传承弘扬龙文化，扩展传播龙信仰，将龙神金龙信仰广泛地传播于大江南北和黄淮两域，使其逐渐成为一个全国性响应的官民信仰。金龙于南宋末年转世投身于杭州金龙山下的谢家湾（今余杭区良渚镇下溪湾）谢氏门中的谢绪。

在中国的风水学中，宇宙间唯山最大，山脉即龙脉，也就是伏羲八卦中的山龙。《管氏地理指蒙》解释说："指山为龙兮，象形势之腾伏。"意思是说，具有腾伏形势的山脉称为龙脉，强调山势的动态。《阴阳二宅全书》也持同样的看法："地脉之行止起伏曰龙。"《地理大成》说："龙者何也？山之脉也。……土乃龙之肉，石乃龙之骨，草乃龙之毛。"龙祖盘古在创生了天龙和地龙后，紧接着在盘古大陆形成的同时，又开始营造大地上的山龙。龙祖盘古营造的山龙，也就是后世称之为大地上的龙脉。由此可知，龙祖盘古营造的天下龙脉，其总发源地在中国的昆仑山。

昆仑山气势雄伟，是宇宙间最高大的山岭，为宇宙之气所凝结，它气上通天、下通地，山上百神集结。昆仑山是仙山，是众多神仙居住的地方，因而也是产生神话最多的地方。在昆仑山神话系统中，西王母的神话传说对后世有着较大的影响。《山海经·大荒西经》："西海之南，流沙之滨，赤水之后，黑水之前，有大山，名曰昆仑之丘。有神，人面虎身，有文有尾，皆白，处之。其下有弱水之渊环之，其外有炎火之山，投物辄然。有人，戴胜，虎齿，有豹尾，穴处，名曰西王母。此山万物尽有。"西王母，又名金母、瑶池金母、王母娘娘等。天乾地坤，天父昆母。因而她是中国神话系统中地位最高的具有明确政治意味的女神。

龙脉与昆仑山相通就等于与天上的元气相通，故昆仑山被古人当作是天下的祖山。唐代杨筠松《青囊海角估》云："山之发根脉从昆仑，昆仑之脉，枝干分明。秉之若五气，合诸五形。天气下降，地气上升。阴阳相配，合乎德刑。四时合序，日月合明。相生相克，祸福悠分。存亡之道，究诸甲庚。天星凶吉，囊括虚盈。"杨筠松第一次把昆仑山作为风水龙脉的祖山，说天下所有的山脉都发脉于此。枝干分明，好像禀赋五气，具备五形。天之气从这里下降，地之气从这里上升。阴阳相配，符合德刑。四时合序，日月合明。主祸福，主存亡，昆仑山浓缩了宇宙的一切生发之道。

杨筠松《撼龙经》说："须弥山（昆仑山）是天地骨，中镇天心为巨物。如人背脊与项梁，生出四肢龙突兀。四支分出四世界，南北东西为四脉。"杨筠松认为，昆仑山是连接天地之间的天柱。从昆仑山分出四支山脉，形成大地的脊梁。地上所有的山脉、河流皆起自昆仑，它是生气之源、物本之基。气脉从昆仑山（图28）向全世界扩展，世界风水龙脉（地表山脉、地气）的总发源地在中国的青藏高原，准确讲在青藏高原西部的帕米尔高原，由青藏——帕米尔高原向

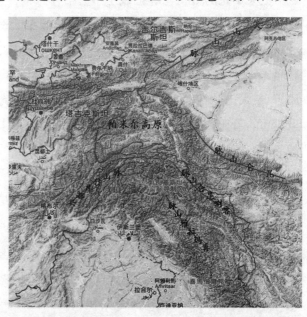

图 28　天下龙脉祖山——昆仑山

南、西、北、东四个方向辐射出世界四条大龙脉。

世界四条大龙脉中的东大龙脉，沿阿尔金山至当金山口与祁连山（古称"东昆仑"）连接。祁连山脉由多条西北—东南走向的平行山脉和宽谷组成，从今天的卫星地图上可以看出，在祁连山的东段（包括走廊南山—冷龙岭—乌鞘岭，大通山—达坂山，青海南山—拉脊山三列平行山系）形成了一个巨型的龙头：甘肃武威—民勤、张掖地区形似龙角，青海湖恰似龙眼，西宁、兰州两地区形如龙口。祁连山脉至乌鞘岭后，又分为两条支脉，一条支脉经毛毛山，过古浪县东部，至景泰县寿鹿山。

另一条支脉从乌鞘岭经马牙雪山向东南方向行至今兰州市西固区达川乡，在湟水进入黄河的入口处，过黄河行至大章山，过燕子山连接于中华龙脉宝山——马衔山。这样，东大龙脉由马衔山通过中国的三大干龙进入

九州大地。《徐霞客游记·序》："昆仑距地之中，其旁山麓各入大荒。入中国者，东南支也，其支又于塞外（古陇西，今马衔山地区）分三支。"因为，马衔山与昆仑山东大龙脉相接，所以说，马衔山不但是中国三大干龙的汇聚地，也是中国三大干龙的生发地。

三大干龙的最初轮廓记载于《尚书·禹贡》："异岍及岐，至于荆山，逾于河。壶口、雷首至于太岳。厎柱、析城至于王屋。太行、恒山至于碣石，入于海。西倾、朱圉、鸟鼠至于太华。熊耳、外方、桐柏至于陪尾。导嶓冢至于荆山。内方至于大别。岷山之阳至于衡山，过九江至于敷浅原。"三大山脉在大禹时代的勘定，被视为大禹统一中国，治理河山，告厥成功的象征。从此，三大山脉在中国人的心目中无比神圣，是得国之正的象征。

三大干龙与风水相结合，称为中国的龙脉。明人徐善述、徐善继《人子须知资孝地理学统宗》认为地理家以山名龙，是因为山之变态，千形万状，或大或小，或起或伏，或逆或顺，或隐或显，蜿蜒起伏，只有龙才具有这样的变化，故名之为龙脉，取其潜现飞跃，变化莫测之意。为何要称为脉呢？是因为人身脉络气血运行，决定了人的禀赋。凡是人之脉络，清者高贵，浊者卑贱。龙脉就像人身上的脉络一样运行不息，如有生气贯注，故审察山的脉络走向，就能识别其吉凶美恶。龙主要是指山的外形，脉是专指隐藏于山里的生气。故曰："识山易，认脉难。"把人体之比附于山，强调山的动势，无非就是强调山蕴藏着元气即生气。龙脉便是宇宙元气如线一样注入山体而潜伏于地中，有起有伏，如人之经脉，外化而为山与水。山虽然静止不动，但一高一低，绵延不绝，如气行于其中；水蜿蜒曲折，依山而行，就好像是把山里的气带了出来。

在明嘉靖之前，三大干龙的地理走向没有统一，众说纷纭，自明人王世珍的"三大干龙之说"起，才从地理上最终得以定型："昆仑距地之中，其旁山麓各入大荒。入中国者，东南支也，其支又于塞外（今马衔山地区）分三支：左支环阴山，贺兰山入山西，起太行，数千里出为医巫闾，渡海而止，为北龙。中国又循西番入趋岷山，沿岷江之左右。出江右者，叙州而止；江左者，北去趋关中脉系大散阙，左渭右仆，为终南太华，下泰岳，起嵩山，右转荆山抱淮水；左落平原千里，起泰山，入海，为中龙。右支出吐蕃之西，下丽江，趋云南，绕益，贵州关索，而东去沅陵，分其一由武关出湘江，西止于武陵，又分其一由桂林海阳山，过九嶷衡山，出湘江，东趋匡庐止，又分其一过庾岭，渡草坪，去黄山，天目，三吴止；过庾岭者，又分仙霞关，至闽止；分衢山为大拌山，右下括苍，左去为天台，四明，渡海止；总为南龙。"（《徐霞客游记·序》）

北干龙起自马衔山，左拥滔滔黄河，经黄河石林，中卫，逾于河，入贺兰山，狼山，阴山，至大兴安岭，伊勒呼里山，小兴安岭，长白山，相通与长白山天池后经辽东千山南延伏入辽海。其支干有：衡山至吕梁山，太行山，燕山。此为北干龙山脉，

中干龙起自马衔山至鸟鼠山，依渭河，经朱圉入关中，太华，秦岭，崤山，熊耳山，嵩山，右抱淮水入山东，泰山，沂山，生崮山，兰陵和长岛，到此临海为止。其分支有：一是自嶓冢至武当山入荆山；二是自伏牛山至桐柏山入大别山。

南干龙起自马衔山，溯洮河之水南下至岷山，沿丽江而下；达峨眉山，趋云南绕益，贵州关索，过九嶷衡山，出湘江，过九江，入黄山，天目山，金龙山，最后汇入杭州湾。南干龙干支经五量山、哀牢山入越南拾宋早再山，再入广西十万大山，云开山，至广东云雾山，九连山，莲花山，大庾岭，气入福建而生武夷山，云山，至浙江仙霞岭，包括苍山，雁荡山。但南干龙并未止于此，而是在福建继续延伸入海，到达台湾岛后仍没到尽头。

中国的三大干龙，分布于中国的北、中、南，成为中国的龙脉脊梁。从西向东相生的万千山脉中，大干生出小干，小干生出支干；支干生出大支，大支生出中支和小支，支又生支，每一处都有龙的支脉存在。犹如人体血管和经络一样，遍布于中华大地。三大干龙与黄河、长江构成了共载华夏大地万象之浓情，独具一格的两峡三星之伟势。从此，中国的三大干龙和昆仑山的东大龙脉以马衔山为基点，构成了中国龙脉的大"个"字形脉络。关于昆仑山、马衔山与中国的三大干龙之大势，《金龙训言》曰：

马衔真文，古道源头，溯朔齐家，蒙汉两源。函岛始祖，成拱于皇派，都江水涌，交织于洮河上游峰顶上，树为马衔第一峰，交横跨脉通于昆仑山，这是奇观之一。融合了近观的渭河之水至上源头盖世山脉，人天同有。昆仑与盖世山脉分成人型脊梁，中央加黄河流入，形成马衔以艮向为龙，接通于两峡三星为"个"字形。正如人立于主脉天星马衔岔之络，形如天星地胆也，共载大地万物之情浓。故马衔有着重要的风水地理，形如一人掌世，万阳开泰，组成于九龙治世之说，这也是金龙住马衔重要所为。

　　　叠峦起峰十族居，浩然风荡九重地，
　　　沐略住山藏更青，龙魁岸柳众仙思。
　　　盘古开天留地貌，落地奇观养兴龙，
　　　归我一支艮龙脉，溪源长白写长白。
　　　顾入龙潭成凤娇，动心马衔脊梁柱，
　　　归真佛道莲籽心，普洒人文疾风动。
　　　执起天柱成一体，忠魂将烈祭汗青。

二、伏羲八卦

　　中华远古黄河文明的正式兴起，是源于神秘的"天书龙图"——太极图。在很久很久以前的远古时代，中华大地还是一片荒凉、愚蛮的原始景象。仙居于华夏大地西北马衔山（古空同山）上的龙祖盘古，为了开启人类的文明，决定派马衔山天池龙宫里最有智慧与灵性的龙龟向伏羲传送用智慧与文明形成的"天书龙图"。龙龟将龙祖盘古送给伏羲的太极图幻化刻印在龟甲上，从马衔山出发，历尽艰辛，到达鸟鼠山，沿着奔腾湍急的渭河而下，终于找到了出生于古龙山（今陇山）之西，渭水河畔能"识图语、懂天书"的圣人——伏羲，便将太极图献给了伏羲。经过长期观察研究，伏羲根据太极图而创制了先天八卦，开启了中华民族的灿烂文明历史。伏羲从而成为华夏民族的人文始祖，太极八卦也就成为中华民族的文化本源。

《周易·系辞上》云："是故天生神物，圣人则之；天地变化，圣人效之；天垂象，见吉凶，圣人象之；河出图，洛出书，圣人则之。易有四象，所以示也；系辞焉，所以告也；定之以吉凶，所以断也。"这是说远古时，圣人伏羲氏得到了龙龟出渭河送来的"天生神物"——阴阳太极图，经过对阴阳太极图的多时观察，伏羲明白了黑白二条形状似鱼的寓意，即白色鱼形代表白天，黑色鱼形代表黑夜。太极图中白色鱼眼"○"是白天的标识，代表白天阳光灿烂，为阳；黑色鱼眼"●"是黑夜的标识，代表黑夜阴冷寂静，为阴。这也就是被当今学者誉为"伏羲发现了宇宙的两个密码"——阴码与阳码。李约瑟博士慨叹："阴阳分别起着宇宙力场正极和负极的作用，那么在中国，人们发现的东西真正是自己居住的地球磁场力，这还不令人惊讶吗？"（任国杰《童子问易》）。在宇宙里，天体是阴阳的天体，世界是阴阳的世界，物质是阴阳的物质，生命是阴阳的生命。阴中有阳，阳中有阴，阴阳相互转化，负阴抱阳。

为了进一步探明太极图中的蕴涵，伏羲首先从给大地带来光明和温暖的太阳着手开始研究。这正是"天地变化，圣人效之"。伏羲在观察"天地变化"的过程中，他是采用远古先民最原始的计时方法——筑土圭、立木表，测量日影。土圭是最古老的计时仪器，是一种构造简单，直立于地上的竿子用以观察太阳光投射的竿影。通过日复一日、年复一年地观察测量，伏羲发现了日影有一个由长到短，再由短变长的周期，并根据每天日中日影的变化找出了季节的变化，得知了冬天日影长、夏天日影短的规律。于是，他就把这一个周期称为一年，并把日影最长即白天时间最短的那一天定为严冬的开始（冬至）；把日影最短即白天时间最长的那一天定为盛夏的来临（夏至）。把日影长短变化中的两次等分点，即一年中昼夜时间相等的两天，以气温回暖与天气转凉为标识，分别称为春天（春分）和秋天（秋分），这样就把一年分为了春、夏、秋、冬四季。正是《周易·系辞上》云："易与天地准，故能弥纶天地之道。仰以观于天文，俯以察于地理，是故知幽明之故；原始反终，故知死生之说。"这是说《易经》是以天地变化规律为准则，所以能够将天地间的道理普遍包容在内。伏羲"仰以观于天文，俯以察于地理"因而得知了白天与黑夜日复一日的事理。

追溯四季形成的初始，反观四季的终结，就可以了解四季周期性轮番变化的规律。

在发现白天黑夜与四季的关系后，伏羲继续研究，发现白天时间最短的那一天（冬至），正处于太极图中的下方居中；白天时间最长的那一天（夏至），正处于太极图中的上方居中；白天时间与夜晚时间相等的那两天（春分与秋分），分别居于太极图左右两边居中的位置。（图29）如果将春分和秋分、夏至和冬至在太极图中的位置分别画线连接，就形成了两条相互垂直的十字中轴线。春分（东）、夏至（南）、秋分（西）、冬至（北）也就分别处于太极图的四方，这也就是由观察测量一阴（黑夜）一阳（白天）的变化而产生（发现四季）了"四象"——四季自然现象，后来《易经》中分别称为少阳、太阳；少阴、太阴。亦即"两仪生四象"，"易有四象，所以示也。"通过多年对四季变化规律的观察研究，伏羲发现太极图的圆形象征一年四季，年复一年，周而复始的"原始反终"运动规律。

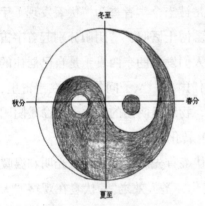

图29　龙祖太极图与四季

《周易·系辞下》云："古者包牺氏之王天下也，仰则观象于天，俯则观法于地，观鸟兽之文，与天地之宜。近取诸身，远取诸物，于是始作八卦，以通神明之德，以类万物之情。"这是说伏羲在白天"俯以察于地理"，即观察日影的同时，在夜晚也认真地"仰以观于天文"，在夜以继日的观察中，伏羲发现了"鸟兽之文"——星象龙：苍龙星、朱雀星、白虎星、玄武星。这四组星象在每一年的春、夏、秋、冬四季，分别出现于东、南、西、北四方的夜空，也就是被后世称为东方苍龙星、南方朱雀星、西方白虎星、北方玄武星。在仔细观察星象龙形态的过程中，伏羲发现在大地上竟然也有与之相对应的动物。如天空中苍龙星的形态相似于地上的鳄鱼；朱雀星的形态相似于地上的鸟类；白虎星的形态同于地上的老虎；玄武星的形态相似于地上的蛇与龟。故《易传》云："近取诸身，远取诸物。"1987 年 6 月，考古学家在河南濮阳西水坡发现了远古时代的墓葬群，在 45 号墓中，发现在死者的左右两侧，有用贝壳摆塑的龙和虎，贝壳龙的形体正是生物龙——鳄鱼（蛟龙）。据资料表明，西水坡墓葬群距今 6460 年。这一考古发现，是对中国远古时代关于四大星象龙论说这一历史传承的可信印证。（图 30）

对于中国古代观象授时的传统，《尚书·尧典》中有重要的论述："黎民于变时雍，乃命羲和，钦若昊天，历象日月星辰，敬授人时。""日中星鸟，以殷仲春。""日永星火，以正仲夏。""宵中星虚，以殷仲秋。""日短星昴，以正仲冬。"（《十三经注疏》）为了更好地治理国家，顺应季节变化，利用万事万物，尧下令羲和两个氏族要像远古始祖太昊（也有东方天帝一说）伏羲一样，仰则观象于天，仔细地观察并计算天象的变化，及时告诉人们季节变化。"日中、宵中"是指昼与夜正好平分的那一天，此日为一年中的春分与秋分；"日永"是指一年中白天最长的那一天，即夏至日；"日短"是指一年中白天最短的那一天，即冬至。"星鸟、星火、星虚、星昴"即是四星在黄昏时南中天，"仲"是指春夏秋冬四季中每季的第二月。推算这种星象出现的时间，大约是在公元前 2400 年，这四星大致处在"二分"、"二至"点的位置。这就说明，直至 4400 年前的尧帝时期，伏羲在创制八卦时"仰则观象于天，俯则观法于地"的科学方法仍然在继续传承和发展。

伏羲在长期"仰则观象于天"的岁月里，除发现了四季天空中的星象龙之外，还发现了北斗七星与北极星、星象龙、四季的奥秘。在中国传统的天文学体系中，北极星有着最为重要的地位。在恒星的视运动过程中，天球北极是固定不动的，星空的旋转，无不以北极星为中心。所以，孔子在《论语》中说："为政以德，

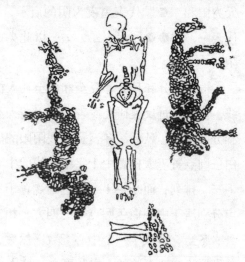

图 30　河南濮阳西水坡蚌塑龙虎及北斗图

譬如北辰，居其所而众星拱之。"北辰就是北极星。与北极星密切相关的是北斗七星。远古时代，北斗七星处在渭河、黄河流域的恒显圈内，一年四季都能看到。伏羲观察发现北斗与北极星的距离比较近，位移明显而有规律，并且初昏时斗柄的指向，与四季有直接的对应关系：斗柄指向东方苍龙星，天下为春；斗柄指向南方朱雀星，天下为夏；斗柄指向西方白虎星，天下为秋；斗柄指向北方玄武星，天下为冬。北斗七星斗柄指向四季时令与伏羲观察日影得出节令竟如出一辙，天地相应。古籍《鹖冠子》记载："斗杓东指，天下皆春；斗杓南指，天下皆夏；斗杓西指，天下皆秋；斗杓北指，天下皆冬。"所以，古人特别重视北斗星的作用，《史记·天官书》说：北斗七星，"斗为帝车，运于中央，临制四乡。分阴阳，建四时，均五行，移节度，定诸纪，皆系于斗"。

在太极图中，分别代表白天和黑夜的鱼眼"○"与"●"，被伏羲发现它们也是古人类记数的圆点符号的代表。圆点记数符号在伏羲时代之前就早已存在，有学者认为，"北京周口店一万多年前的山顶洞人遗址出土的骨管，以一个圆点代表一，两个圆点并列代表二，三个圆点并列代表三，五个圆点上二下三排列代表五，长圆形可能代表十。中国著名数学史家、国际科学史研究院通讯院士李迪教授认为山顶洞人骨管符号是'一种十进制思想。'"（吴文俊《中国数学史大系》第一卷）根据"○"代表白天为阳和"●"代表黑夜为阴的启示，伏羲将圆点记数符号划分为"○"代表一，"●●"代表二，……以此类推，直至十。即奇数为阳，偶数为阴。

根据春分和秋分、夏至和冬至在太极图中形成的两条相互垂直的中轴线，伏羲经过反复研究发现，可以用人类记数的圆点符号代表太极图中的春分、夏至、秋分、冬至及代表阴阳的黑白两个圆点。首先，伏羲将 5 个白色圆点置于太极图中十字中轴线的中心，但是，并不是依照常例"上二下三"排列，而是将 1 个白色圆点置于太极图的最中心，其余 4 个白色圆点分别居于中心白色圆点数的四方，相对应于太极图中的春分、夏至、秋分、冬至，形成了一个中心五数。然后，伏羲将 10 个黑色圆点分为两组，分别置于中心五数的上方和下方。这样，5 个白色圆点和 10 个黑色圆点分别代表太极图中的黑白两个圆点（一阴一阳）居于中央。伏羲为何要这样安置？其一，由5个白色圆点组成的中心五数，是春分、秋分、夏至、冬至在太极图中所处位置的缩影，也是天上龙宫的象征。其二，是对远古人类圆点记数1—10自然数起源的彰显，因为，中国有句成语叫"屈指可数"，说明古代人记数的10个自然数源于人类的手指数，人的一只手指为5，两只手指数为10。

由于冬至这一天，昼短夜长，从此日起，白天时间逐渐增长，所以，伏羲用1个白色圆点代表冬至，依顺时针方向排列，即由白色圆点数3、7、9分别代表春分、夏至、秋分。同理，夏至这天，昼长夜短，从此日起，黑夜时间逐渐增长，伏羲用2个黑色圆点代表夏至；由黑色圆点数4、6、8分别代表秋分、冬至、春分。伏羲用古人类记数的圆点数代表了太极图蕴涵的"两仪四象"，以十组黑白圆点数组成了一个数字化的太极图：由5个白色圆点和10个黑色圆点居于中央，另外八组黑白圆点分别居于四方，即1个白色圆点与6个黑色圆点处于下方（北方）；3个白色圆点与8个黑色圆点处于左方（东方）；7个白色圆点与2个黑色圆点处于上方（南方）；9个白色圆点与4个黑色圆点处于右方（西方）。这样一幅完整的数字化太极图就呈现于世人面前。后来人们为了纪念龙龟跋山涉水、出渭河献"天书龙图"的不朽功绩，便将这幅数字化的太极图称之为"河图"。（图31）

伏羲研究发现，河图中的黑白圆点数之和共计55。其中，白色圆点1、3、5、7、9累加是25，为阳数；黑色圆点数2、4、6、8、10累加为30，为阴数，这个55数字被后世人称为大衍之数；河图中心五数，若以"○"代表1，"●●"代表2划分，即得出白色圆点数分别为1、3、5；黑色圆点数分别为2、4。白色圆点数1、3、5累加是9，为阳数；黑色圆点数2、4累加是6，为阴数。黑白圆点

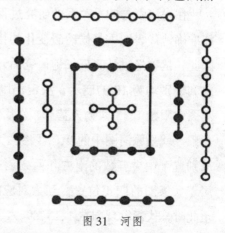

图31 河图

数合计共为 15，此数被后人称为小衍之数。伏羲继续研究又发现，居于河图四面的八组黑白圆点数，其中四组白色圆点数和四组黑色圆点数分别之和均为 10，它们是阳数二组：1、9，3、7；阴数二组：2、8，4、6。

在筑土圭、立木表，测量日影的过程中，伏羲以日影的长短变化规律发现了四季。同样，在年复一年的反复观测中，伏羲又发现了四季中冬至、春分、夏至、秋分这四日，与日出日落在太极图中的方位也有一个共同规律。即冬至这一天，早上太阳升起时的方位正好处于太极图中的东南方，晚上太阳落山时的方位正好处于太极图中的西南方；春分、秋分这两天的日出日落的方位相同，即早上太阳升起时的方位正好处于太极图中的正东方，晚上太阳落山时的方位正好处于太极图中的正西方；夏至这一天，早上太阳升起时的方位正好处于太极图中的东北方，晚上太阳落山时的方位正好处于太极图中的西北方。根据夏至、冬至日出日落在四正之间形成的四个方位位置，伏羲发现如果将这四个方位在太极图中用连线相接，即东北与西南、东南与西北相连，形成了新的两条相互垂直的十字连线，与原太极图中两条相互垂直的十字中轴线是相差 45°的斜度。这四个方位被后世人称为"四维"，《淮南子》："东北为报德之维也，西南为背阳之维，东南为常羊之维，西北为蹄通之维"，指出了四维的意义。"四维"之说较早出自《管子》。《管子》非常重视礼义伦理在治国安民中的作用，在开篇《牧民》中提出了"四维"说，所谓"礼义廉耻，国之四维，四维不张，国乃灭亡。"这里所说的也是引申意义。

在对河图与四季关系的研究过程中，伏羲发现河图中的黑白圆点数未能准确地代表四季气候冷暖变化的特征，如阳数 9 和阴数 10 所处的位置。因此，伏羲经过认真仔细地研究后，根据居于河图四面的八组黑白圆点数之和分别均为 10 的启示，决定仍以河图中心五数不动为前提，首先以原河图中阳数 1、3 两数为基点，然后寻找与其相和为 10 的阳数。当然这两个阳数就是原河图中的 9、7 两数了。于是，伏羲便将阳数中的 9、7 两数分别置于中央五数的南方和西方。这样阳数 1、9，3、7 四个数字就分别居于太极图的四正位置，互为对应的 1、9，3、7 二组数字之和均为 10。至此时，伏羲发现阳数 1、3、9、7，不仅以数字大小数值真实地代表了太

马衔山龙文化与黄河文明

084

阳在冬至、春分、夏至、秋分的光照时间，而且也反映出因太阳光照时间长短的不同，造成大地上春、夏、秋、冬四季气温的差异，如夏季因太阳光照时间最长，气温最高，所以伏羲用阳数 9 代表酷夏。因为有了"四维"的发现，所以，伏羲又将所剩阴数 2、8，4、6 四组黑色圆点数，根据阳数相互对应之数均和为 10 的原理，亦巧妙地排布于四维的方位之中。即 2、8 二组黑色圆点数分别居于西南与东北两方；4、6 二组黑色圆点数分别居于东南与西北两方。同理，阴数 2、6、8、4 以数字大小数值真实地代表了太阳从夏至开始，随着太阳光照时间地不断缩短，气温由秋分逐渐变凉，至冬至气温变为严寒，因此，阴数 8 居于东北方。阴极阳生，经过大寒至立春，太阳光照时间开始不断增加，至春分时，春暖花开。这样阳数 1、9，3、7 四个白色圆点数分别居于太极图的四正位置，阴数 2、8，4、6 四组黑色圆点数分别居于太极图的四维位置。由于分别居于中央五数四正、四维的八组黑白圆点数相对应之合均为 10，亦暗合和代表了阴数 10。因此，伏羲认为在这个结构中，也就不再需要原河图中央的 10 黑色圆点数了。这样，又一幅数字化太极图——洛书诞生了。（图 32）

　　那么，后世人为何要将这一幅数字化的太极图称之为洛书？其一，洛书是伏羲根据河图中央五数推演而成。《周易·系辞上》云："参伍以变，错综其数；通其变，遂成天地之文；极其数，遂定天下之象。非天下之至变，其孰能与于此？"所以说河图洛书是同根同源，一脉相承。其二，洛书为何要取洛水之洛字？因为，渭河与洛水有着主支流相连的密切关系，河图洛书中的"河"、"洛"二字都是指水名，"河"指渭河，"洛"指古洛水，是渭河的一级支流。故《易传》云："河出图，洛出书，圣人则之。"古洛水，即今北洛河，也称洛河，河长 680.3 千米，为陕西长度最大的河流。它发源于白于山南麓的草梁山，由西北向东南注入渭河，途经

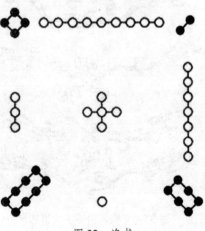

图 32　洛书

黄土高原区和关中平原两大地形单元。《说文》曰："洛，水。出左冯翊郡怀德县北夷界中，东南入渭。从水，各声。"

　　在观察研究星象龙与生物龙的过程中，伏羲发现了苍龙星与天象龙雷电的关系。每年的春季，当苍龙星出现在东方的星空，这个时候雷电云雨便接踵而来。《夏小正》中有这样一个记载："正月，启蛰……雏鼓其翼，正月必雷。"《礼记·月令》："仲春之月，日夜分。雷乃发声。仲秋之月，雷乃收声。"与此同时，大地上一切冬眠蛰伏的爬虫都苏醒了，正是《夏小正》中所谓的启蛰，这当然也包括生物龙之一的蛟鳄和鼍鳄。（图33）王充在《论衡》中说："蛟龙见而云雨至，云雨至则雷电击。"有证据表明，鳄类动物在上古时代，曾广泛分布于南海、东海、渤海沿海以及江淮和黄河中下游流域。鳄鱼，别名"忽雷"。《太平广记》卷四六四："鳄鱼别名忽雷。"所谓忽雷，显然就是呼雷。鳄鱼何又称为呼雷？这是与其生物特性有关。动物学家朱承瑂曾描述说：鳄鱼对于大气压的变化十分敏感。每当天气阴雨之前，由于气压变化而发生吼叫。如果地区内有多条鳄鱼栖止的话，就会形成一呼百应，此起彼落之势，使"初临此环境者以为系雷声"。因此，古人将"忽雷"、"呼雷"简称为"雷"。《洪范五行传》："雷于天地为长子，以其首长万物，为出入也。雷二月出地，百八十日。雷出则万物出。八月入地，雷入则万物入。入则除害，出则兴利，人君之象也。"

　　在发现了大地上鳄鱼的"呼雷"特性之后，使伏羲不由得联想起天上苍龙星与雷电的关联现象。伏羲认为天空中由雷电形成的强大轰隆声——雷声，是由苍龙星发出的。并且苍龙星与鳄鱼各自发出的音，

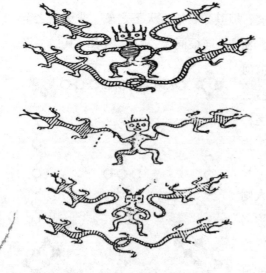

图33　安徽淮阴高庄战国墓出土
青铜器上的执鳄踏鳄巫师形象

均有一个声音特征——轰隆声，根据这一声音特征中的"隆"音，伏羲便将苍龙星和鳄鱼都称之为"龙"。因为，"隆"与"龙"同音。何新在《诸神的起源》中说："忽雷，古音轰隆，亦即'丰隆'。""从音类上说，雷古音记如 luó，与'离'古音相同，与'噩'古韵相近，与'单'（鼉）叠韵而通，与'龙'今双声。所以，雷、离、龙、噩（鳄）、鼍诸字，在古语言中音义均为相通，由此看来，应是同源字之孳乳。"苍龙星在天则为天龙——星象龙，鳄鱼在地则为地龙——生物龙。

伏羲在发现了与四象星相对应的动物蛟鳄、鼍鳄、鸟类、虎、蛇、龟之后，对它们进行了长期地观察研究发现，除了蛟鳄、鼍鳄具有发出"呼雷"的特性外，老虎同样也具有这种特性。因为虎经常单独活动，只有在繁殖季节雌雄才在一起生活。发情交配期一般在 11 月至翌年 2 月份，发情期间，雌虎的叫声特别响亮，能达 2 千米远，其声音特征如同蛟鳄、鼍鳄发出的轰隆声。既然苍龙星被命名为"龙"，那么，与其在河图洛书中同拱一圆的其他三星朱雀星、白虎星、玄武星应该都是"龙"。因为，它们是同根（心）同源，共居一宫。所以，伏羲认为它们都是不同形态的龙——星象龙。

天空中的东方苍龙星、南方朱雀星、西方白虎星、北方玄武星，在一年的春、夏、秋、冬四季分别位于东、南、西、北四方，正好处在太极图的四正位置。这四星与太极图组成了恰似河图洛书中心数 5 的图形，从而形成了四星共同拱围于河图洛书中心数之星的格局，也就是太极图的中心。相对应于天上的星象，则就是东方苍龙星、南方朱雀星、西方白虎星、北方玄武星共同拱围于北极星，与天象龙中的天龙、地龙共同组成了一个巨大的圆形天上龙宫。（图 34）

通过对天象龙苍龙星、雷电和生物龙鳄鱼特性的研究，使伏羲发现了"龙"。至此，伏羲恍然彻悟，原来太极图中的两条黑白形状似鱼的图形，不仅代表着白天和黑夜，其实代表的是阴阳两条龙。黑色的龙为阴，代表阴龙；白色的龙为阳，代表阳龙；"●"和"○"分别是阴阳二龙的龙眼，也是阴阳二龙的标识。太极图实际上是一幅"天书龙图"。届时，伏羲联想到苍龙星在天形似"—"的形态，于是便用"—"画符号表示龙的

图34　天上龙官——三垣四象二十八星宿图

这一形态。甲骨文和金文上的"龙"字都属于象形文字，商代甲骨文中的"龙"字与商青铜器上的龙纹都呈现出一种长躯、有角、有爪的兽形，这或许是对龙"一"这一形态的历史传承。接着，伏羲又"参天两地而倚数"，（《周易·说卦》）即根据河图洛书大衍之数、小衍之数中的阳数（奇数）首数"〇"1和阴数（偶数）首数"●●"2，将太极图中代表阳的白色龙，用符号"—（〇）"来表示；代表阴的黑色龙，用符号"--（●●）"来表示。伏羲为何要用"--"来代表阴龙？这还是源于生物龙鳄鱼。其一，"●●"为阴数的首数，与阳数首数"1"相对应。其二，鳄鱼在地则为地龙，为阴，远古先民将鳄鱼分为二大类：蛟鳄、鼍鳄。从此，"—"符号就代表白色龙，为阳，为奇，被后世人称阳爻；"--"代表黑色龙，为阴，为偶，被后世人称阴爻。这样，"—"和"--"这两个符号，实际上也就是阴阳二龙的代表与象征。战国时期的思想家们认为，"阴阳变化"已经抓住了宇宙、社会、人类的根本哲理。老子从宇宙起源角度阐述阴阳。

阴阳二爻的发明，是伏羲对太极图中阴阳二龙图像的一种抽象化，从而又启发了他对太极图的更进一步探究。由春分和秋分、夏至和冬至形成的两条相互垂直的十字中轴线将太极图一分为四，形成了象征四维之东北、东南、西南、西北。位于横向中轴线的黑白二条龙的龙眼"●"和"〇"分别居于纵向中轴线的东西两边，这时，东西两边的龙眼及黑白相交的二条龙头与龙身恰好将东西两边各自均分为四等份。伏羲分别以两边四等份的交汇点，在两边各画了三条平行于纵向中轴线的分隔线，从而形成了八个带状图像。在横向中轴线的南北两方，二条相交的龙身与龙眼、龙头也有三个交汇点，伏羲以三个交汇点在上下两方各画了二条平行于横向中轴线的分隔线，便将这八个带状图像分为黑白相间的三部分。在太极图中分别画完六条竖向和四条横向的分隔线之后，伏羲经过仔细观察惊奇地发现，若以横向中轴线为界，在以黑白二条龙头与龙尾相交的两个部位，即太极图的东北、西南两区域内，如果将每一个带状图像内黑白相间的三个部分，分别用代表阴阳的"—"和"--"符号表示，于是，在太极图的东北、东南、西南、西北四个区域内就分别出现了四组符号"☰ ☱ ☲ ☳"、"☴ ☵ ☶ ☷"、"☰ ☱ ☲ ☳"、"☴ ☵ ☶ ☷"，将四组符号

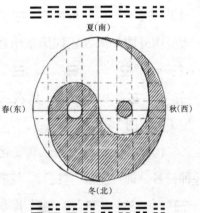

图 35　伏羲画八卦图

中重复多余的符号删除后，则形成了"☰"、"☱"、"☲"、"☳"、"☴"、"☵"、"☶"、"☷"八个符号。（图 35）这样，在这八个符号中全部都是由代表阴阳的"--"和"—"符号组成，它们蕴涵着太极图的全部信息，是在河图洛书黑白圆点符号的基础上对太极图中阴阳图像的更进一步简化，其简化过程符合原始刻画符号由形象到抽象渐进发展的客观规律。

　　根据一年四季中阴阳二气的变化情况，伏羲将太极图中隐含的八种符号，依照阴阳二气的消长排布于四正四维的方位而创制了八卦。首先，根据阳气至夏至盛于南方，天气最为炎热，为纯阳，为天，用三阳"☰"符号代表，排列于太极图的南方；阴气至冬至盛于北方，大地最为寒冷，为纯阴，为地，用三阴"☷"符号代表，排列于太极图的北方；阴气极盛于北方大地，阳气则孕育其中，而至东北显露其机，其后经过正东时时至春分，此时严寒已经逝去，气温回升较快，用阳中有阴"☲"符号代表，排列于太极图的东方；阳气盛极，阴气则必孕育于其中，待至西南，阴气便承载阳气而起，显露其机，其后经过正西时时至秋分，气温降低的速度明

显加快，用阴中有阳"☵"符号代表，排列于太极图的西方。然后，根据推演洛书中巧妙排布四组阴数的同样方法，伏羲将剩余的两个阴气居多的"☶"和"☴"的两个符号分别排布于太极图的东北和西北两个方位；将两个阳气居多的"☳"和"☱"的两个符号分别排布于太极图的东南和西南两个方位。因为，"☰"与"☷"、"☲"与"☵"四个符号形成"—"和"--"相对的形象，即每一组内的"—"和"--"是一对矛盾，阴爻与阳爻也正相反。所以，伏羲将两个阴气居多的"☶"、"☴"符号和两个阳气居多的"☳"、"☱"符号也巧妙地置换为互为相反的两组，即"☶"相对于"☱"，"☴"相对于"☳"。这样，在太极图外圈一周四正四维就出现了"☰"、"☴"、"☵"、"☶"、"☷"、"☳"、"☲"、"☱"八个符号，伏羲八卦也就诞生了！（图36）

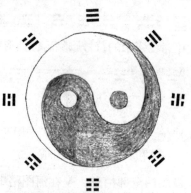

图36　伏羲太极八卦图

伏羲将由象征阴阳二气变化组成的八种符号，即"☰"、"☴"、"☵"、"☶"、"☷"、"☳"、"☲"、"☱"排布于太极图的四正四维，形象地显示了大自然中这种阴阳消长，运行变化之规律。再看太极图中，左白部分，龙尾起东北，是为阳气初生，故以一阳二阴的"☳"（立春）之象配之，表明此时阳气尚弱，后到"☲"（春分）位二阳挟一阴，再到"☱"（立夏）位二阳增长，最后到正南阳气极盛时，则以三画纯阳的"☰"（夏至）之象配之，此为阳息的过程；右黑部分，龙尾起自西南，表示阴气初起，故配以一阴二阳的"☴"（立秋）之象，以明此时阴气尚微，后到"☵"（秋分）位二阴挟一阳，再到"☶"（立冬）艮卦位二阴增长，最后到正北阴气极盛之时，故以三画纯阴的"☷"（冬至）之象当之，是为阴息的过程。

太极图圈外一周四正四维上的八个符号，伏羲用它们分别代表宇宙中的八种自然现象，即天、地、雷、风、水、火、山、泽。后世人们为了缅怀伏羲为探究"天书龙图"之奥秘，筑土圭、立木表，测量日影，历经年复一年艰苦努力的不朽功绩，将代表八种自然现象的这八个象征性符号称为"八卦。"因为，从"卦"字的结构来看，"卦"字左边为两个土字，合起来念圭，右边为卜字，"卜"字表示是竖立的一个木竿即阳光照射留在竿的另一侧的影子，充分说明伏羲是首先通过筑土圭、立木表，昼观日影，夜观天象，然后再创画八卦。《汉书》云："伏羲氏继天而王，受河图，则而画之八卦是也。"（班固《汉书·五行志》）

伏羲根据太极图、河图、洛书而创制的八卦，被称为伏羲八卦、先天八卦，又称为八经卦。夏商周时期，由符号演变而来的单个文字逐步形成了系统文字，于是八卦的八个符号有了文字的名称，即乾（☰）、坤（☷）、震（☳）、巽（☴）、坎（☵）、离（☲）、艮（☶）、兑（☱）。《说卦》云："天地定位，山泽通气，雷风相薄，水火不相射，八卦相错。"（《周易·说卦》）这是说天和地的位置是确定的，山和泽相互通气，风雷互相迫击，水火不兼容，但也不相互击射，这样就形成了交错的八卦。以乾配（代表）天，坤配地，兑配泽，离配火，震配雷，巽配风，坎配水，艮配山，依着阳自左边转，阴自右边转的原则，天尊而地卑，天居上，在南方，阳爻组成的四卦在左边，依次逆时针由乾到兑、兑到离、离到震排列出来；坤居下，在北方阴爻产生的巽、坎、艮、坤四卦，自右边顺时针方向由乾、巽、坎、艮到坤依次排列出来，由此构成了先天八卦图。这里所指的阴阳是根据八卦的最下面一爻的阴阳来区分的，乾、兑、离、震四卦下爻均为阳爻"—"，巽、坎、艮、坤四卦下爻均为阴爻"– –"。为了帮助人们记住卦形，宋代朱熹写了《八卦取象歌》曰："乾三连，坤六断；震仰盂，艮覆碗；离中虚，坎中满；兑上缺，巽下断。"（朱熹《周易本义》）

伏羲为人类文明进步做出的巨大贡献就是画八卦。《易传》云："是故易有太极，是生两仪。两仪生四象，四象生八卦。八卦定吉凶，吉凶生大业。"此记载是说《易经》创作之先有太极图，太极变而产生天地阴阳即所谓两仪，两仪变而产生象征四时的老阳、老阴、少阳、少阴四象，四象变化而产生天、地、雷、风、水、火、山、泽的八卦，八卦变化推衍而可判定吉凶，判定吉凶而能成就伟大的事业。

伏羲根据太极图而创制了八卦，开启了华夏民族的文明，从而成为华夏民族的人文始祖，八卦成为中华民族的文化本源——伏羲文化。伏羲文化既是中华文化的本源和民族文化的母体，也是中华哲学体系、神秘文化与民间民俗文化的宝库。各族人民对伏羲的崇敬和礼赞成为一种特色鲜明的文化现象，是民族凝聚力和感召力的不竭源泉，也是自强不息的民族精神的强大动力。伏羲文化作为中华民族的本源文化，从物质世界到精神领域，从上层文化到民间习尚，几乎无所不在，深深根植于中华民族的心灵和意识深处，具有博大精深、兼容并包、生生不息、与时俱进的特点，塑造了中国传统文化的基本面貌，是中华文明的灵魂和精髓，是中华传统文化的核心与源泉。

伏羲文化体现了中华民族的创造精神、奉献精神、和合精神。从身体力行到抽象思维，从蛇图腾到象征中华民族的龙图腾，从单一部族到多民族大融合，伏羲作为"有圣德"的民族领袖和创世英雄，作为"有大智"的思考者和发明创造者，作为各民族团结协作、寻求生存与发展的历史象征，对中华民族的文明进步和发展起着不可估量的作用。在中华民族源远流长的文化长河中，伏羲文化始终是本源文化，因其固有的创造性和实践性，兼容并蓄的人文精神和认识世界的科学性，又使之具有强烈的多民族文化的认同性和强大的发展生命力。

伏羲八卦是对盘古文化的核心——太极文化，亦即龙文化的传承和弘扬。这就是说，龙文化是中国文化的本源，华夏民族的根文化。龙文化自从形成后，就一直在中国优秀传统文化中得到传承和弘扬。《易经》是中华龙文化传承与弘扬的重要载体，《乾》卦中的爻辞都以龙为象，这就是上古龙文化传承的一个明证。所以，我们可以这样说，《易经》是中华龙文化的经典。

中国传统文化中的儒家文化、道家文化皆源于《易经》。数千年来，中国文化一直延续着儒、道、佛三家共存的格局。中国传统文化中的儒、道、佛三家，在相互的冲突中相互吸收和融合，充分体现了中华龙文化的融合精神。这是中华龙文化的贯穿和体现，因为龙文化具有彼此包容、融合、谦让、互敬、共勉的美德，只有中国的龙文化才可能出现让各教派共创、共生、共存、共荣的一种举世无双的奇迹。

三、美丽传说

相传，马衔山在很早以前不长草木，说是女娲炼石补天时，因为马衔山山顶的石头属于女娲神补天要找的五色（五方）石之一的西方之石，它又是龙脉宝山之石。所以，当时的应龙（金龙化身）就把马衔山的石头全部奉献给女娲补天，从而留下了光秃秃的山头，形成了焦枯的山峰。这些山峰，蓄不住水，长不起草木，这也就是马衔山为古之"空头山"的来历。（图37）

图37　马衔山之巅

东海龙王有两个心爱的女儿，龙王要为她们在海底新建一座水晶花园。只是缺少山石，显得美中不足。当龙王得知空头山是一座光秃秃没有什么出产的荒山，但是，却形如三条巨龙盘踞。他决定把空头山搬到海底，摆在水晶花园里，这样既可壮景观，又得到了龙脉宝山，这岂不是两全其美！于是，龙王就给龙女姐妹每人配备一匹玉色宝马，让她们要将空头山运到东海。当金龙得知此消息后，心中感到万分焦急。因为，空头山是金龙恩师混元老祖（龙祖盘古的化身）在开天辟地之后，于8360万年前开始，金龙率领翼龙族众特意营造的龙山宝地。它西接昆仑山东大龙脉，华夏"三大干龙"皆由此而生发，在空头山形成了"个"字形的主脉天星。数千万年后，将成为中国大地的天星地胆，它将成为天道的中心，世界的中心。这样的龙脉宝山怎能让东海龙王运去做景观石呢！就在金龙苦思冥想，无以应对之时，九天玄女来到了金龙面前，说道："若要保住空头山不被龙女姐妹运走，只有将昆仑山之石压在空头山顶，这样，东海龙王的宝马就拉不动空头山了。相反，两匹宝马反而会被累死在空头山下，那么，龙女姐妹也就无法返回东海。然后，我再与混元老祖沟通，通过金炉、香炉兄弟二人挽留住龙女姐妹，使其二人留在空头山。让她们共同美化空头山，把空头山变成风景秀丽的仙山圣地。"听完九天玄女的一席话语后，金龙心中豁然开朗，谢别九天玄女之后，金龙便飞身奔向了数千里之遥的昆仑山，请求西王母恩赐昆仑山之石。

莽莽昆仑，气势磅礴，银装素裹，万仞耸立，直插云霄。金龙来到昆仑山，只见五色之雾缭绕其间，一派巍峨神圣之景。在"瑶池"西王母面见了金龙，听了金龙说出来意之后，王母爽快地答应了金龙的请求，并说道："只要能够保住华夏龙脉宝山，需要多少只管运去!"但是，空头山距昆仑山数千里之遥，怎样才能将这些镇山宝石运过去呢？看到金龙十分为难的样子，西王母便说："何不请正在天宫养马的'孙大圣'帮忙呢?"一句话提醒了金龙。因为"孙大圣"，"白马将军"当年与金龙同为混元老祖的门徒，师兄弟间的情谊十分深厚。

经过西王母的指点，金龙急忙又腾云来到天宫的御马监。当看到很久未见面的师兄金龙来访时，齐天大圣欣喜若狂，高兴得手舞足蹈。师兄弟坐定之后，孙大圣便将满腹的牢骚和委屈直向金龙道来。在得知这位"不爱岗敬业"的仁兄将天宫里的千匹马送的送、丢的丢所剩不多时，金龙暗暗地叹了口气，孙大圣忙问道："师兄为何而叹气?"金龙便说明来意，只因谈话中得知孙大圣这儿所剩天马不多，恐不济事，所以，不由地叹气。孙大圣笑了一声，一跃而起站在了金龙面前，说道："区区小事，师兄不必烦心，难道你忘记了为弟有七十二变的本领，到时候俺老孙给你变出万匹天马来，供师兄使用。"金龙听后十分高兴，遂与孙大圣尽情叙述起以前师兄弟之谊。

龙女姐妹骑上宝马，来到人间。在空头山正东山下，把不长草木的空头山拴上套绳，驾起宝马就要运往东海。刚拉走了几步，只见天空中金龙驱万马腾云而来，天马个个口中衔着一块昆仑巨石，到达空头山后，便将口中所衔的巨石一齐洒落在空头山顶。然后，驾雾而去。顿时，龙女姐妹驾驭的宝马怎么也拉不动空头山了。空头山好似坚如磐石，岿然不动。龙女姐妹俩用完了所有功法，二匹宝马拼尽全力，但终因精疲力尽，累死在空头山的东山下，化为两具石马。至今站立在榆中县新营乡黄坪村境内，仿佛在向世人诉说着当年龙女姐妹和宝马的故事，也就是今天被人们称为的"大石马"和"小石马"。

东海龙王的两位女儿看到二匹宝马被活活累死化成石马，她们的功力也已全部耗尽。没有了宝马，不但空头山运不到东海，就连姐妹俩自己也无法回去了。再加上这里是干山枯岭，没有水源，姐妹俩立时心急如焚，龙女姐妹也就双双昏了过去。

空头山下的农庄里住着兄弟二人，哥哥叫金炉，弟弟叫香炉。哥俩从小就死了父母，靠祖父抚养长大。他们不仅从祖父那里学到了一手好庄稼活，还在祖父地培育下，兄弟俩勤劳善良，敦厚朴实。就在龙女姐妹驾宝马拉运空头山的时候，金炉、香炉兄弟俩正在田中干活。突然，香炉对金炉说："哥哥快看，天空中怎么会有那么多的马?"金炉抬头看时，只见天空中万马腾空而来，马口中衔着的石头就像流星一样坠向空头山顶，不一会，万马皆奔腾而去。弟弟按不住好奇的心，嚷着要让哥哥带他去到空头山顶看个究竟。金炉经不住弟弟的嚷嚷，只好放下手中的农活，带上弟弟登上山顶。

金炉、香炉来到空头山顶，举目四望，原来光秃秃的山顶，现在到处布满大小不等，形状各异的坚硬岩石。兄弟俩就在这数以万计的"石笋"中穿梭游玩，多时后，渐渐地找不到回家的路径。他俩走啊走，总是走不出雄浑的大山，正当兄弟俩心里十分着急时，忽然，隐隐听见周围有钟磬作响，就一路寻去来到一个清澈见底的滋潭。滋潭周围香雾缭绕、紫气笼罩，钟声就是从滋潭底传上来的。

金炉和香炉听爷爷讲过，空头山陡岭梁上有个滋潭，名叫天池，天池里住着混元老人，心地善良，时常出山，普度众生。他们心想今日所见的滋潭应该就是天池了，兄弟俩企盼有神仙来搭救，便向池中投下一粒石子，高声喊道："天睁眼，地睁眼，神仙老儿救危难。"不一会儿，从天池里飞上来一只仙鹤落到了池边，一位须发飘然的老翁从仙鹤背上下来。

金炉想，这可能就是混元老人了。忙拉着香炉上前施礼，求告到："求大仙，发慈念，家在哪一方？路在哪一边？"混元老人笑眯眯地说："天无缝，地无门；路在脚下生，有缘好相逢。就看你们愿不愿投这个缘？"金炉和香炉忙说愿意，叫混元老人指路。混元老人拿出一个葫芦，说："今天，东海龙王的两个女儿用宝马拉运空头山，只因金龙驱万马衔来了昆仑山之石压在了空头山顶，此山才未被龙女姐妹运走。但是，龙女姐妹现已渴昏在空头山东山脚下。这样吧，我给你们一个仙葫芦，里面装有天池的仙水，能滋养世间万物，快拿去搭救龙女，救醒龙女之后，你兄弟二人要劝说挽留龙女姐妹，让她们留在空头山植草种树，再造秀美空头山。"说完，乘仙鹤慢慢地落进天池。

金炉兄弟拿上仙葫芦，穿过空头山顶的"石海"来到东山脚下，左找右找不见有什么龙女，只见上百只鸟雀展翅挡住炽热的太阳，草地上被遮出一方荫凉。金炉觉得很奇怪，走近荫凉处一看，却见两条小金蛇昏死在地。兄弟俩疑疑惑惑地走上前，倾出葫芦里的水灌进两条小金蛇的口中，一眨眼，两条小金蛇苏醒过来了，在草地上一晃，化成两个天仙般的女子，风韵气度哥俩从未见过。两龙女走上前来，羞答答地向金炉、香炉施礼，称谢救命之恩。金炉兄弟忙说："不用谢我二人，要谢就谢空头山顶天池里的混元老人吧，是他让我们拿着仙葫芦之水来救你们的！"随后，金炉便向龙女姐妹问道："二位龙女下一步作何打算？"两龙女神色茫然地答道："只因二匹宝马已累死化成石头，我俩也就无法返回东海了，真不知如何是好？"金炉随机向龙女说道："二位龙女营造水晶花园，不辞劳苦，令人钦佩。如今已到这一地步，何不以你们美好的心愿，用你们灵巧的双手，把空头山的荒山就地美化一番，让这里变成人间的一座大花园，也是万年不朽的功德。如果二位龙女肯为人间描锦添绣，我二人愿做帮手。"

龙女姐妹见金炉兄弟热情相留，言辞恳切，深深为之感动。只是顾虑自己是水族，陆地上难以生存，为难地说："二位有所不知，我俩乃是东海龙王的女儿，长年居养水府，在陆地上生活，见不到水是要被渴死的……"兄弟俩见龙女两姐妹有准许之意，高兴地说："这有何难，我们俩带你们去山顶天池找混元老人，必能解决这个难题。你俩的性命就是他老人家给的仙葫芦的水救活的。"龙女姐妹听后，也就非常愿意跟随金炉兄弟上山面谢混元老人。

金炉兄弟、龙女姐妹四人来到山顶天池后，正遇到金龙送天马后从天宫返回，来天池找恩师混元老祖商谈空头山之事。龙女姐妹上前拜谢了混元老人，当得知龙女姐妹愿意留下美化空头山时，混元老人十分高兴，当即对金龙说道："龙女姐妹也是龙庭之女，我看你就将她二人收作你的义女吧！把你还未开启的二眼龙池，开启后让龙女姐妹居住，也好让她们为空头山建功立业。"金龙非常赞同恩师的提议，当场收龙女姐妹为自己的义女，并答应开启龙池。混元老人又将自己的少许毛发赠送给龙女姐妹，嘱咐到："你们带上这些毛发，只要洒在空头山的任何地方，再浇上金龙池的池水，就能长出你们心爱的树木花草，生出你们喜爱的飞禽走兽，去为人间造福吧！"龙女姐妹听后非常高兴，表示一定不会辜负混元老人的殷切期望。金龙也就随后开启了位于空头山南北的前后龙池，也就是今天马衔山金龙池的前后池。因为龙姐喜欢明朗开阔，就住在了金龙后池；龙妹喜欢优雅娴静，就住在了金龙前池。

从此以后，龙女姐妹带领金炉兄弟及周边民众没日没夜地辛勤劳碌着，将混元老人的毛发和金龙池的池水，洒遍了空头山的山巅沟壑，秃岭荒坡。从而使空头山广大区域旧貌换新颜，披上了苍翠的绿装。真是生成了一幅天然图画：万松参天，开四时不谢之花卉；群峰罗列，生百鸟争鸣之声色。清泉瀑布，滴水珠流。曲径瑶草争秀，赏心悦目；台阶奇花迎芳，益寿延年。白云深处隐然瑶台幽谷，苍松影里恍若海市蜃楼。空头山也因金龙驱天马衔石洒落其中，从而保住了华夏龙脉宝山，人们为了纪念和传颂金龙的功绩，从此更名为"马衔山"。

看到马衔山变成如此秀美的人间胜境，"北国碧玉"，九天玄女赞叹不已，抑制不住内心的喜悦，随即来到马衔山的东南端石景峡，即今天临洮县峡口、云谷和站滩三乡交汇处，开启了一座神奇的滋潭，名叫崦滋。（图38）这个水潭的神奇之处，就是潭底可开可闭。开时深不见底，水在其中打漩；闭时潭水清澈见底。崦滋开了的时候是一种平常很难见到的奇

图38　马衔山东南端的石景峡崦滋

特自然景观，即突然间潭内的沙石全部消失，潭水深不见底。当代有驻军在开潭后用科学仪器做过测试，下测到近百米，深不见底。千百年来，有那么多的沙石，有时甚至是巨石，滚落潭内，却永远没有填满这个潭。这个潭究竟有多深？成了人们至今不得其解的自然之谜。而这个潭的所谓闭，就是突然间潭内又会沙石淤积，变得潭浅水清，令人不可思议。为了感恩和报答混元老人、九天玄女和金龙等仙圣保护和开发马衔山，造福人间，福荫当地百姓，马衔山方圆数百里的民众及各方信士，不畏艰辛，走山路，爬陡坡，捐银两，出苦工，先后在马衔山支脉栖云山为混元老人建起了"混元阁"；在石景峡为九天玄女建起了"九天圣母"，即今天的蟠龙寺；为金龙在金龙后池建起了"金龙殿"；在哈班岔分别建起了"白衣寺"、"白马殿"和"千佛洞"。

随着金龙池的开启，金龙在马衔山也处处显圣，感应四方，救苦救难，祈雨除旱。若遇到特别窘困的民众，金龙提文显圣，并通过金炉、香炉兄弟二人给无钱看病的特困百姓和鳏寡孤独者，根据不同情况，暂借或发放金钱给他们，使他们解一时之急，渡过苦难之境。金炉、香炉兄弟将自己的青春年华及一生无私地奉献给了马衔山和马衔山人民，无怨无悔，矢志不移。他们去世后，金龙为了表彰金炉兄弟的丰功伟绩，使人们永远缅怀他们，金炉和香炉兄弟被金龙度化后，化为金龙池内一鼎金光闪闪的"金香炉"，继续为金龙掌管和发放解民之难的慈善之财，一如既往地替金龙忠实履行救苦救难的职责，对那些危在旦夕，命悬一线的苦难者，只要你心诚有义，口头承诺，烧香磕头后，伸手至金龙池的"金香炉"内，就能拿到急需的如数银两，以解燃眉之急。

　　金龙池内金光闪闪的"金香炉"能发放解民之难的慈善之财，这主要源于金龙的一位化身"西平王总统"。（详"西王总统"——李晟）唐朝中期名将李晟，字良器，出生于洮州临潭（今甘肃省临潭县）军营。洮州又称临洮郡，秦朝长城的西端在这里。李晟从小习武，练就一身好武艺，善于骑射。十八岁时，李晟投身河西节度使王忠嗣帐下。唐玄宗天宝五年（746年），唐军攻打吐蕃的一个城堡，其中有个吐蕃猛将率军守城，射术精良。将进攻的唐军射杀无数，唐军伤亡很大。王忠嗣见状大怒，于是在军中发布召集令，让善射的战士来对付吐蕃猛将。这时，刚入伍一年的李晟应声站了出来。只见他弯弓搭箭，一声霹雳，箭已离弦。再看那边，原来还气势汹汹的吐蕃将领，一头栽倒。"忠嗣厚赏之，因抚其背曰：'此万人敌也'。"（《旧唐书》列传第八十三·李晟）后因数次西征平蕃，屡立战功，被唐德宗敕封为"西平郡王"。唐皇为了威镇吐蕃，激励将士，下诏书在马衔山金龙池为其建庙以供民众祭祀。据《旧唐书》载："（贞元）四年三月，诏为晟立五庙……庙成，官给牲牢、祭器、床帐，礼官相仪以祔焉。"（《旧唐书》列传第八十三·李晟）其逝后，天皇也赐匾额："西平王总统。"从此，金龙在马衔山及周边地区为广大民众赐雨除旱、驱雹镇水、解危济难、百求百应。于是，就有了传颂至今"伸手至金龙池的'金香炉'内，就能拿到急需的如数银两；以解燃眉之急"的千古美传。《金龙训言》曰：

　　　　吾说后滋一事件，崔陀灵童掌旗杆。
　　　　纷纷干戈逢战乱，一灵载歌天皇元，
　　　　天皇再封吾的身，清廉上师吾的任。
　　　　周边众门人欢腾，池中闪光金砖现，
　　　　提文显圣来借金，吾当一一降金用。
　　　　挥弹之间出祸乱，不由吾当怒发冠，
　　　　澎湃汹涌电光闪，抛弃失金冻冰眼。

　　感恩有德的信士、民众在渡过苦难后，知恩相报，诚守信诺，如数归还所借银两。当然也有无德的小人，把此作为不劳而获的手段，赖账不还。更有甚者，竟然打起了偷盗金香炉的主意。一天，有两个图谋不轨之徒，乘着大家下山回家之际，摸黑赶到金龙后池，不顾池水冰冷刺骨，将不义之手伸进了金龙池内，盗出金香炉，迅速离开了枇杷林。他俩穿荆棘，过山涧，跳溪水，攀石崖，一直走到天亮，当东方旭日的霞光照亮了金龙后池，两个贼心不死的家伙一看，原来他们仍在池边站着。这时，他俩吓得头发晕，手发麻，眼发黑，胆战心惊，寸步难行，仿佛看见龙女姐妹怒目相视，金炉、香炉兄弟挥舞利剑，两个不义之徒只得将金香炉放回金龙池内，然后逃之夭夭。金龙得知此事后，怒不可遏，一气之下便将金龙池用坚冰覆盖，只有在每年农历的六月六日开孔一次。千百年来，马衔山绿草飘香迎风摇，百里枇杷花斗艳。在山花烂漫，绿树环抱的俊秀山峦间，唯独金龙池常年结冰，真是万绿丛中一点白，银光闪烁耀马衔。

第四章

黄帝西巡

第四章

黄帝西巡

　　马衔山坐落于兰州市东南方，距兰州52千米，至榆中县城20千米。是甘肃国家级森林和野生动物类型自然保护区，地形呈西北–东南走向，山顶如平川，宽约8至10千米，长约40至50千米，总面积约398公顷。马衔山系祁连山东南部分，由马衔山系的高中山群所组成，与兴隆山南北对峙呈马鞍形。马衔山的两条支脉形成了兴隆山的两大主峰兴龙山和栖云山，兴龙山峰峦起伏，势若飞龙；栖云山主峰如锥，直插云天。在兴龙山和栖云山两山间有座形似弥勒佛祖腹而坐的小山叫仙人峰。马衔山海拔在2000—3600米之间，主峰海拔3671.3米，是黄土高原范围内唯一超过3670米的山峰。高耸的地势和严寒的气候条件，使马衔山的地貌景物与周围截然不同，而与号称地球三极的青藏高原类似。既有冻土地貌，又有冰缘遗迹。由于寒冰作用，山顶相对低洼处，冻胀土丘，形态奇异，斜立巨石，如柱如笋。马衔山是目前中国黄土高原地区唯一证实有多年冻土发育的山脉，残存的多年冻土被誉为黄土高原地区冻土的"活化石"。（图39）

图39　中华龙脉宝山——马衔山自然景观

一、古"空同之山"与西王母、昆仑山及盘古开天辟地神话故事的渊源关系

马衔山是风神翼龙（金龙）率领翼龙族在盘古大陆完全分裂之前，特意营造出华夏大地上的三大干龙汇聚于此，从而形成"马衔立柱鼎天心"之威势，风神翼龙也因此成了太阳神鸟——凤。5700多年前的马家窑文化变形凤凰纹，就是最有力的佐证。（详"文化圣苑"）马家窑文化的变形凤凰纹，呈圆形的两个头部相互对应，同处于圆形太极图中的中轴线，用三条弯线代表凤凰，如同两个黑白匀称且相互交感、涵容的阴阳二龙。两个圆形的头部，象征着阴阳二龙太极图中的黑色龙眼"●"与白色龙眼"○"。金龙营造出华夏大地上的三大干龙汇聚于马衔山后，马衔山便成了原盘古大陆的中心，即大地的中心，马衔山天池代表太极图中的黑色龙眼"●"，也就是太极的中心。又因在太极图中黑色龙眼"●"与白色龙眼"○"是居于一条中轴线上，所以说马衔山天池也是天下的中心，这正是"马衔立柱鼎天心"的蕴涵所在。马家窑文化变形凤凰纹，充分彰显了马衔山周边地区远古先民对龙神金龙的无限崇拜。

根据《说文·鸟部》中的说法："鹏，亦古文凤。"由此可知古文中的鹏，也就是代表着凤。鹏在中国古代文献中，记载最早的当属《庄子》。《庄子·逍遥游》载："北冥有鱼，其名为鲲。鲲之大，不知其几千里也。化而为鸟，其名而鹏。鹏之背，不知其几千里也。怒而飞，其翼若垂天之云。是鸟也，海运则将徙于南冥。南冥者，天池也。""水击三千里，抟扶摇而上者九万里。""绝云气，负青天，然后图南。"至汉代，东方朔在《神异经》中也有记载："昆仑之山有铜柱焉，其高入天，所谓'天柱'也，围三千里，周圆如削。上有大鸟，名曰希有，南向，张左翼覆东王公，右翼覆西王母；背上小处无羽，一万九千里，西王母岁登翼上，会东王公也。"（《神异经·中荒经》）这里的大鸟"希有"就是大鹏鸟——凤。因此，远古时代的马衔山被称为"鲲鹏山"。

在中国古籍记载中，古之马衔山被称为"空同之山"，"空同山"。关于空同山的记载，最早见于战国中期思想家、哲学家和文学家庄子的作品《庄子》："黄帝立为天子十九年，令行天下，闻广成子在于空同之山，故往见之。"（《庄子·在宥》）至汉代，《史记》和《汉书》中也有相关的记载，如《汉书·武帝纪》载："五年冬十月，行幸雍，祀五畤，遂逾陇，登空同，西临祖厉河而还。"《史记·封禅书》载："上遂郊雍，至陇西，西登空同，幸甘泉。"司马迁也说："余尝西至空同。"将空同山地理位置明确记载在今临洮县城北的是《隋书》："炀帝大业间，西征吐谷浑至狄道（今临洮）登空同。"从上述古籍记载中可知，远古时代的"鲲鹏山"、"空同山"，它们都与大鹏鸟——凤、昆仑山、西王母有着密切的关系。

　　昆仑山是产生诸多中国神话的圣地。（图40）在昆仑山神话系统中，西王母神话是昆仑神话的重要组成部分。《山海经》是最早记载西王母神话的中国古籍之一。《山海经·西次三经》："又西三

图40　天下龙脉祖山——昆仑山

百五十里，曰玉山，是西王母所居也。西王母其状如人，豹尾虎齿而善啸，蓬发戴胜，是司天之厉及五残。有兽焉，其状如犬而豹文，其角如牛，其名曰狡，其音如吠犬。见则其国大穰。有鸟焉，其状如翟而赤，名曰'胜遇'，是食鱼，其音如录，见则其国大水。"《山海经·海内北经》："西王母梯几而戴胜，其南有三青鸟（凤的化身），为西王母取食。在昆仑虚北。"《山海经·大荒西经》："西海之南，流沙之滨，赤水之后，黑水之前，有大山，名曰昆仑之丘。有神人面虎身，有文有尾，皆白。处之。其下有弱水之渊环之，其外有炎火之山，投物辄然。有人，戴胜，虎齿，有豹尾，穴处，名曰西王母。此山万物尽有。"

　　西王母是昆仑山上最原始、最有名的女神。正如苏雪林先生所言："西王母与昆仑山原有不可分拆之关系，言西王母即言昆仑也。"在《山海经》中，西王母的明确住处有二，昆仑山和玉山。另有一个是不太明确的

"西王母之山"，我们只能从山名推测它是西王母的居所。

《山海经·大荒西经·昆仑西王母》和《山海经·海内北经·西王母》都说西王母住在昆仑山。在《大荒西经·昆仑西王母》前面，《西山经》里说昆仑是"帝之下都"，是天神在人间的都城。其中有可以战胜水的沙棠，可以解除忧愁的薲草。《山海经·大荒西经·昆仑西王母》说昆仑山"万物尽有"。另外，《山海经·海内西经》云："海内昆仑之虚，在西北，帝之下都。昆仑之虚方八百里，高万仞。上有木禾，长五寻，大五围。面有九井，以玉为槛。面有九门，门有开明兽守之，百神之所在。在八隅之岩，赤水之际，非夷羿莫能上冈之岩。"这样一个天堂般的神圣之地，当然不容人类轻易涉足。所以，《山海经·大荒西经》中此山守卫极其严密。山下有炎火之山围拱，又有弱水之渊环绕，山上还有人面虎身的神守卫。那么，住在这里的西王母当然是一个神圣的、不许凡人接近的天神。

在《山海经·西山经·玉山》中，西王母住的是玉山。郭璞注："此山多玉石，因以名云。《穆天子传》谓之群玉之山。"由于古人相信玉能通天，多玉之山当然也是天神居住的。这也是一个令人向往的地方。那么，这个令人向往的地方它在哪里？它就是丝绸之路新疆段南线沿途经过的昆仑山。因为，这里以"和田玉"最为著名，是中华民族的瑰宝。和田地区河水中的玉石，是随着夏季河水的北流而离开昆仑山，到达和田绿洲的。其原生矿在昆仑山海拔 5000 米以上的高山，这个海拔地质风化比较严重，终年积雪，冰川纵横。夏季融雪时，风化了的原生矿表层破碎，崩落河谷，随着洪水冲向下游。由此，昆仑山又称"玉山"，和田美玉亦被称为"昆仑玉"。

中国的玉文化是伴随着玉器的生产而产生的，玉文化是中国传统文化的重要组成部分。由于玉美观并具有人们无法解释的神奇特性，被制作成为祭神、事神、通神以沟通上天的神物——玉龙。考古发现证明早在史前的新石器时代晚期，玉龙已在中华大地上出现并广为盛行。陕西师范大学教授朱鸿认为，在中华文明起源阶段，玉的作用很重要。朱鸿更进一步认为，"边玉中输"的玉石之路，从黄帝时代发轫，尧世得以形成。这就是说，中国玉龙文化起源于新石器时代晚期的黄帝时代。《越绝书》说：

"黄帝之时，以玉为兵，为宫室凿地。"《穆天子传》："吉日辛酉，天子升于昆仑之丘，以观黄帝之宫。"《庄子·天地》："黄帝游乎赤水之北，登乎昆仑之丘南望，还归，遗其玄珠。"中国玉龙文化以辽河流域红山文化、巢湖流域凌家滩文化、太湖流域良渚文化的出土玉器，最为引人注目。

在《山海经·大荒西经》里，西王母还有一个不太明确的住地，在大荒之中的灵山以西："西有王母之山，壑山、海山。有沃之国，沃民是处。沃之野，凤鸟之卵是食，甘露是饮。凡其所欲，其味尽存。爰有甘华、甘柤、白柳、视肉、三骓、璇瑰、瑶碧、白木、琅玕、白丹、青丹、多银、铁。鸾鸟自歌，凤鸟自舞，爰有百兽，相群是处，是谓沃之野。"这段文字存在讹误。"西有王母之山"，郝懿行、王念孙、孙星衍、袁珂都举证认为当为"有西王母之山"。那么，这里应该是西王母的第三个居住地。

西王母故事的演变历程比较复杂，学界的认识不尽相同。但是，有一点比较一致，那就是认为最早记载西王母相关资料的《山海经》中的西王母是一个可怕的凶神。这主要是基于《山海经·西山经·玉山》中记载西王母"是司天之厉及五残"。郭璞注云："主知灾厉、五刑残杀之气也。"这个解释是现代所有主张西王母是凶神的重要依据。但是，陈连山先生认为郭注有不妥之处："厉为灾厉，可通。但是，把五残解释为'五刑残杀'的缩略语，是不对的。他大概是用后来的'五行观念'把西方看作'刑杀之气'的代表而得出的结论。事实上，《山海经》中并没有完整的五行观念。"（陈连山《〈山海经〉西王母的正神属性考》）郝懿行对郭璞亦有纠正。其《山海经笺疏》云："厉及五残，皆星名也。"先说五残星。《史记·天官书》云："五残星，出正东方之野。"《正义》云："五残，一名五锋，出正东方之分野。状类辰星，去地六七丈。见则五分毁败之征，大臣诛亡之象。"这就是说，这颗星一旦出现，就预示人间有灾难。它是灾难的预兆。

郝懿行所说的"厉"比较合理。由于古籍中未见以"厉"为名的星，所以郝懿行进行了一个复杂的推论："《月令》云：'季春之月……命国傩。'郑注云：'此月之中，日行历昴。昴有大陵、积尸之气。气佚，则厉鬼随而出行。'是大陵主厉鬼。昴为西方宿，故西王母司之也。"这是说，作为二十八宿之一的西方的昴星宿包括了一组星辰，就是大陵。大陵之中又有积尸星。那么，这里就是厉鬼之气聚集的地方。这些气一旦逸散，厉鬼就会出现。所以"大陵星"决定着厉鬼的活动——主厉气。而西王母在西方，因此，应该主管西方的某些星宿。她通过掌握西方昴宿中的大陵星中的厉鬼之气而掌管厉鬼。郝懿行实际上是把"厉"解释为聚集"厉鬼之气"的大陵星。刘宗迪先生则由此推论：既然"五残"是星名，而《西山经·玉山》中五残与厉并举，那么"厉亦必为星名"。（刘宗迪《失落的天书》第534页）

"司天之厉及五残"的意思是：西王母掌管天上的厉鬼，和一颗预示人间灾难的星辰。这就是说，西王母能够预知灾害和死亡。灾害和死亡当然很可怕。若是直接给人间降下灾祸和死亡，那就更加可怕，假如西王母是这样的，那当然是一个凶神。可是，天上的厉鬼是待在"大陵星"里面的，平时并不随意逸出。而"五残"是预示灾难和死亡的星辰，并非灾难本身。郭璞尽管对"五残"的解释不准确，但是对于西王母在神国的具体职掌说得很清楚："主知灾厉、五刑残杀之气也。"西王母是预知灾害和死亡，而不是直接降灾或杀人。这种预知灾害和死亡的能力实际上是人类最大的希望。因此，西王母实际上掌握的是人类死亡的秘密，是人类最希望接近的天神。刘宗迪说："……西王母'司天之厉及五残'，谓西王母有司察和控制灾害之气的神力，非谓其为降灾兴祸之恶魔也，恰恰相反，其'司天之厉及五残'，正是为了消灾祛祸，赐福人间。"这也正是后世古籍中西王母成为掌握不死药之神的基本前提。

根据《山海经·西山经·玉山》记载，玉山上有一种怪兽狡，能够预示大丰收。还有一种怪鸟"胜遇"，能够预示水灾。它们似乎都归属于西王母。这表明西王母还有预知丰收和水灾的神通，这当然也是人类迫切希望得到的秘密。综上所述，西王母的神职就是预知各种灾害、死亡和丰收。因此，陈连山先生说："西王母本质上是一个具有正面性质的神，甚至是一个具有潜在吉利性质的神，绝非凶神。"（陈连山《〈山海经〉西王母的正神属性考》）在《山海经》中，也没有任何有关西王母降灾、危害人类的事情。正是基于她的正面性质，人们才会想象她居住在前已述及的那些美丽、神圣的地方。这样，她后来才能顺利地演化为明确的人人向往的吉祥女神。

那么，为什么西王母却又具有"豹尾虎齿而善啸"的动物特征？范三畏先生说："神话传说与古天文的关系是众所周知的，古希腊是这样，上古中国也是这样。"（范三畏《旷古逸史》第251页）在四象分区的二十八宿系统中，《史记》、《汉书》皆分东、南、西、北四宫，称为苍龙、朱鸟、咸池、玄武，而西宫之参宿为白虎，觜宿为虎首，所以西宫又称为"白虎"。在《十二辰二十八星象盘》中，（图41）与猿猴为象征物的参、觜二宿所在的"申（猴）"次，其对应的"寅（虎）"次有尾、箕二宿，分别称为：尾火虎与箕水豹。因"寅为三阳"、"申为三阴",寅与申成了阳与阴的代名词，在这里阴阳之内又有阴阳，所以尾火为阳、箕水为阴。而这正是西王母形象中所谓"豹尾虎齿而善啸"其渊源殆亦出此。由此可知，原来西王母是西方白虎宫中一位神圣的、不许凡人接近的天神，她与天上龙宫中的东方苍龙、南

图41 十二辰二十八星象盘

方朱雀、北方玄武共为同根同源、形态各异的星象龙。所以说西王母正是四大星象龙中的白虎星，也是一位威严、神圣的龙神。

中国古代龙神话中关于四大象星龙的神话，广泛地流传于华夏大地。四大象星龙神话传说不仅被记载于中国古代的古典文献中，而且也被20世纪以来在中国本土上一系列的考古发现以及现代天文学家的研究成果所佐证。1987年6月，考古工作者在河南濮阳西水坡发现了一群远古时代的遗迹，经C_{14}同位素测定，其年代为距今6460±135年。其中编号为M45的

墓葬，大体呈南圆北方的形状，东西各有一个弧形的小龛。经测定墓主为一壮年男性，在死者的左右两侧，有用贝壳摆塑的龙和虎。这一考古发现，是对四大星象龙神话的最好印证。根据中国科学院国家天文台的赵永恒、李勇二位研究员的研究结果，四象星龙二十八宿体系的形成年代在公元前5670年前后，距今约八千年左右。这一时期，正是华夏人文始祖伏羲依据太极图，仰观天文，俯察地理而创八卦的时代。

在《山海经》中，西王母不仅具有龙神虎的形象，而且还具有人的形象。如《西山经》中说她"其状如人"，《大荒西经》中说她是"人"，这些都表明西王母基本是人的形状。那么，龙神西王母为何又具有人的形状？这主要还是因为西王母与四大象星龙的渊源关系。前已述及，根据王充的论说，四大星象龙于不同时期先后降生到了大地上，成了恐龙、翼龙、蛟鳄、鼍鳄、鸟类、龟、蛇、虎这几种具有神性的动物。其实，四大象星龙中的白虎星不仅降生了神性动物——虎，而且于不同时期先后降生了第一个已知的原始人类——南方的古猿和20万年前现代人类的一位女性始祖母——西王母。《十二辰二十八星象盘》中的"申（原猴→猴→猿及人类）"对应于"寅（虎）"，正是揭示了白虎星降生原始人类——南方的古猿的奥秘。

在20世纪初，很多古生物学家以为人类的进化发生在亚洲，而现在看来，非洲可能才是人类诞生之地。南方的古猿骸骨化石发现于东非和南非。南猿臂长腿短，颌骨突出，有着许多像猿类的特征。但即便是400万年前最早的南猿，也是以后肢站立行走的。根据近现代大多数学者的研究结果表明，西王母的原型是西戎部落的女性酋长兼巫师，由此演变为神话中的西戎部落的女性始祖母神。西王母"豹尾、虎齿、善啸"的动物特征不仅代表的是白虎星的神圣标志，而且更是象征人类女性"始祖母神"不可剥夺的权威。虎，古称"於菟"，《左传》："楚人谓虎於菟。"（《左传·宣公四年》）《辞海》："於菟，虎的别称。"所以，《山海经·大荒西经》中就有："有神，人面虎身，有文有尾，皆白。"汉代画像石中的西王母像中常配玉兔，多作执杵捣药状。玉兔捣药，捣的是不死药。

最早推断出人类起源于非洲的是美国加利福尼亚大学伯克利分校的丽

贝卡·L·卡恩和艾伦·C·威尔逊两位科学家。1987年初，卡恩和威尔逊等人提出，将所有婴儿的线粒体DNA向前追踪，（图42）最后会追到大约20万年前生活在非洲的一个妇女，即现今全世界人的祖先。此后，越来越多的遗传学证据

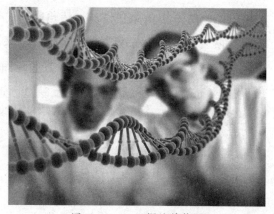

图42　DNA双螺旋结构图

都支持包括中国在内的世界范围内的现代人都起源于非洲。1998年中国科学家褚嘉祐等人利用30个常染色体微卫星位点分析了南北人群和汉民族与少数民族的遗传结构，微卫星标记多态性和进化树聚类分析都支持现代中国人来源于非洲。其实，最早以DNA揭示西王母是现代人类始祖母这一人类生命奥秘的是中国东汉时期的一幅西王母、伏羲女娲画像石，（图43）它出土于山东省微山县两城镇。王大有先生考证此图后说："西王母盘坐在鸟身蛇身交结的生命密码DNA双螺旋结构的'盘长'上，示子子孙孙万世不竭，下方是交尾的双鸳鸟，王母束'品'型博山天齐冠，上栖一只青鸟，以象日。这三青鸟是西王母的信使。"（王大有《昆仑文明播化》第146页）

2001年，上海复旦大学金力教授带领的研究团队在全球权威科学杂志上发表了一篇名为《Y染色体遗传学证据支持现代中国人起源于非洲》的论文，这篇文章从DNA的角度分析，得出了"现代中国人起源于非洲"这个结论。金力教授是通过人类基因中Y染色体的遗传特性来研究人类起源的。为什么选用

图43　东汉西王母、伏羲女娲画像石

Y 染色体？是因为 Y 染色体从遗传角度来说相对更单纯。我们知道，每个人都有两套染色体，一套来自父亲，一套来自母亲。在这些染色体中，Y 染色体是男性染色体，只由父亲一方遗传而来，这就减少了基因突变率，所以通过 Y 染色体可以更清晰地反映基因遗传的"历史轨迹"，因此，包括金力教授在内的很多遗传学家都把这种遗传物质作为研究现代人类起源的最佳材料。

金力他们利用了 3 个古老的 Y 染色体上的 SNP 作为研究重点，即 M89、M130 和 YAP 这 3 个古老的 Y–SNP，这 3 个 Y–SNP 又都是在 M168 突变型的基础上产生的 3 个突变类型。为什么用 M168 这个遗传分子？金力在文章中这样解释："据认为，M168 是人类在非洲时产生的突变型，其原始型只出现在东非人群，除非洲以外的现代人及部分非洲人都带有 M168 的突变型，M168 是现代人类单一起源于非洲的最直接证据。"

科学家们通过 DNA 推断出古人类生活年代，同理，也能推断出非洲人是如何迁徙到世界各地的。比如以中国为例，5 万年前，居住在非洲埃塞俄比亚森林中的现代智人进化得很成熟，他们的脑容积更大，智力水平、语言能力、群体组织、创造工具能力、战争能力都比早期智人优胜得多，显示出巨大的进化优势。他们由于受到天神西王母的神示，他们中的一部分人要走出森林，要去寻找当年龙祖盘古开辟天地的圣地。他们到达中东地区，盘桓良久之后这群人带着他们的文明，拿着狩猎和生产工具，便开始分道扬镳。一支跨过地中海继续北迁成为欧洲人的祖先，由于北方阳光剂量的减少，使他们皮肤色素退去成为白种人；另一支向东，在中东地区一部分向北通过中亚进入东北亚，成为北亚肤色较白的游牧民族；再有一部分穿过印度次大陆进入南亚。

从中亚进入中国的这一支非洲现代智人，他们大约是 4 万年前沿昆仑山西大龙脉进入中国的，也就是今天所说的古丝绸之路。当他们进入今天中国境内的昆仑山脉时，发现这里的地形地貌竟然与他们祖籍地非洲的乞力马扎罗山一样，只是此处山脉显得更加高大壮阔。乞力马扎罗山在今天的肯尼亚和坦桑尼亚的交界处，海拔 5895 米，素有"非洲屋脊"之称。（图 44）其山海拔 4000 米以上分别是高山寒漠带和积雪冰川带，以下大约每隔 1000 米分别是高山草甸带、温带森林带、亚热带常绿阔叶林带和赤道雨林带。为了让后世人永远牢记他们是来自乞力马扎罗山下的非洲人，他们便将古昆仑山脉也称之为："乞力马扎罗山（Kilimanjaro）。"胡太玉

图 44　非洲乞力马扎罗山

先生考证后认为："我们从语音学上辨析，Kili 其实就是 Kulun，就正如今天的南方人（广东人）读昆仑的读音一样，乞力其实就是昆仑。"（胡太玉《破译〈山海经〉》第 226 页）由此可知，天下龙脉祖山——昆仑山，就是《山海经·海内西经》中记载的"海内昆仑之虚"，郭璞在注中说："言海内者，日月海外复有昆仑山。自此别有小昆仑也。"这个海外昆仑山就是地处昆仑山西大龙脉南支山脉上的乞力马扎罗山。

4 万年前来到中国昆仑山区域的这一支非洲现代智人，根据《山海经》中关于昆仑山与西王母的记叙和现代学者的研究论说，我们把他们称为"西王母部族"。进入中国昆仑山区域的西王母部族，从未忘记他们肩负的历史使命，又开始了向遥远东方的长途跋涉，继续寻找"龙祖盘古"开天辟地的圣地。他们中除留居于昆仑山区域的一部分人外，其余部族族民分为两支，一支沿着昆仑山北大龙脉天山山脉段向北迁徙，然后再折向东北，进入今天的蒙古、内蒙古及河北北部地区，成了这一地区的现代智人，如河套人和山顶洞人；一支沿着昆仑山东大龙脉，即今天的祁连山山脉逐步向东南迁徙。这一支西王母部族先民，他们世代相承，年复一年，携儿带女，栉风沐雨，矢志不移。大约 3 万年前左右，他们到达了今祁连山山脉的乌鞘岭地区，稍事休整之后，他们又分为两支，一支经今毛毛

山，至景泰县寿鹿山，沿古龙山脉（今六盘山山脉）到达今陇山地区；另一支从乌鞘岭向东南方向行至今兰州市西固区达川乡，后又迁徙至今马衔山地区。

西王母部族先民到达马衔山地区后，他们不忘初心，继承遗志，在继续寻找的过程中得到龙神西王母的旨意，发现了"龙祖盘古"开天辟地的圣地——空同山（今马衔山），找到盘古开天辟地留在大地的中心——马衔山天池，也就是太极的中心。从此，西王母部族先民就居住在马衔山周边地区，世代相传，繁衍生息。"龙祖盘古"开天辟地的神话故事，也就在西王母部族先民的丰富想象中诞生了：在天地还没有开辟以前，宇宙就像一个大鸡蛋一样混沌一团。有个叫作盘古的巨人在这个"大鸡蛋"中一直酣睡了约18000年后醒来，发现周围一团黑暗，很不舒服。愤怒之下，盘古张开巨大的手掌向黑暗劈去，只听一声巨响，"大鸡蛋"骤然破裂。千万年的混沌和黑暗被搅动起来，其中又轻又清的东西慢慢上升并渐渐散开，变成蓝色的天空。而那些厚重混浊的东西慢慢地下降，变成了脚下的土地。盘古站在这天地之间非常高兴，但是他担心天地再次合拢又变成以前的样子，就用手撑着青天，用脚踩着大地，自己的身体每天长高一丈，天地也随着每天增高一丈。这样又过了18000年，天越来越高，地越来越厚，盘古的身体长得有90000里那么长了，他终于凭着自己的神力把天地开辟出来。因此，杨东晨先生说："晚期智人到距今二三万年时进入旧石器向新石器时代的过渡阶段，考古学称之为中石器时代，盘古氏的传说故事就发生在这个阶段。"（杨东晨《开天辟地与盘古氏传说浅论》）

千万年来，在马衔山地区有没有留下与盘古开天辟地神话故事相关的历史遗迹？2018年，金俊河等人在研究马衔山历史文化及其自然地理现象时，从卫星地图上意外地发现了在东经103.8°至104.19°之间，北纬35.94°到35.61°之内，有一双神奇的偌大"足印"，自东南向西北，形象逼真、惟妙惟肖。经过仔细研究发现，它原来就是位于甘肃省省会兰州市东南的"兴隆山国家自然森林保护区"，这里是一片原始森林的覆盖区。其中"左足印"是"一山见四季，一日不同天"的马衔山，前后长34.8千米，左右宽10.5千米；"右足印"则是由马衔山的两条支脉形成的兴隆山的两大主峰兴龙山和栖云山，前后长 34 千米，左右宽 13.4 千米。研究人员把一双成人的脚印放到它上面进行比拟，竟然是那么的吻合与相像。那么，这双硕大无比的足印是谁留在马衔山大地上的？它就是当年盘古开天辟地时，用手撑着青天，用脚踩着大地而留下的脚印。

随着"龙祖盘古"开天辟地的神话故事的广泛传播，西王母部族先民对古之马衔山越来越崇敬，使之成了他们心目中的神圣之山。因为，古之马衔山，又称为鲲鹏山，与昆仑山是一脉相通（同），同为玉山。又因昆仑山具有"横空出世"之威势，且空与鲲、昆，同为一音，音同通用。为了让后世的子子孙孙永远牢记西王母部族从海外昆仑山——乞力马扎罗山下，长途跋涉，世代相承，历时数万年终于寻找到"龙祖盘古"开天辟地之圣地的丰功伟绩，他们决定将圣地所在地之山称为"空同山"，所以《关尹子·九约》云："昔之论道者，或曰凝寂，或曰邃深，或曰澄澈，或曰空同。"明朝散曲作家冯惟敏更是一语道出了空同山的深邃蕴涵："太极分两仪，空同涵万有。"（冯惟敏《粉蝶儿·五岳遨游》）

西王母部族先民不仅将古之马衔山命名为"空同山"，而且将他们部族的名称也命名为"空同氏"。《世本》："空同氏，子姓。盖因空同山也。"为了缅怀龙祖盘古开天辟地，创生万物的丰功伟绩，居住在空同山地区的空同氏族，又派生出了混沌（浑敦）氏族，即盘古氏族。《补衍开辟》："天人诞降大圣，曰浑敦氏，即盘古氏，龙首人身，神灵，一日九变，一万八千岁为一甲子。"随着人口的增多以及氏族的不断发展壮大，空同氏族和混沌氏族他们决定继续发扬西王母精神，以空同山地区为中心，向东、南、西、北四个方向迁徙，将空同山龙文化传播到神州大地。于是，混沌氏（盘古氏）族以中国三大干龙之中干龙和南干龙分别向东、向南迁徙；空同氏族则以昆仑山东大龙脉及其支脉乌鞘岭至空同山段和中国三大干龙之南干龙分别向西、向北迁徙。

空同氏族向西迁徙的部族至昆仑山地区后，发现原留居于昆仑山地区的西王母部族，早已因昆仑山而将本部族命名为昆仑氏族，且在今天山南北、祁连山地区繁衍生息，不断壮大。西迁的空同氏族还以族名在祁连山中命名了一座山——空桐山。《正义》引《括地志》云："空桐山在肃州

（今甘肃酒泉）福禄县东南六十里。"空同氏族向北迁徙的部族沿着滔滔黄河，经黄河石林，中卫，逐步向北沿贺兰山，狼山，阴山，至大兴安岭方向迁徙。空同氏族向西、向北迁徙的这两支部族，后来分别演变形成了以昆仑、空同两大部族为主体的众多氏族。《逸周书》记载："正西昆仑、狗国、鬼亲、枳巳、阗耳、贯胸、雕题、离卿、漆齿，请令以丹青、白旄、纰罽、江历、龙角、神龟为献。正北空同、大夏、莎车、姑他、旦略、貌胡、戎翟、匈奴、楼烦、月氏、孅犁、其龙、东胡。请令以橐驼、白玉、野马、騊駼、駃騠、良弓为献。"（《逸周书·王会解》）黄陵墓古碑背后刻有炎帝姜水部落，黄帝姬水部落和空同部落，这是当时西北三大部落族。

混沌氏族以中国三大干龙之中干龙和南干龙分别向东、向南迁徙。一支以中干龙为依托沿渭水向东迁徙，至古龙山（今陇山）地区后，派生出燧人氏族等部族；一支以南干龙为依托溯洮河之水向南迁徙，至岷山沿丽江而下，达峨眉山，趋云南绕益，贵州关索，过九嶷衡山，出湘江，过九江，入黄山，天目山，金龙山。在漫长的迁徙过程中逐步形成了以盘古氏、有巢氏为主的南方部族。从《山海经·大荒西经》和《山海经·海外北经》关于"龙祖盘古"的化身"烛龙"与"烛阴"的记载中可以看出，盘古氏的神话是由北方传往南方的。《述异记》载："今南海有盘古氏墓，亘三百余里，俗云后人追葬盘古之魂也。桂林有盘古氏庙，今人祝祀。"又云："南海中有盘古国，今人皆以盘古为姓，则盘古亦自有种落。"《路史》云："会昌有盘古山；湘乡有盘古堡；零都有盘古祠；成都、淮安、京兆，皆有盘古庙。"

前已述及，西王母部族沿昆仑山东大龙脉迁徙时，至今乌鞘岭地区后分为两支，一支经今毛毛山，至景泰县寿鹿山，沿古龙山脉到达今陇山地区。这一支西王母部族到达陇山地区后，在陇山山脉东西两翼区域繁衍生息，发展壮大，后又派生出华胥氏族，与由空同山混沌氏族东迁至陇山地区而派生出的燧人氏族，形成了远古时期陇山地区的主要部落。他们分别是西王母部族、华胥氏族、混沌氏族、燧人氏族等部落。大约8000年前，华胥氏族的一位女首领，前往古龙山主峰下的"雷泽（今老龙潭）"拜谒"雷神（龙祖盘古）"时，因履大人（雷神）之迹而孕生伏羲，后又生女娲，从而派生出两个重要的氏族部落，即伏羲氏族和女娲氏族。依据何光岳先生的研究，"三皇"渊源自伏羲氏，是由华胥氏派生的，伏羲氏与女娲氏结合而派生出少典和有蟜两个氏族。少典与有蟜通婚而又派生出炎帝、黄帝两个"双胞族"。这就是《国语·晋语》所说："少典娶有蟜氏，生黄帝、炎帝。"（何光岳《炎黄源流史》）

二、黄河文明的承前启后者——黄帝

传说中，中华民族的祖先各自都有发明创造，如有巢氏、燧人氏、伏羲氏、女娲氏等。在中国古代文明的发展中，黄河文明是最有代表性、最具影响力的主体文明。黄河文明的正式兴起，是源于神秘的太极图。大约在 8000 年前左右，正是母系社会的繁荣时代，在黄河流域古龙山（今陇山）的西麓，即在今天的大地湾一带，诞生了一位始创文明的伟大历史人物——伏羲。相传，伏羲在渭水河畔得到了龙龟从古空同山（今马衔山）天池历尽艰辛，沿着奔腾湍急的渭河而下送来的"天生神物"——太极图，此图又被称为"天书龙图"。经过长期地观察研究，伏羲根据太极图而创制了先天八卦，开启了华夏民族的灿烂文明——黄河文明。稍后的人物如神农氏炎帝、轩辕氏黄帝，他们不仅继续发明创造，而且都有"治世"业绩流传下来，从而形成了古史传说系统中的三皇——伏羲、神农、黄帝。

中国自古就是以农业著称的国家，炎帝、黄帝是原始农业发展到转向新阶段的典型代表人物。他们和先民一起改进或发明耕作、收割、加工的石质、木质、骨质、陶质等农具，农作物已有粟、稻、菽、麦及蔬菜等，猪、狗、鸡、牛羊等已进入家庭饲养，渔猎业也有一定发展。工具制造、制陶、纺织、制衣、居屋建造、中草药加工、兵器与乐器制造等手工业生产，均有所发展。原始雕刻、绘画、文字、历法、音乐、歌舞、健身活动、祭祀等，也初步形成。"前人创造的物质和精神文明的总和就是文化。"（张岂之主编《中国传统文化》第 12 页）"炎帝最大的功绩是发展了原始农业，另一个功绩是发明了医药"；"黄帝部落的发明很多，几乎遍及社会生活的一切方面。其中最值得注意的是文字、衣冠和若干社会制

度等的发明。"（张岂之主编《中国传统文化》第22页）

黄帝是母系氏族社会转向父系氏族社会的部落首领，也是由氏族部落转向"部落联盟"的古帝，更是具有开拓进取、革新创造的大勇大智之伟人。（图45）黄帝同伏羲、神农一样，所处时代劳动人民的创造发明，都

图45 轩辕氏黄帝

归功于他名下，是不同阶段社会进步的重要标志。黄帝的创造发明甚多，有的是本人发明的，有的是其臣子发明的，还有先民发明的。钱穆《黄帝》云："黄帝以前，人类虽然已经开始前进，对事物已经有很多发明，但是到了他，似乎有一个时期的激剧发展。在他以前，人类只是应付自然环境，人与人间很少有可以纪念的事情。"（钱穆《黄帝》第14页）对于黄帝的诸多创造发明，鉴于篇幅有限，我们只能从以下几个方面做一略述：

（一）发展农牧业和改善人民生活

传统说法是炎帝为原始农业的代表，黄帝是原始畜牧业的代表，这是从各有侧重所说的。实际上黄帝时代是一个耕、战并重的时期，原始农业、手工业、家庭饲养业等，在炎帝时代的基础上又有较大的发展。《史记·五帝本纪》云：黄帝"艺五种，抚万民。"《集解》："《周礼》曰'谷宜五种。'郑玄曰：'五种，黍、稷、菽、麦、稻也。'"艺五种，就是种植五谷。又云：黄帝教民"按时播百谷草木。"《正义》："言顺四时之所宜而布种百谷草木也。"五谷，为粮食作物的总称或泛称；百谷，为农作物的总称或泛称。《路史·疏仡纪·黄帝》载：黄帝"平春种角谷（即菜豆）"。又云："正夏种芒谷（即小麦及赤豆）、种房谷（麻类作物）"。发明和改进耒耜、铫、耨、规矩等生产工具，提高农业生产效率。他还教民翻土耕种，修水沟灌田或排水。在缺水的干旱地方挖井，灌田或供人畜饮用。《世本》云："黄帝见百物始穿井。"随着水井的发明，先民的居住、生产地域进一步扩大了。

　　黄帝时期是个农牧业并重的时代，一是为了补充人民的食源，仍要辅以采集和狩猎，二是战争需要牛、马、犬等。这就要在以往家畜驯养的基础上，进一步捕捉野生动物杀食或驯养。《易·井》载：黄帝发明了设陷阱捕捉动物的方法。《周易·系辞下》云：黄帝"服牛乘马，引重致远，以利天下。"《史记·五帝本纪》云：黄帝"教熊、罴、貔、貅、貙、虎，以与炎帝战于阪泉之野。"《索隐》："《书》云'如虎如貔'，《尔雅》云'貔，白虎'，《礼》曰'前有挚兽，则载貔貅'是也。《尔雅》又曰'貙獌似狸。'此六者猛兽，可以教战。《周礼》有服不氏，掌教扰猛兽。即古服牛乘马，亦其类也。"《正义》："熊音雄。罴音碑。貔音毗。貅音休。貙音丑于反。罴如熊，黄白色。郭璞云：'貔，执夷，虎属也。'案：言教士卒习战，以猛兽之名名之，用威敌也。"杨东晨先生在《论黄帝治理天下及其创造的文化》中说："虽然以今日理解说，是以野兽为图腾的六个部落，但从中也可多少窥见黄帝时驯服猛兽的情况（或这六种猛兽已被驯服而用于战争）。"

　　黄帝在先民的食源得到保障后，又发明或改进粮食加工方式和饮食器物。《管子·轻重戊》云："黄帝作，钻燧生火，以熟荤臊。民食之无兹胃之病，而天下化之。"燧人氏钻燧取火，是烧烤兽肉。黄帝是用火解决谷物的熟食问题。《周易·系辞下》云：黄帝"断木为杵，掘地为臼，臼杵之利，以济天下。"黄帝还令臣子雍父造加工谷物的杵臼。《太平御览》卷七五引《古史考》云："黄帝始蒸谷为饭，烹谷为粥。"又云："黄帝始造釜（锅）甑（陶罐）。"《云笈七签》卷一百引《轩辕本纪》云："帝作灶"。又云："令孔甲始作盘。"《物原》云："轩辕作碗、碟。几创始自黄帝也。"

（二）制衣裳和筑宫室

　　先民的食物有了保障以后，黄帝又关注其穿衣问题。"衣裳的原料最初是树叶、兽皮，后来有可以编织的纤维，像丝一类的东西。丝是中国最伟大的发现，有史以来就有丝的记载。据说是黄帝之妃西陵氏女，名叫嫘祖的开始养蚕。"（钱穆《黄帝》第4页）衣裳不仅可以使先民保护身体，而且也使社会向文明前进了一步。《周易·系辞下》云："黄帝垂衣裳而天下治。"《世本·作篇》云："黄帝作冕旒（帽子及饰物）。"又云："黄帝臣胡曹作衣、作冕衣。黄帝臣于则作扉履（袜子和鞋）。伯衣做衣裳。黄帝作旆。"唐代杜佑《通典》云："上古穴处衣毛，未有制度。后代以麻易之。先知为上，以制其衣，后知为下，复制其裳。"《中华古今注·舆服》云："华盖，黄帝所作也。"黄帝是麻、丝衣服的改进者、发明者。不言而喻，当时的衣裳还是很简陋和粗朴的。

《周易·系辞下》云："上古穴居而野处。后世圣人易之以宫室，上栋下宇，以待风雨。"《新语》则明确记载说："天下人民，野居穴处，未有室屋，则与野兽同域，于是黄帝乃伐木构材，筑作宫室，上栋下宇，以避风雨。"《白虎通义》云："黄帝作宫室，以避寒暑，此宫室之始也。"《史记·封禅书》载："黄帝时为五城十二楼。"钱穆先生在《黄帝》第25页释曰："原始的人穴居野处，后在树上构木为巢，巢上面加一层掩蔽，以遮风雨，慢慢形成房屋。房屋的样式经过许多变化，发明者传说不一，有的说是黄帝的发明。"又说："汉朝人传有黄帝的明堂图，中间有一殿，四面无壁，上盖茅草，垣墙的周围是水。"黄帝"筑宫室"，一是指黄帝的迁居之城或定都之城，一是指教民修筑居屋。柏杨先生在《黄帝王朝与轩辕》说："轩辕教人建筑房屋，人们遂舍弃树枝树叶，改用泥土或石头，使自己的住所更为坚固实用，而且逐渐成为村庄，再由村庄扩大成为城市。"《正义》云："黄帝之前，未有衣裳屋宇。及黄帝造屋宇，制衣服，营殡葬，万民故免存亡之难。"《路史·后纪五》罗苹注："棺椁之作，自黄帝始。"开始改变无葬具、土埋尸体的落后习俗。

（三）黄帝发明文字

文献记载七八千年前太昊伏羲氏已画八卦和发明文字，历炎帝又有所发展，至黄帝时，汉文字又有所进步。考古发现的河南舞阳贾湖裴李岗文化遗存之龟甲、骨器、石器等契刻符号，有些与殷墟甲骨文相似，距今已8000多年，说明伏羲氏发明文字亦非妄说。仰韶文化遗址发现的陶器刻画符号更多。山东龙山文化陶器上有不少像字的刻画符号。江浙良渚文化陶、玉器刻画符号，亦是如此。相当于黄帝时代的西安市长安区花楼子客省庄二期文化遗址中，发现了刻在兽骨上的十多个符号，一个与殷墟甲骨文的"万"字极相似，一个与殷墟甲骨文的"大"字极相似；河南登封龙山文化遗址中的陶器上之"共"字，山东邹平县丁公龙山文化遗址中陶片上的11字等，"更是最早的文字了。据此可以做出判断：文字在父系社会晚期已经形成了。"（张岂之主编《中国历史·先秦卷》第22页）

《世本》云："黄帝使苍颉作书。"张注引汉《苍颉庙碑》云："苍颉天生，德于大圣，四目灵光。"《荀子·解蔽篇》云："古之造书者众矣，而苍颉独传者一也。"杨树达《读荀子小笺》曰："苍颉，黄帝史官，言古亦有好书者，不如苍颉一于其道，异术不能乱之，故独传也。"此二说是符合历史实际的。因为相传伏羲时已开始"造书"。《三坟》云：伏羲氏"命飞龙氏造六书"。飞龙氏是官职名，任此职者为朱襄氏。少典氏时也造"书契"。苍颉继承"造书"而有所发展。《韩非子·五蠹篇》载："苍颉作书"。《吕氏春秋·君守》云："苍颉作书"。高诱注云："苍颉生而知书，写仿鸟迹以造文章。"钱大昕《说文解字·序》云："仓颉初作书，依类象，故谓之文，其后形声形相益，即谓之字。"

《淮南子·本经训》云："昔者仓颉造字，而天雨粟，鬼夜哭。"刘文典《淮南鸿烈集解》释云：苍颉始视鸟迹之文，造书契，则诈伪萌生。诈伪萌生，则去本趋末，弃耕作之业，而务锥刀之利。天知其将饿，故作雨粟。鬼恐为书文所劫，故夜哭也。鬼或兔，兔恐见取毫作笔，害及其躯，故夜哭。杨东晨先生认为："这一解释十分正确而且清楚。"（杨东晨《黄帝同期人物探寻》）陶方琦云：《意林》引许慎注："仓颉，黄帝史臣也。造文字则诈伪生，故鬼哭也。"苍、仓音同通用，有的文献称苍颉，有的则写作仓颉。何光岳考证："仓颉称作史颉，是因为他始用文字记事，故名。又叫皇颉、颉皇、史皇、仓帝，因其有大功于人类，故被后人尊为皇、为帝。又因发明文字为万古圣人，故又被尊称为仓圣、苍圣。苍颉部落起源于炎帝时，历经黄帝时代，长达千余年之久，与炎黄为亲族，是毫无疑义的。"（何光岳《东夷流源史》第252页）《古今姓氏书辩证》引《周地记》云："苍颉姓侯冈氏，名颉，其后居冯翊衙县（今陕西省白水县），今望出冯翊（今陕西省渭南市所辖地区）。"在今陕西省白水县东北六十里纵目乡彭衙村，春秋时秦国置彭衙邑，汉置衙县。彭衙东南十里有史官镇和史官嘴，两地之间有仓颉庙，武庄村有仓颉墓。

（四）创立部落联盟机构制度

张岂之主编《中国历史·先秦卷》云："黄帝时代，中国史前社会发展取得了伟大成就。黄帝时代开始驯养使用牛马，发明了车船，并学会了打井和养蚕缫丝，战争中开始使用铜制武器。这些是物质文明的飞跃发展。黄帝时代发明了文字，制定出历法和甲子，美术、音乐、舞蹈创作繁荣起来。这些是精神文明的成就。冠冕衣裳的发明则具有物质文明和精神文明双重意义。特别重要的是，中华民族的制度文明发端于黄帝时代。"（张岂之主编《中国历史·先秦卷》第 26 页）中国原始社会自从有了氏族公社，就有了简约的制度或社会公德，至三皇之一的太昊伏羲氏时代，就有了部落机构和"官职"。黄帝时代又有所发展。华夏部落联盟形成后，社会制度和管理人员的配备进一步健全。

从古文献记载看，华夏部落联盟的军事民主首长只有黄帝一人，没有设置"副首长"。《中国史稿》曰："部落联盟由参加联盟的各氏族部落的首领组成联盟议事会。重要事务都要由联盟议事会讨论决定，部落联盟的首领也由议事会推举产生。"（郭沫若主编《中国史稿》第一册第 130 页）可见"议事会"是最高权力机构。与议事会相应的是名誉高、无实权的"帝师团（相当于今之顾问或参谋班子）"。黄帝之下，设左、右大监，当是议事会的两个首领，辅佐黄帝处理联盟大事。依《淮南子·览冥训》："昔者黄帝治天下，而力牧、太山、稽辅之。"可能此二人为左右大监。大监之下设"三公"。《集解》郑玄曰："风后，黄帝三公也。"《正义》案："黄帝仰天地置列侯众官，以风后配上台，天老配中台，五圣配下台，谓之三公。"此与汉代的"三公"大不相同。按《帝王世纪》所说的风后，似乎"三公"是官名，非三种官职之三人。但后世的"三公"之称，当源于黄帝。风后、力牧、常先和大鸿四人又称黄帝之"臣"，官位可能高于"六相"。

《集解》："应劭曰：'黄帝受命，有云瑞，故以云纪事也。春官为青云，夏官为缙云，秋官为白云，冬官为黑云，中官为黄云。'张晏曰：'黄帝有景云之应，因以名师与官。'"从古文献记载看，也不尽是以"云"

名官。"三公"之下设的"六相"又有名称。《管子·五行》载："黄帝得六相而天地治，神明至。蚩尤明乎天道，故使为当时；大常察乎地利，故使为廪者（主管仓廪）；苍龙辩乎东方，故使为土师（即司空，主管手工业生产）；祝融辩乎南方，故使为司徒（主管农业）；大封辩乎西方，故使为司马（主管兵马）；后土辩乎北方，故使为李（主管刑狱）。是故春者工师也，夏者司徒也，秋者司马也，冬者李也。"许顺湛先生释："这一段话清楚地告诉我们，黄帝时代已有了政权机构，天时、仓廪、手工业、农业都有官僚分管，特别是出现了将领和狱官。"（许顺湛《炎黄二帝与根文化》）《帝王世纪》云：黄帝"得力牧于大泽，进以为将"。比"六相"低的"灵台五官"，陶正宁封、木正赤将，"四史官"，亦各有称谓。《拾遗记》载：还"置四史以为主图籍，使九行之士以统万国。九行者：孝、慈、文、信、言、忠、勇、义。以观天地，以祠万灵，亦为九德之臣"。（《拾遗记·轩辕黄帝》）还有羲和、常仪、鬼臾区、伶伦、大桡、隶首、容成、沮涌、苍颉、雍父、挥、夷牟、垂、胡曹、伯衣、于则、史皇等，均未以"云"名官。明确以"云"名官者，是管"四季"和"中官"者。

《路史·疏仡记·黄帝》记载：黄帝时期设二监、三台、四辅、六相、九卿二十四官，共有一百二十名。官员各司其职，分别管理天象、历法、地舆、农业、手工业、法律、军队、刑狱、教化、典籍、礼仪、祭祀等，具体人名和详情今已难知。杨东晨先生在《论黄帝治理天下及其创造的文化》中说："不言而喻，这是后代人不断地据其生活时代所研究得到的，因为有后世官名职责夹杂其中，黄帝时代还不可能有这么完备的政治制度。但在黄帝时代已形成一定的管理系统的结论则是可信的。"《管子·五行》《史记·五帝本纪》《世本·作篇》等古籍，皆对黄帝在各个方面的发明创造做了记述和称颂。先民从生到死，都有生产生活规范、礼仪制度；天事、人事、地事等社会各个方面，都有专人管理。

《淮南子·览冥训》云："昔者黄帝治天下，而力牧、太山、稽辅之。以治日月之行，律阴阳之气；节四时之度，正律历之数；别男女，异雌雄，明上下，等贵贱，使强不掩弱，众不暴寡；人民保命而不夭，岁时熟而不凶；百官正而无私，上下调而无尤（忧）；法令明而不暗，辅佐公而不阿；田者不侵畔，渔者不争隈；道不拾遗，市不豫贾；城郭不关，邑无盗贼；鄙旅之人，相让以财；狗彘吐菽粟于路，而无忿争之心；于是日月精明，星辰不失其行；风雨时节，五谷登熟；虎狼不妄噬，鸷鸟不妄搏；凤皇翔于庭，麒麟游于郊；青龙进驾，飞黄伏皂；诸北儋耳之国，莫不献其贡职。"在这里，黄帝的丰功伟绩一览无余，被表述得淋漓尽致，一幅理想的和谐之大同社会图像。

伏羲、神农时代创始的文明，至黄帝时达到了新的高度。汉代挚虞《赞黄帝》云："黄帝在位，实号轩辕。车以行陆，舟以济川。弧矢之利，弭难消患。垂衣而治，万国乂安。"三国诗人曹植诗曰："少典之子，神明圣咨。土德承火，赤帝是灭。服牛乘马，衣裳是制。氏云名官，功冠五列。"戴逸先生在《研究炎黄文化，建设现代文明》中说："黄帝轩辕氏及其大臣们，发明舟车弓箭，建造宫室，制作衣裳、陶器、乐器，并创造文字。黄帝时代，人类的衣食住行及文字、艺术、武器、用具均有极大的进步，反映了中国远古文化繁荣发展的盛况。"

三、黄帝问道与黄老之学

黄帝同伏羲、神农一样，作为华夏部落联盟的最高军事民主首长，自然要向天下的诸部落施以恩威，巡视民情，关注四方安危。《史记·五帝本纪》载："东至于海，登凡山，及岱宗；西至于空桐，登鸡头；南至于江，登熊、湘；北逐荤粥，合符釜山，而邑于涿鹿之阿。"杨东晨先生在《论黄帝治理天下及其创造的文化》中云："黄帝时的疆域已东至大海，西至昆仑（今甘肃、青海），北至幽陵（今内蒙古南境），南至君山（今湖南）。中心区域是黄河中游、下游及淮河以北地区。"

从《史记·五帝本纪》的记载中可知，黄帝东巡至东海；南巡到长江流域；西至于空桐山（属祁连山脉，在今甘肃酒泉地区南）；北逐荤粥，合符釜山。黄帝一行西巡，不仅只是巡视民情，关注四方安危，而且主要是为了到达西王母女神（应是世代居此的氏族首领，世代沿袭西王母之号）所居的昆仑之丘（今甘肃祁连山），拜会西王母，寻根问祖。与此同时，黄帝一行还祭祀了诸山和诸神，如掌管日月运行时辰的石夷神、守护西海（今青海湖）的弇兹神、昆仑山山神陆吾、昆仑山门神开明兽和护树神离朱、槐江山神英招、三危山（在今甘肃敦煌）神三青鸟、天山（今属新疆）神帝江等，还在"赤水北"看望了化为"青衣旱神"的女儿。这些"神"都是先民对久远氏族首领崇祀的反映。

黄帝一行在拜会西王母的过程中，得知西王母部族数万年前为了寻找龙祖盘古开辟天地的圣地，离开祖籍地乞力马扎罗山，沿着昆仑山西大龙脉进入昆仑山，后又沿着昆仑山东大龙脉终于找到了龙祖盘古开辟天地的圣地——空同山（今甘肃省临洮县与榆中县的界山"马衔山"）。于是，黄帝在向西王母表达了崇高的敬意和对昆仑山的无限敬仰后，结束了这次"济积石，涉流沙，登于昆仑"的西巡，"于是还归中国，以平天下"。（贾谊《新书》）黄帝一行在东返的途中，决定沿着当年西王母部族的足迹，前往龙祖盘古开辟天地的圣地拜祭空同山。

至空同山后，黄帝一行受到了当年留守空同山的空同氏族、混沌氏族的裔族赤松氏族和广成氏族先民的欢迎。赤松氏族是由赤氏→赤水氏族→赤松氏族发展演变而来。关于赤水氏部落的所在地，杨东晨先生考证认为在今甘肃临洮县南。"陇西县（今甘肃临洮县）南，当以赤部落的一支居于该县的赤水河谷而名赤水氏族，后发展为部落首领，称赤水氏。"（杨东晨《论炎帝家族的发展史》）广成氏族是留守于空同山空同氏族的裔族，《古地理史》载："西极广成氏。"已故学者施蛰存先生在 1989 年 6 月答复姚学礼关于广成氏族相关考证时说："广成是原始部落名，和空同族一样都是古代民族部落。"在先民地陪同下，黄帝一行首先来到空同山天池，拜谒龙祖盘古化身——混元老祖，后又分别前往金龙前池和后池拜谒了龙神金龙。在与先民的交谈中，得知居于空同山的广成氏族的酋长广成子，是一位在空同山一带颇有名望、博古通今的（巫）师（西）长。广成子是广成族人，广成是姓。于是，黄帝决定去拜访这位学识渊博、深谙龙祖盘古太极文化核心的师长，也就有了后世关于黄帝在空同之山问道广成子的记载。（图 46）

《庄子·在宥》记载："黄帝立为天子十九年，令行天下，闻广成子在

图46 黄帝问道空同之山

于空同之山，故往见之，曰：'我闻吾子达于至道，敢问至道之精。吾欲取天地之精，以佐五谷，以养民人。吾又欲官阴阳以遂群生，为之奈何？'广成子曰：'而所欲问者，物之质也；而所欲官者，物之残也。自而治天下，云气不待族而雨，草木不待黄而落，日月之光益以荒矣。而佞人之心翦翦者，又奚足以语至道？'黄帝退，捐天下，筑特室，席白茅，闲居三月，复往邀之，广成子南首而卧，黄帝顺下风膝行而进，再拜稽首而问曰：'闻吾子达于至道，敢问，治身奈何而可以长久？'广成子蹶然而起，曰：'善哉问乎！来！吾语女至道。至道之精，窈窈冥冥；至道之极，昏昏默默。无视无听，抱神以静，形将自正。必静必清，无劳女形，无摇女精，乃可以长生。目无所见，耳无所闻，心无所知，女神将守形，形乃长生。慎女内，闭女外，多知为败。我为女遂于大明之上矣，至彼至阳之原也；为女入于窈冥之门矣，至彼至阴之原也。天地有官，阴阳有藏。慎守女身，物将自壮。我守其一，以处其和，故我修身千二百岁矣，吾形未常衰。'黄帝再拜稽首曰：'广成子之谓天矣！'广成子曰：'来，余语女。彼其物无穷，而人皆以为有终；彼其物无测，而人皆以为有极。得吾道者，上为皇而下为王；失吾道者，上见光而下为土。今夫百昌皆生于土而反于土。故余将去女，入无穷之门，以游无极之野。吾与日月参光，吾与天地为常。当我缗乎，远我缗乎！人其尽死，而我独存乎！'"

庄子在《在宥》篇中是说，黄帝做了十九年天子，诏令通行天下，听说广成子居住在空同山上，特意前往拜见他，说："我听说先生已经通晓至道，冒昧地请教至道的精华。我一心想获取天地的灵气，用来帮助五谷生长，用来养育百姓。我又希望能主宰阴阳，从而使众多生灵遂心地成长，对此我将怎么办？"广成子回答说："你所想问的，是万事万物的根本；你所想主宰的，是万事万物的残留。自从你治理天下，天上的云气不等到聚集就下起雨来，地上的草木不等到枯黄就飘落凋零，太阳和月亮的光亮也渐渐地晦暗下来。然而谗谄的小人心地是那么偏狭和恶劣，又怎么能够谈论大道！"黄帝听了这一席话便退了回来，弃置朝政，筑起清心寡欲的静室，铺着洁白的茅草，谢绝交往独居三月，再次前往求教。

　　广成子头朝南地躺着，黄帝则顺着下方，双膝着地匍匐向前，叩头着地行了大礼后问道："听说先生已经通晓至道，冒昧地请教，修养自身怎么样才能活得长久？"广成子急速地挺身而起，说："问得好啊！来，我告诉给你至道。至道的精髓，幽深邈远；至道的至极，晦暗沉寂。什么也不看什么也不听，持守精神保持宁静，形体自然顺应正道。一定要保持宁寂和清静，不要使身形疲累劳苦，不要使精神动荡恍惚，这样就可以长生。眼睛什么也没看见，耳朵什么也没听到，内心什么也不知晓，这样你的精神定能持守你的形体，形体也就长生。小心谨慎地摒除一切思虑，封闭起对外的一切感官，智巧太盛定然招致败亡。我帮助你达到最光明的境地，直达那阳气的本原。我帮助你进入到幽深渺远的大门，直达那阴气的本原。天和地都各有主宰，阴和阳都各有府藏，谨慎地守护你的身形，万物将会自然地成长。我持守着浑一的大道而又处于阴阳二气调谐的境界，所以我修身至今已经一千二百年，而我的身形还从不曾有过衰老。"黄帝再次行了大礼叩头至地说："先生真可说是跟自然混而为一了！"

　　广成子又说："来，我告诉你。宇宙间的事物是没有穷尽的，然而人们却认为有个尽头；宇宙间的事物是不可能探测的，然而人们却认为有个极限。掌握了我所说的道的人，在上可以成为皇帝，在下可以成为王侯；不能掌握我所说的道的人，在上只能见到日月的光亮，在下只能化为土块。如今万物昌盛可都生于土地又返归土地，所以我将离你而去，进入那没有穷尽的大门，从而遨游于没有极限的原野。我将与日月同光，我将与天地共存。向着我而来，我无所觉察！背着我而去，我无所在意！人们恐怕都要死去，而我还独自留下来吗?"

根据《庄子·在宥》所载，黄帝先询问治国之道，广成子予以训诫。其后黄帝历经三个月修身养性，再往拜访，请教治身之道，便有了后世广为流传的广成子对于"至道"的精辟论述。黄帝悟性很高，回去之后便勤劳焦思，忧国忧民，选贤任能，励精图治。在一批能人地帮助下，造宫室、舟船、弓箭，创天文、历法、书契，等等。嫘祖教民养蚕缫丝，黄帝还根据自己的经验，写出一部医书《内经》，后世称为《黄帝内经》。黄帝问道广成子的传说最早见于《庄子·在宥》，其后在《神仙传》、《广黄帝本行纪》、《仙苑编珠》、《三洞群仙录》、《历世真仙体道通鉴》和《逍遥墟经》等均有所载。黄帝问道说明黄帝为人民为治国而虚心求教，问治国之道，造福人民之道。

古之空同山不仅是黄帝的"问道"之地，而且也是黄帝的"飞升"之地。相传，在空同山的北麓有座云盘山，那里曾经是轩辕黄帝羽化升天的地方。人们为了祭奠黄帝，决定在云盘山建道观，不料夜间有神狐将五色道旗衔至今马衔山支脉兴隆山（由马衔山的两条支脉形成），于是就易地而建。这样就有了建于栖云主峰的混元阁、朝云观、雷祖殿等殿阁；建于兴龙峰的二仙台、太白泉、大佛殿、喜松亭、滴泪亭等。无独有偶，在黄帝飞升两千多年后，老子在空同山南麓的今岳麓山得道飞升。《庄子·大宗师》："夫道……黄帝得之，以登云天。"这就是说，黄帝得道，升天成仙了。因为，黄帝与老子都先后飞升于太极的中心——古之空同山，所以古圣贤们认为黄帝学说与老子学说是一脉相承，将他们的学说称为"黄老之学"。

黄帝学说是以黄帝与颛顼之道为基础，综罗百代，博大精微。在以黄帝书为载体的黄帝学说中，包含着黄帝原始学说。目前所掌握的最为可靠的黄帝原始文献，即《黄帝铭》之《金人铭》。以《金人铭》为代表的黄帝原始学说，是黄帝学说和黄帝学派的逻辑核心。在黄帝书中，《金人铭》与上博楚简《三德》、马王堆汉墓帛书《黄帝四经》、《黄帝内经》组成了完整的文献链条，且黄帝书具有统一的话语系统和逻辑与思想体系。

目前所知黄帝与颛顼之道的最早文献是商代的《丹书》，《竹书纪年》

载："西伯发受《丹书》于吕尚。"《丹书》的内容见于武王实录《大戴礼记·武王践阼》，《丹书》所载内容亦见于黄帝《金人铭》、《黄帝四经》、上博楚简《三德》，这从文献上肯定了黄帝与颛顼之道在商代就已存在。论证黄帝学说的古老性、独立性和真实性，最关键的在于要处理好黄帝书与《老子》一书的关系问题。

《金人铭》是黄帝学说的第二个文献证据，《金人铭》明确早于老子和孔子。据《孔子家语·观周》《说苑·敬慎》记载，孔子从周太庙铜人背上亲自抄录下《金人铭》。《金人铭》是《老子》一书的知识背景和理论中心，老子曰："人之所教，我亦教之，'强梁者不得其死'，吾将以为教父。"《太公金匮》载："太公曰：黄帝云：'余在民上，摇摇恐夕不至朝。'故金人三缄其口，慎言语也。"《太公金匮》及《丹书》均明确指出："《金人铭》系黄帝所作，从其口语特征和思想内容来看，《金人铭》是我们目前所掌握的轩辕黄帝最为可靠之原始文献。"（段振坤《黄帝学说与和谐社会的建设和中国文化的复兴》）

《三坟》是黄帝书的重要文献之一。《左传·昭公十二年》载："左史倚相趋过，王曰：'是良史也，子善视之！是能读《三坟》《五典》《八索》《九丘》。'"这是楚灵王十一年东征伐徐，楚灵王对右尹子革说的话。楚灵王十一年是公元前530年周景王十五年，老聃生于前580年前后，卒于前500年前后，是周景王和周敬王时期的史官，与左史倚相是同时代的人物，老聃作为周天子的史官，应当比左史倚相更熟悉《三坟》《五典》《八索》《九丘》。孔颖达《尚书序》对《三坟》《五典》《八索》《九丘》有一个很好的解释："伏羲、神农、黄帝之书，谓之《三坟》，言大道也。少昊、颛顼、高辛、唐、虞之书，谓之《五典》，言常道也。""八卦之说，谓之《八索》，求其义也。九州岛之志，谓之《九丘》。"

中国文化的本源是《易经》，它在时间上经历了伏羲、神农、黄帝、夏、商、周、春秋。相传在上古时，伏羲氏创造了先天八卦，也叫先天易；神农氏创造了连山八卦，也叫连山易；轩辕氏创造了归藏八卦，也叫归藏易。《玉海》引《山海经》证之："伏羲得河图，夏人因之，曰《连山》；黄帝得河图，商人因之，曰《归藏》；列山氏得河图，周人因之，曰

《周易》。"郑玄《易赞》、《易论》有"夏曰《连山》，殷曰《归藏》，周曰《周易》。"新石器时代考古已经明确证实了黄帝《归藏》的存在。距今5600年的安徽省含山县凌家滩遗址，出土了一套玉龟和玉版，玉版的内容被陈久金、张敬国先生认为是《归藏》之河图洛书，此即《归藏（龟藏）》的直接物证。与黄帝文化相对应的庙底沟文化，其彩陶纹饰刻意表现为地纹或阴纹旋纹图案，覆盖了中国史前全部较为发达的地区，王仁湘先生认为这说明在黄帝时代已经具有一个共有的原始宇宙观体系，这个原始宇宙观体系就是《归藏》。

黄帝《归藏》是自伏羲以来华夏文化的首次系统总结，是母系文化的结晶。东汉杜子春云："《归藏》，黄帝易。"我们今天看到的传本《归藏》由七部分组成，即《初经》、《六十四卦》、《十二辟卦》、《齐母经》、《郑母经》、《本蓍篇》、《启筮篇》。黄帝《金人铭》"执雌持下"原则，表达了《归藏》中尊母归阴的基本精神。魏源《老子本义》说"老子道太古道，书太古书也"。张尔田《史微》说："老聃乃以守藏史述黄帝上古之言，著道德五千言。"《老子》是《三坟》之精髓，系黄帝书之精华，李树菁先生认为《老子》是《归藏》之《易传》。而《周易》以《归藏》为基础，把坤乾颠覆为乾坤，标志父系文化登上了中国历史舞台。

中国学术源于官学，为史官职权。清末学者张尔田在《史微》中说："中国文明开自黄帝，黄帝正名百物，始立百官，官各有史，史世其职，以贰于太史。太史者，天子之史也。"儒家出于司徒之官，道家出于史官，阴阳家出于羲和之官，法家出于理官，名家出于礼官，墨家出于清庙之守，纵横家出于行人之官，杂家出于议官，农家出于农稷之官，小说家出于稗官，兵家出于司马之职，医家出于王官一守。掌三皇五帝书的太史，则总领百官，由此可见诸子皆出于以黄帝学说为代表的先王之道。

黄帝时即有史官，黄帝学说为历代史官所传，是中国历史上耗时最长、参与人员最多的一门学问，是名副其实的集体智慧的结晶。司马迁说"百家言黄帝"，黄帝为"学者所共术"，黄帝学说是先秦诸子共同的知识背景。早在商代，伊尹、太公、辛甲、鬻熊即以黄帝学说为知识背景。黄帝学说包容百家，启迪诸子，"其为术也，因阴阳之大顺，采儒墨之善，撮名法之要。"（司马谈）为诸子之母。

黄帝学说构成了一个完整的文献链条，它有一以贯之的逻辑体系和独家的话语系统，说明黄帝学说源远流长。最早记载黄帝学说的书籍是《左传》所载的《三坟》，其次是考古已验证的《归藏》，第三是《竹书纪年》和《大戴礼记·武王践阼》所载的《丹书》，第四是黄帝六铭之一的《金人铭》，第五是上博楚简《三德》，第六是马王堆汉墓帛书《黄帝四经》，第七是《黄帝内经》，组成了《三坟》→《归藏》→《竹书纪年》→《丹书》→《金人铭》→《三德》→《黄帝四经》→《黄帝内经》的文献链条。

早期传承黄帝学说的代表人物包括商汤时的伊尹，有《伊尹》51 篇，今存《九主》一篇；商末周初的吕望，有《太公》237 篇，今存《六韬》等；周初太史辛甲，有《辛甲》29 篇；周文王之师鬻熊，有《鬻子》22 篇。春秋时期，传承黄帝学说的代表人物有齐桓公相管子，后人辑有《管子》86 篇；周守藏室之史老聃，"黄帝之道，老子言之"。辑录有道学言论《道德经》一书；老子弟子文子，著有《文子》9 篇。传承黄帝学说的重镇是鬻熊的封地楚国，"楚之先祖出自帝颛顼高阳。高阳者，黄帝之孙，昌意之子也"。（段振坤《复兴黄帝学说》）

春秋末期，老子站在历史的高度对现实社会进行反思，写成了《道德经》一书，标志着道家学派从此诞生。而他的思想传人，有的继承了他批判和超越的精神，形成了老庄学派；有的继承了他贵生重生的思想，形成了杨朱学派；有的继承了他经世致用的理念，形成了黄老学派。其中黄老学派契合了治国安邦的时代潮流，受到了诸侯们的青睐，逐渐成了当时道家思想的主流。

在《道德经》诞生前后，发生了吴越争霸的事件，本来弱小的越国，在范蠡等人地帮助下，制定了休养生息的政策，经过十年生聚最后取得了全胜。在此基础上，一部划时代的著作——《黄老帛书》出现，成了黄老道家的经典著作。此后，黄老道家分别以齐楚为中心，形成了南北两个关系紧密相互影响的支系。而其中最有影响的是稷下黄老道家，它与齐国的稷下学宫有密切的关系。

田氏代齐后，为了摆脱篡逆的指责，也为了笼络人才、巩固政权，便创立了稷下学宫，并四处延揽人才，不久就出现了诸子驰说、百家争鸣的盛况。而在稷下学宫诸子百家中，人数最多、势力最强、著作最丰、影响最大的当属稷下黄老道家，可以说是"黄老独盛，压倒百家"。其代表人物是彭蒙、慎到、田骈、捷子、环渊、宋钘、尹文等，他们作了除已经佚失的《田子》《蜎子》《宋子》之外，还有留存的《慎子》《尹文子》，以及与黄老道家关系密切的鸿篇巨制——《管子》。齐国统治者也基本上按照黄老道家思想治国，成了战国七雄中最富强的国家之一。

1973年长沙马王堆3号汉墓出土的《老子》乙本卷前有《经法》《十六经》《称》《道原》4篇古佚书，共一万一千多字。唐兰《马王堆出土〈老子〉乙本卷前佚书的研究》一文中认为，这4篇古佚书就是《汉书·艺文志》里所说的《黄帝四经》（《考古学报》1975年第一期），这4篇古佚书与《老子》合在一起，应是黄老之学的主要经典之一。据《史记·乐毅列传》介绍汉初治黄老之学的有名学者盖公的师承关系，一直上溯到战国中期赵国的河上丈人。因此，有人推测，《黄老帛书》的作者即是河上丈人。又有人认为河上丈人是齐闵王后期稷下诸子各分散时，隐居在齐之高密一带的稷下黄老学者。

稷下道家学派继承了原始道家思想，主张不累于俗，不滞于物，见侮不辱，欲寡情浅。提出齐万物以为道，顺乎自然，不顾于虑，不谋于智，于物无择，与之俱往，并把黄帝与老子相并称。黄帝与老子同尊祖师的根源也是从庄子的文章里宣传出来的。《庄子·大宗师》就说黄帝得道，升天成仙了；《在宥》篇中有广成子向黄帝传授"至道"。黄老之学的特点是黄老学派推崇黄帝，在稷下学宫黄老学派地推动下黄帝传说在战国大行其道。

黄老之学是黄帝学派和老子学派的合称，除老庄之学外道家的最大分支，学派思想尚阳重刚，战国中期到秦汉之际，黄老道家思想极为流行，其既有丰富的理论性，又有强烈的现实感。该流派尊传说中的黄帝和老子为创始人。作为一种哲学思想，黄老之术形成于东周战国时代。但是，作为一种广为流传的社会思潮，则是在齐国稷下与魏国时期，这一派的代表们尊崇黄帝和老子的思想，以道家思想为主并且采纳了阴阳、儒、法、墨等学派的观点。

黄老之学兼容并包，认为"贵清静而民自定"。主张君主治国"无为而治"，掌握政治要领即可，因势利导不要做过多的干涉。还主张"省苛事，薄赋敛，毋夺民时"。这些主张受到汉初统治者的赞赏。汉初主要大臣萧何、曹参、陈平等"好黄老之学"，施"无为之政"，当时恢复了经济，出现了"文景之治"的繁荣局面。

数千万年前，由金龙率领翼龙族众营造出的三大干龙汇聚于马衔山，形成"马衔立柱鼎天心"的雄威大势，马衔山从此成为华夏民族的龙脉祖山，马衔山有着深厚的文化蕴意。如何开拓马衔山的文化，打造"马衔文化"平台，挖掘出"马衔文化"的精髓——中华文化的根文化——龙文化，缔造出龙威圣驾，塑造出人文始祖和老子先德的文化，树立起马衔山的雄姿。《金龙训言》曰：

> 龙的精神，龙的传人，龙的文化，普天有日，大地生荣。……开拓马衔，人文始祖，众神配合，人人协助，缔造出龙威圣驾，挖掘出马衔的精髓。众德的弟子，齐手相和，开拓于马衔的文化，塑造出人文始祖和老子先德的文化……吾金龙回顾马衔之事，千百年来沉卧仰久，今日与同门大德的凡民握手相牵，共登马衔，愿今日弟子洗去往日的污垢，撑起道德的善良，塑造出中华精品文化之精，挖掘出老子五千言词文化的精气精神。

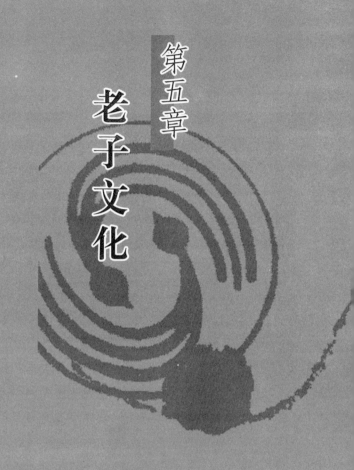

第五章

老子文化

第五章

老子文化

　　老子，姓李，名耳，字伯阳，又称老聃。春秋楚国苦县人，为中国先秦哲学家和思想家，是道家文化的创始人。老子的著作——《道德经》博大精深，震古烁今，被公认为世界上最古老的哲学经典。其内容重在详尽论述作为宇宙本体永恒存在的天地万物之源，运动不息而对立转化的规律和法则——天道，并将这种天道用以关照人道，指导治国和修身，直面现实社会，涉及宇宙、自然、社会、人生。

一、老子出关

　　老子是一个谜。作为一个思想家，他的《道德经》五千言，言之凿凿地摆在我们面前。除传世的纸本外，1973年冬湖南长沙马王堆三号汉墓出土的帛书《老子》甲、乙本，距今两千余年，乃汉初版本；1993年冬湖北荆门郭店一号楚墓出土的郭店竹简，共分甲、乙、丙三组，距今时间更久。所以，相信还将会有更早的《老子》版本出土问世。但是，老子作为一个具体的人却云遮雾罩，有关他的生平事迹已难详考，生卒年至今也未能确定。在谈到老子文化与马衔山的关系时，《金龙训言》阐述道：

　　　　天地动玄人可贵，老子文化真品味。
　　　　百千年来人文尊，世间良态大接轨。
　　　　挖掘老子言词论，中华精品三方同。
　　　　人间得知五千言，文学界中议论纷。
　　　　国宗国民各议论，未完成章理会通。
　　　　言谈举止方大求，草率过目人不同。

只谈表面言词文，未把精奥同悟出。

道一道法入古道，为何道首同天论？

行天表得人文助，其中言明一半成。

同好得文只一论，只缺理词未讲通。

马衔长脉记长文，这是马衔一奇观。

马衔长脉吾龙脉，里去奥通文化范。

论到大同为凡民，论到人文教化生。

论到天道谁理论，论到当今划向好。

世家言词总会知，需等马衔揭谜时。

　　《金龙训言》中"需等马衔揭谜时"之"谜"，是指老子西出函谷关后不知所终这一千古之谜。留给后世的这一千古之谜中，主要有二大谜点：其一是老子的飞升地？其二是老子葬于何处？

　　要探究和解开以上两大主要谜点，首先必须要了解老子他为什么要西出函谷关而行？司马迁在《史记》中道出了其主要缘由："老子，隐君子。"隐君子，或称隐士、隐者。隐姓埋名，不使外人知道他们的行踪，退居乡野，或凿岩穴居，不出来做官。"隐居以求其志"。隐士的定义，众说不一。可以认为，他们是一批有文化有知识的人，以追求学问为乐趣，而不肯为当政者无原则地效力；他们并不是消极避世，而是采用一种旁敲侧击的讽喻形式，对现实社会施加影响。通常并不强迫世人接受自己的观点，更反对用暴力将自己的观点强加于人。其实，自古以来我国的士大夫与失意文人就有隐居山林的传统。如许由、伯夷、叔齐等。隐士的生活，大多清苦，然亦有其乐。这种乐趣，不同于权势之乐、富贵之乐、名声之乐；那是一种自然之乐、随心之乐、求索之乐。这些隐居之人，远离尘世，摆脱了政治的羁绊、世人的干扰，又得山川之灵气，受日月之光华，因此往往能够延年益寿，还能提出一些与世人不同的独到见解。于是人们往往称他们为贤人甚至仙人，受到社会的崇拜乃至朝廷的尊崇，成为我国古代的一种风尚。春秋之际，隐士居多，差不多形成了一种独特的隐士文化。

老子为什么要在自己的后半生选择隐士生活呢？因为，东周时期，周平王东迁洛邑以后，领地由原来的一千余里缩为六百里，且因赐予诸侯，被诸侯抢夺、戎族攻占和给王侯公卿大夫做采邑，日趋减少，方圆只有约一二百里。政治上诸侯不听周天子的命令，诸侯召天子，招之即来，天子成了傀儡，依附于大诸侯。国家军队由原来的"八师"十四万人减少到不足一个大诸侯三军三万人和小诸侯两军两万人。经济上，王室的朝聘贡献这个主要来源几乎断绝，相反周天子有事还要向诸侯屈躬下求。平王去世后，继位的桓王曾向鲁国国君乞求财物办丧事。特别是周景王、敬王在位的六十九年，王室内部发生了嫡庶子之间争夺王位的长期激烈斗争。

公元前520年周景王死后，周王室在继位问题上发生内战，周景王的庶长子王子朝占据王城（洛阳）数年，周景王的嫡次子王子丐（后被立为周敬王）避居泽邑。公元前516年秋冬之际，晋顷公出兵支持王子丐复位，此举得到中原各诸侯国的响应。王子朝遂携周室典籍，还有包括九鼎在内的大量周王室青铜礼器投奔楚国，此事被记录在《左传·昭公二十六年》和《史记》等书中。据《左传·定公五年》记载："五年春，王人杀子朝于楚。"事件发生在公元前505年，但未言及事由和地点。推测此事与周敬王追索周室典籍有关，而王子朝以死拒绝交出典籍。与此同时，老子可能因参与秘藏周室典籍之事，辞职隐居直至终老。事实上，周敬王在位长达44年（死于公元前476年），在此期间，老子是不可能再回到周王室图书馆藏室任职的。

老子骑青牛西出函谷关后就进入秦地，（图47）古之秦地指秦国所辖的地域。《战国策·秦策一序》："苏张说，外自弘农故关以西、京兆（古都西安）、扶风（陕西省中西部）、冯翊（治所长安）、北地（治在今甘肃庆

图47 老子西出函谷关

阳市西南)、上郡(治在今陕西榆林市南)、西河(黄河以西的地区)、安定(治高平县,今宁夏固原县)、天水、陇西(治狄道县)皆秦地。"《庄子·寓言》记载老子对秦国有过一次游历,此去秦地绝非贸然前往。秦之先,居今甘肃礼县地,亦帝颛顼之苗裔,地处中原之西,在周平王东迁以后才发展起来。秦的祖先非子善于养马,得到周孝王的赏识,赐给他一小块土地,地名秦(今甘肃清水),处在戎狄中间。孝王赐非子姓嬴,称为嬴秦。到周室东迁时,秦襄公曾派兵护送,平王封他为侯,许以收复关中失地即归其所有。经历代开疆拓土,至秦穆公时强大起来,用由余之谋,先后灭掉12个戎人国家,开地千里,称霸西戎,与晋、齐、楚并列为大国。比之晋、齐、楚国,秦国社会安定,长期无战争,爱人治国,劝励农耕;往来民众,豪爽热情,不拘礼仪,甚易相处。在秦地古风犹存,颇多圣迹,古龙首之山、伏羲诞生地、黄帝陵、仓颉墓、周公庙、空同山(今马衔山)、鸟鼠同穴山等。老子上次西游于秦,对秦地风情有所知晓,这就是老子"见周之衰"选择归隐于秦地的缘由。

老子将归隐地选择秦地这块风水宝地还有两个更重要的目的:一是其要寻"远祖根";二是要访"圣迹"。

在秦地这块风水宝地上,有一座穿越今甘肃、宁夏、陕西三省的山脉,它的名字叫龙山(今陇山),古又称为"龙首之山"。《山海经·西次二经》载:"(女床山)又西二百里,曰龙首之山,其阳多黄金,其阴多铁。苕水出焉,东南流注于泾水,其中多美玉。"龙山,又名"大陇山"、"六盘山"等,地处宁夏和甘肃南部、陕西西部,位于西安、银川、兰州三省会城市所形成的三角地带中心。陇山由"大陇山"、"小陇山"南北两个部分组成,山体大致为南北走向的狭长山地,南延至陕西省西端宝鸡以北,止于汧渭之会。北经西吉县与海原县界山的月亮山,过甘肃靖远莲台山、哈思山越于黄河与祁连山(昆仑山东大龙脉)支脉——寿鹿山相接。是陕北黄土高原和陇西黄土高原的界山,及渭河与泾河的分水岭,曲折险峻。这一地区位于黄河上游,是黄土高原上的一片绿洲,具有丰富的人文背景。"陇山"其实就是古代"龙山"的谐音,是华夏人文始祖伏羲、女娲的故乡,是中华龙文化的诞生地。

陇山两翼主体面积达数万平方千米，加上延伸至甘肃、宁夏、陕西等地的附属丘陵地带，面积达十几万平方千米，这一巨龙区域得天独厚。（图48）由于陇山造成的小气候，山脉附近几万平方千米的土地至今气候宜人，夏天湿润凉爽，甚至得穿厚衣，是黄土高原上最适合避暑的地方。这样的自然环境，为远古的华夏民族提供了发展繁衍的良好场所。中国古史传说中的三皇

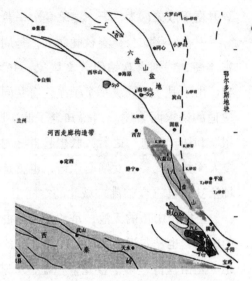

图48　陇山山脉与六盘山盆地构造纲要图

都诞生于这一区域，伏羲氏、女娲氏、神农氏、轩辕氏先后在这一区域创造了中华远古文明。陇山山脉之西的成纪（今甘肃天水）诞生了华夏人文始祖伏羲，女娲诞生于陇山老龙潭之南，伏羲、女娲在这里繁衍养育了众多的华夏儿女。中华龙文化协会主席团副主席乔俊峰先生说："根据专家们对历史的研究，六盘山伏羲文化圈也就是陇山文化圈，包括今天宁夏南部、甘肃东部和陕西西部的许多市县，而位于三省区交界的六盘山脉就是中国人文始祖伏羲和女娲的故里。"2500多年前，老子归隐秦地的目的之一就是寻找"远祖根"。

老子出函谷关西行的另一主要目的就是访"圣迹"。老子寻访的"圣迹"主要有两个方面：一是龙祖盘古开天辟地营造山川大地时，留下的天下中心——太极中心，也就是"龙祖盘古"在大地的仙居圣地——古空同山；二是被古人誉为天下龙脉祖山——昆仑山。老子西行出函谷关，遇关令尹喜说："您就要隐居了，请勉为其难为我们写本书吧。"当时老子就写了一本书，分上下篇，约五千字，从而留下了一部被公认为是世界上最古老的哲学经典——《道德经》。司马迁《史记·卷六十三》载："至关，关令尹喜曰：'子将隐矣，强为我著书。'于是老子乃著书上下篇，言道德之意五千余言而去。"东晋葛洪著《抱朴子》有云："老子西游，遇关

令尹喜于散关，为喜著《道德经》一卷，谓之《老子》。"

尹喜，字文公，春秋陇西人，是周朝的大夫，曾任函谷关令。尹喜学富才高，特别喜欢钻研天文星象，并以此来探究人间福祸，推测世道变异。由于尹、老同属一个学派，有共同的渊源，交谊甚笃，否则老子不会应他的请求而著述。当得知老子此次归隐秦地的主要目的是要寻"远祖根"和访"圣迹"之后，联想起自己的家乡陇西郡地处龙山之西，正是华夏人文始祖伏羲、女娲诞生地，也就是老子要寻的"远祖根"之地。陇西郡治狄道县（今临洮）城北的空同山，自古以来就流传着两大美丽传说：一、空同山山顶的天池，是"龙祖盘古"开天辟地时大地的中心——太极的中心，也是龙祖在大地的仙居之处，龙祖乘仙鹤出入其间；二、空同山是"龙祖盘古"弟子金龙，在盘古大陆分裂前，于8360万年前开始，历经1730万年，营造出中国的三大干龙汇聚于此，西接昆仑山东大龙脉，被誉为"华夏龙脉宝山"。因此，尹喜异常高兴，决定"去吏而从之"，与老子相伴西行。《汉书·艺文志》载：老子西行"喜去吏而从之"。

老子在尹喜地伴随下进入秦地。过陇山，经上邽（今清水），游邽县（今天水）寻"远祖根"后，沿渭河继续西行经冀县（今甘谷）、獂道（今武山）、襄武（今陇西）、首阳（今渭源）至陇西郡治狄道县。老子在狄道查阅了当地官方史志，并与尹喜一同走访民间史家名人，采集关于狄道空同山历史传说的相关资料。从收搜到的资料分析，老子初步认定狄道空同山就是他要寻访的"圣迹"。于是，老子决定亲临空同山实地勘察，当老子一行登上空同山顶之后，举目眺望，只见"山高远望莲花瓣，苍苍青山古长源。北方云高在眼前，重岸叠章非凡山；东方抬头莲花座，一马平阳看山川；南山升起太阳宫，日有慧光太极中；西方之山真好看，正是驼背寿笔山。"老子观后欣喜万分，不由叹曰："今日登山等千年，终有圣迹展眼前。"遂带领一行人员前往空同山（今马衔山）天池拜谒龙祖盘古化身——混元老祖。随后，又游览了围绕于天池闪金光的金龙前池与后池，总称为"金龙池"。

马衔山山脉是由中国的三大干龙汇聚于此而成。三大龙脉三条龙，"盘踞一起口吐水"形成了古之马衔山的天池、金龙前池与后池。因马衔山连接于昆仑山通向中国的东大龙脉，昆仑山东大龙脉又通过中国的三大干龙延伸至九州大地。由此，老子萌生了前往天下龙脉祖山昆仑山探秘的想法，在征得尹喜等人的同意后，决定又西行流沙（今居延海），探秘昆仑。《汉书·艺文志》载：老子西行"喜去吏而从之"，且"俱之游流沙之西"。陕西昭陵博物馆藏《临川郡公主墓志铭》称："真人（即老子）播迹于流沙。"是老子寻访过居延流沙的确证。

那么，老子探秘昆仑为何要选择直奔流沙？这可能与周穆王西巡狩有关。因为老子做过周朝王室管理藏书的史官，他根据史料了解到，三百多年前周穆王西巡狩时到达了昆仑山脚下的流沙。周穆王原是个雄心勃勃的旅行家，有史载为证。《左传》谓其"欲肆其心，周行天下。"而使天下的道路都印上自己的车辙、马迹。《史记·秦本纪》记："造父善御，得八骏，穆王使驾而西巡狩……"《史记·赵世家》又进一步说："见西王母，乐之忘归。"可见《穆天子传》中关于周穆王架着他的八匹神骏马车，一路西行，来到昆仑山脚下，见到了一个披着虎皮的西王母。且受到了西王母的隆重欢迎和款待，还送了周穆王一车价值连城的宝玉。这段佳话，绝非无本之木，周穆王之西游，正是西周盛时影响波及西域的反映。

相传昆仑山的仙主是西王母，居住于昆仑山瑶池。在道教神话中，西王母是女仙的首领，主宰阴气。是生育万物的创世女神，也是上古神话中的一位至高无上的女神。西王母的称谓，始见于《山海经》，因所居昆仑丘（昆仑山），故称西王母。据《山海经·大荒西经》的描述，西王母是这样一位女神："昆仑之丘。有神，人面虎身，有文有尾，皆白。"这一记载是说，西王母是一位白虎之神。（图49）《山海经·西次三经》中又说："西王母其状如人，豹尾虎齿而善啸，蓬发戴胜，是司天之厉及五残。"《山海经·大荒西经》曰："有人戴胜，虎齿，有豹尾，穴处，名曰西王母。"这就是说，西王母有一条像"豹"那样弯曲上翘的尾巴，有锐利如虎的牙齿，非常善于吼叫，有直耸的头发，头上戴有一块奇怪的"胜"物，是司杀的"厉"神及"五残"。这里的"厉"是指灾祸、瘟疫；"五残"：星名，古代以为是凶星，这里指残杀。令人奇怪的是，如果从以上论述看，西王母应该是一位很凶恶的妖神，但事实上，在秦汉传说中，她

图 49 泾川王母官石窟人面虎身雕像

却是一位赐人福寿和赐人子孙的幸福之神。汉代书中及铜镜铭文中常有这样的吉祥语：

> 西逢王母，慈我九子。（《焦氏易林》卷十三）
> 相对欢喜，王孙万户，家蒙福祉。（同上）
> 王母祝祷，祸不成矣。（《焦氏易林》卷四）
> 西见王母，拜请百福。（《焦氏易林》卷九）
> 赐我喜子，乐乐富有。（同上）

周穆王之西游所到的昆仑山脚下是在新疆的南部还是祁连山？有很多的记载，古人都曾把祁连山视为昆仑山。把祁连山视为昆仑还是有一定根据的，这是因为古人把喀喇昆仑山脉称为"西昆仑"，将祁连山称为"东昆仑"。居延海（古流沙）是中国第二大内陆河黑河的尾闾湖。发源于祁连山深处的黑河，流经青海、甘肃、内蒙古三省区 800 余千米后，汇入巴丹吉林沙漠西北缘两片戈壁洼地，形成东西两大湖泊，总称居延海。这就是说祁连山的雪水是滋润着整个居延海地区万物生长的源头。另外，西周时代，无论是道路、交通工具，还是边疆的民族关系等，都无法使这位穆天子穿越天山到达荒远的昆仑山。也就是说，周穆王一路西行，也许并没有走那么远，而西王母和周穆王相会的地方就是在祁连山脚下。

老子一行从狄道出发，过金城关，经令居（今永登）、至凉州（今武威）后达流沙。（图50）古之流沙位于今内蒙古自治区阿拉善盟额济纳旗北部的居延海，形状狭长弯曲，犹如新月，早在三千年以前，居延地区就是一个水草丰美、牛羊遍地的游牧民族的"天堂"。居延是匈奴语，《水经注》中将其译为弱水流沙。老子一行抵达流沙后，才得知这里只是当年西王母和周穆王相会的地方，并不是昆仑山的所在地，被古人称为昆仑山的祁连山还在流沙的南边。于是，老子一行又经艰难跋涉来到流沙西南的昆仑山

图50　古之流沙（今居延海)

（今祁连山，古称东昆仑山）脚下的敦煌。夏、商、周时，敦煌属古瓜州的范围，有三苗的后裔，当时叫羌戎族的在此地游牧定居。老子到达敦煌后，再也无力继续前行探秘了，至此，老子一行返回狄道。

老子出函谷关西行的历史，历代典籍都有相关记载及论述。《庄子·寓言》称："阳子居南之沛，老子西游于秦。邀于郊，至于梁而遇老子。老子中道仰天而叹曰：'始以汝为可教，今不可也。'阳子居不答。"梁，古周时诸侯国，与甘肃境内的古秦地似为一回事。《史记》正文末《索隐述赞》云称："伯阳立教，清静无为。道尊东鲁，迹窜西垂。""西垂"何指？是指古邑名西犬丘，这里是秦国祖先大骆、非子居地，即今甘肃天水西南一带的礼县境内。老子"西入夷狄"是《后汉书》之说，此书惜字如金，只记下这么四个字。那么要问，"夷狄"所在何处？广义言之，戎狄乃少数民族之通称泛指。甘肃自古以来就是少数民族杂居区。从史料上看，春秋时把边境居民统称为夷狄，居住在西北边境的又称西戎或戎狄。专家指出，夷狄具体指诸侯国秦的西边，也就是今渭河上游、洮河中下游和湟水一带。

据《隋书·炀帝本纪》记述，隋炀帝由渭源前往狄道途中，经过"渭水出焉"的"鸟鼠山"时，遥想当年老子跨坐青牛行进于此，写下"长林啸白兽，云径想青牛"的诗句，这里所说"云径"即渭源城北关山两侧的官道，西南接鸟鼠山。"青牛"应解为对老子的喻称。唐太宗李世民所修《氏族志》直称老子为李姓"太上始祖"。由此可断李氏之一脉，其根以老子李氏一脉为宗。这也表明，老子西行落户甘肃之后始有"天下李氏出陇西"之说似可定论。

老子与尹喜西行"俱之游流沙西"回归狄道后，老子决定归隐于空同山南麓的狄道。因为狄道空同山是老子梦寐以求的"圣迹"之地——太极圣地、华夏龙脉宝山。这里是黄河上游古文化发祥地之一，是古文化遗存中马家窑文化、寺洼文化和辛店文化的产生地。在狄道县东面有一座山，名叫岳麓山，又称东山。此山不比凡山，仿佛是受了空同山灵气的滋养，不见一丝萧条荒凉之感，倒颇有几分陇上江南的风韵。山间绿树成荫，繁花照影，修竹古柳，碧水浮萍，偶有三两行人沿羊肠小道隐现在树影间，鸟惊花落，翩然入鬓。几间古朴的小屋，几段木质回廊，一步步小扣先人的足迹，宛若踏响先人的跫音。行走在山路间，听风拂铃动，仿佛还能感受到那数千年来遗存下的古韵。岳麓山中有一凤台，古老的凤台静然伫立，岁月的风霜打下鲜明的烙印。凤台近侧是一株颇有些年头的梧桐树，花期正盛，蜂蝶戏舞，虽没有凤凰来朝，倒也是一片谐和。一次，当老子游到此处时，心境澄明，感慨横生，于是便决定居于此讲经修道。

老子晚年在狄道居住了多长时间，无据可考，但他生活的年限大致在公元前571年至前471年左右，寿数超过了一百多岁。临洮民间至今流传着老子挥笔点太极的动人传说。在临洮县城西五千米的洮河西岸有一座山，老子每天在东山讲学时，发现河西面山上早晨太阳出来，东面光明，西边阴暗；傍晚又西边明亮，东边昏黑；讲完学后老子拿起大笔朝西山点画了几下，山上的光线顿时东西交换了方位，神奇地变成了一天任何时候都能看得见的太极图，此山现在人们还叫太极山。

老子点罢太极以后，把笔插在院中就飞升了！这天正好是农历三月二十八日。《庄子·养生主》载："老聃死，秦佚吊之，三号而出。"秦佚也

马衔山龙文化与黄河文明

是老子的好道友，他听到老子在凤台逝世的消息，号啕大哭。弟子们在老子插笔的院子里建起了一座七层宝塔叫文峰塔又名笔峰塔，传为老子写经插笔的地方。所谓"飞升"，乃东汉以来，道教兴起之后的道教术语，即羽化而升仙之说。

老子飞升于马衔山南麓的"凤台"，那么，被孔子称为"其为龙欤"的老子逝世后将安葬于何处？这也就是"谜"点之二，具备怎样的完美山川形胜，才能修造陵寝？以求万年吉壤，福荫子孙。当然，作为中国三大龙脉汇聚地"龙岛"马衔山理应是老子寝地的最佳之地。《金龙训言》曰：

北方云高在眼前，重岸叠嶂在眼前，
神道威灵在此赶，正是天下第一山。
西方之山真好看，正是驼背寿笔山。
人心诚信道根显，道与财源双轨见。
北山此山非凡山，道智修仙成神仙，
山山相扣莲花瓣，一马平阳看山川。
日后落位老子像，天下雄关第一面，
马衔雄姿宝藏传，老子寒骨藏马衔。
谁能领略老骨寒，天下皇子亲登山，
此处宝地非同凡。

二、《老子》言龙

《史记·老子韩非列传》说，孔子问礼于老子，归去之后，谓弟子曰："鸟，吾知其能飞；鱼，吾知其能游；兽，吾知其能走。走者可以为罔，游者可以为纶，飞者可以为矰。至于龙，吾不能知其乘风云而上天。吾今日见老子，其犹龙耶！"《庄子·天运》亦说："孔子见老聃归，三日不谈。弟子问曰：'夫子见老聃，亦将何规哉？'孔子曰：'吾乃今于是乎见龙。龙合而成体，散而成章，乘云气而养乎阴阳。予口张而不能嗋，予又何规老聃哉！'"这段话中有一个"归"字，二个"规"字，前者是归去之意，后二者通"窥"，有窥见之意。

孔子将老子比喻为龙，可是在《道德经》一书中，全篇从未提及一个"龙"字。作为掌管历史典籍的老子，掌握着周朝天下所有的文献书籍，不可能对周朝以前关于"龙"的记载和传说置若罔闻吧！对于龙的记载传说，老子不可能不在他的文章中反映出来，或者留下一点蛛丝马迹。当我们带着疑问从另一个角度发问：既然时间、空间、物质运动三位一体构成了老子的"道"，那么，他在第二十一章中所说的"道之为物，惟恍惟惚。惚兮恍兮，其中有象；恍兮惚兮，其中有物"。这种物象是什么呢？当然，这就是《易经》中的"龙"！《易经》中的"龙"不仅启发了他的"道"，而且他还从中发现了大地的"周行不殆"运动规律。

龙祖盘古是道的化身，也是道的象征。老子曰："道冲，而用之或不盈。渊兮，似万物之宗……湛兮，似或存。吾不知谁之子，象帝之先。"（《道德经》第4章）道深邃而隐秘，无形而实存。作为道的化身、万物的宗主——龙祖盘古，早在天帝之前已经产生，是天地之始，万物之母，本初元尊，至高无上。老子不知道它是谁家之子，好像是在天帝之前。

"谷神不死，是谓'玄牝'。玄牝之门，是谓天地根。绵绵若存，用之不勤。"这是老子在《道德经》第六章中对龙祖盘古做出的赞美，也是对伟大龙祖的颂歌！老子认为，道的化身"龙祖盘古"如谷神、玄牝——微妙的母体、天地的根本，空虚不盈，永不停息，孕育和生养了万物；生生不已，绵延不绝，运动不止而不知辛劳和倦怠。

在《道德经》中，老子对由"龙祖盘古"创生的天龙——太阳作了论述。老子《道德经》第三十四章曰："大道泛兮，其可左右。万物恃之以生而不辞，功成而不有。衣被万物而不为主，可名于'小'；万物归焉而不为主，可名为'大'。以其终不自大，故能成其大。"由大道的化身"龙祖盘古"创生的天龙——太阳，它的阳光灿烂夺目，光芒四射，无所不在。万物依靠阳光生长而不推辞，功业成就而不据为己有。阳光覆盖万物而不自以为主宰，可以称它为"小"；万物归依它而不自以为主宰，又可以称它为"大"。正因为它不据为己有，不自以为大，没有占有欲和支配欲，所以成就了它的伟大。今天，我们以科学的眼光来看，太阳只是宇宙

马衔山龙文化与黄河文明

中一颗十分普通的恒星，但它却是太阳系的中心天体。太阳系中，包含我们的地球在内的八大行星、一些矮行星、彗星和其他无数的太阳系小天体，都在太阳的强大引力作用下环绕太阳运行。太阳给我们带来光明和温暖。地球上万物的生长，江河海水的蒸发，地下煤和石油等矿藏的形成，都和太阳的照耀有关。假如没有阳光的照射，地面温度将会降到绝对零度左右，地球上的生命也不可能存在。太阳还是我们所在太阳系的主宰，它巨大的质量占太阳系质量的99%以上。

由"龙祖盘古"创生的地龙——地球，亦称大地。在《易经》中，坤是地，乾是天。乾德如天高，坤德似地厚。《象》曰："至哉坤'元'，万物滋生，乃顺承天。坤厚载物，德合无疆。含弘光大，品物咸'亨'。"这是说，广阔无垠的大地啊，是生成万物的根源，万物都靠它而成之，它柔顺地秉承天道的法则。大地深厚且载育着万物，它的功德广阔无穷。它含藏了弘博、光明、远大的功能，使万物都顺利地成长。

老子《道德经》第五十一章曰："道生之，德畜之，物形之，势成之。是以万物莫不尊道而贵德。道之尊，德之贵，夫莫之命而常自然。故道生之，德畜之,长之育之,亭之毒之,养之覆之。生而不有，为而不恃，长而不宰，是谓'玄德'。"这是老子对由"龙祖盘古"创生的地龙做出的论述，这里的"道"是指道的化身龙祖盘古，"德"代表地龙——大地。这就说"龙祖盘古"化生万物，大地养育万物，用不同形态区别万物，在各种环境下成就万物。因此，万物没有不尊崇"龙祖盘古"而珍贵大地之德的。"龙祖盘古"受到尊崇，地龙之德受到珍贵，是因为"龙祖盘古"和大地没有对万物发号施令而永远顺应自然。

所以，"龙祖盘古"化生万物，地龙大地养育万物，使万物成长发育，使万物结果成熟，给万物抚育保护。生长万物而不占有，抚育万物而不自恃，长养万物而不主宰，这就叫"玄妙的龙德"。天地二龙阴阳二气交合就能普降甘露，百姓没有谁命令它而自然均匀，没有偏私，均衡平等，充分彰显了龙之"玄德"。老子赞誉曰："天地相合，以降甘露，民莫之令而自均。"（《道德经》第三十二章）

从伏羲八卦中我们可以看出，天龙和地龙最大的功德是首先创生了水龙——水。"天地相合，以降甘露。"（《道德经》第三十二章）孔子在称誉老子为龙时说，我今天似乎见到龙了。"龙合而成体；散而成章。乘云气而养阴阳！"在这段话中，"龙合而成体，散而成章"。说明龙像云雾一样能聚能散，正是水龙的一个变化过程，是一种大自然的现象。"乘云气而养阴阳"，以今天科学的观念说明，有的云层带正电，有的云层带负电，正负两片云层碰撞在一起就会产生雷声，乌云滚滚像一条条龙一样混战在一起，天空下起了暴雨。这就是天地之间水的循环，我们都知道地面上和海洋里的水，通过上升气流蒸发到天空，低处漂浮于田野上空的我们叫它雾，高处飘浮在山尖上的我们叫它山岚，再往高漂浮在天空的我们叫它云，云凝聚成水珠落了下来，我们叫它雨；碰到冷空气上下冲撞形成小冰球我们叫它冰雹，冬天则又变成雪花。雨、雪花又回到大地上，滋润着万物生长，多余的就汇成了小溪，小溪流入江河，江河又流入大海，大海上升气流又把它们带到天上，如此循环往复，这就是我们人类祖先最早发现大自然之水的发展变化规律，在古人心目中便把它称为龙。

在伏羲八卦中，我们发现由天龙（乾卦）和地龙（坤卦）相互作用生成的水龙（坎卦）与火龙（离卦）相互对应。那么，水是怎样升到天空上的呢？这正是水龙发展变化的结果，这个结果需要"火龙"的帮助，正因为火（离卦）有炎上的特点，老子根据伏羲八卦中离卦与坎卦互为对应的提示，认识到矛盾对立相反的一方是推动事物发展运动的。《道德经》第40章曰："反者，道之动，弱者，道之用。""反"，即复，相反相成，对立转化，物极必反，回归本原，这是道的循环运动方式。作为水龙之主体的水，就充分体现了道的这一循环运动方式。但是，水在天地的大循环中如果没有"火"的参与——阳光的照射，水就不能蒸发变成水蒸气，就不会产生云雾、雨雪等大自然的各种现象。所以传说中的龙能呼风唤雨。"反者，道之动"。就是把水火不兼容变得统一了，融合反应在了水龙的身上。水是不能自己向上流的，但是通过"火"可以产生变化，即在炎热的太阳烘烤下，大地上的森林、田野、湖泊、河流、大海，特别是海洋里的水大量蒸发凝聚在上空慢慢向上升腾，变成雾，变成云，变成雨，当这一股股水蒸气遇到上升气流或者强风的影响就会聚集在一起形成强大气流，

马衔山龙文化与黄河文明

150
……

遇到森林山川阻碍时会旋转上升拔地而起，犹如一条条云龙从海洋里、森林中、田野上直冲云霄，有的带正电，有的带负电，在天空中发生碰撞电闪雷鸣！所以说龙能在陆地上跑、水里游、天上飞。

水，利万象万物，"善心"备焉。水凭着渗透性强而滋润生物；水靠浮力大而可行舟船；水凭着流动不息而改善环境，让地球充满生机；水可降温，水可去污；水可驱动机器，水可以发电生能……水的作用无数，水之善心无边。禅语曰："善心如水。"水，貌似柔，实则强；水虽柔，但可克刚。滴水久之可穿石，流水载歌载舞可使角角棱棱的石头日臻完美成鹅卵石。柔软的水，加压能把巨岩击碎，能把成吨的钢材像揉面团般锻压。"天下莫柔弱于水，而攻坚强莫之能先，以其无次易之也。弱之胜强，柔之胜刚，天下莫不知，莫能行。"（《道德经》第七十八章）因此，老子曰："上善若水，水善利万物而不争，处众人之所恶，故几与道。"（《道德经》第八章）

在古人看来，龙是一种变化莫测、行踪不定的神物。"龙生于水，被五色而游，故神。欲小则化如蚕蠋，欲大则藏于天下,欲上则凌于云气，欲下则入于深泉。变化无日，上下无时，谓之神。"（《管子·水地》）汉代刘向说："神龙能为高，能为下，能为大，能为小，能为幽，能为明，能为短，能为长。昭乎其高也，渊乎其下也，薄乎天光也，高乎其着也。一有一亡，忽微哉，斐然成章。虚无则精以和，动作则灵以化。于戏！允哉！君子辟神也。"（《说苑·辨物》）许慎《说文解字》："鳞虫之长，能幽，能明，能巨，能细，能短，能长。春分可登天，秋分可放渊。"王充在《论衡·龙虚》中说："龙之所以为神者，以其能屈其体，存亡其形。"汉代纬书《瑞应图》曰："黄龙者，四方之长，四方之正色，神灵之精也。能巨，能细，能幽，能明，能短，能长，乍存，乍亡。王者不滤池而鱼，德达深渊，则应和气而游于池沼。"又曰："黄龙不众行，不群处，必待风雨而游乎青气之中，游乎天外之野。出入应命，以时上下，有圣则见，无圣则处。"可见，在古人心目中，龙是善于变化，难于捉摸的神物。

以上典籍所载，都是古人关于神物龙的描述。其实，对于神物龙，亦称神龙，老子早在《道德经》中就已作了论述。在第十四章中曰："视之不见，名曰'夷'；听之不闻，名曰'希'；搏之不得，名曰'微'。此三者不可至诘，故混而为一。其上不皦，其下不昧，绳绳不可名，复归于无物。是谓无状之状，无物之象，是谓'惚恍'。迎之不见其首，随之不见其后。执古之道，以御今之有，能知古始，是谓道纪。"这是说，看却看不着，叫作"夷"；听也听不到，叫作"希"；拍却拍不到，叫作"微"。这三种东西不能具体分别出来，它们都是神龙无形的现象，是不可盘问的。因为，它们混合为一体就是神龙。神龙，它的上面不光明，它的下面不阴暗，绵绵不绝，却无法明确表述出来，又归结到无形。这就是没有形状的状，没有物象的象，称作惚恍。迎着它看不到神龙的前头，追随它看不见神龙的后背。只有用道的化身龙祖盘古创的太极文化核心——阴阳文化，用来驾驭指导当今的具体事物，才能够了解宇宙的初始，就称为道的纲纪。

老子在《道德经》第二十一章中曰："孔德之容，惟道是从。道之为物，惟恍惟惚。惚兮恍兮，其中有象；恍兮惚兮，其中有物。窈兮冥兮，其中有精；其精甚真，其中有信。自今及古，其名不去，以阅众甫。吾何以知众甫之状哉？以此。"这是说，神龙是具备大德容貌的龙，一切行为处处都在遵循"道"的法则。神龙也是"龙祖盘古"的化身，它作为龙祖盘古的化身，似有似无。如此恍恍惚惚，其中却有形象；如此惚惚恍恍，其中却有实物。遥远幽深啊，其中却有龙祖盘古的精气（《艺文类聚》卷二引《河图帝纪》云："黄帝以雷精气"）；这精气非常真切，其中还传递着龙祖的信息。从今到古，神龙的名字永远都不会消失，龙之文化可以用来观察万物的初始。我怎么知道万物的情状呢？由龙祖盘古创立的"天书龙图"（太极图）而知。

老子在《道德经》中，以三十六章（包括砭时、议兵）的大幅篇章论述治国之道。那么，治国之道与"龙"有着怎样的关系呢？因为，承担治国大任的都是帝王君主，也就是被老子称为侯王的"孤、寡、不穀"者，"是以侯王自称孤、寡、不穀"。（《道德经》第九章）这些孤、寡、不穀者又与龙有何关系？在古文献中，商周时代君主自称多曰："一人"或"余一人"，《国语·周语》韦昭注："天子自称曰余一人"。

古帝王君侯多以龙族自承，并认为自己是真龙天子。因为，龙身上所具备的通天、善变、显灵、征瑞、示威等神性和"帝王性"多有吻合之处（比如龙可以"通天"，帝王们也认为自己"受命于天"），龙遂被帝王们看中，拿来做了自己比附、象征的对象。另外，龙的性格是喜怒无常、变化多端的。《韩非子·说难》曰："夫龙之为虫也，柔可狎而骑也；然其喉下有逆鳞径尺，若人有婴之者，则必杀人。"龙是一种性格上时而温顺（"可狎而骑"），时而凶暴（"杀人"）的神物，其喉下逆鳞千万不要触。人们用龙来比喻君王、天子，是再恰当不过了。因此，老子以大量篇幅论述治国之道，要求这些统治者——真龙天子，一定要彰显龙德，唯道是从。因为，龙德是天道的伦理化，是体现着天道的生活准则和行为规范。天道贵生，龙德福生，由贵生而福生，贵生引导福生，福生彰显贵生。

龙作为中华民族发祥和文化起源的标志，与中国历史文明的形成紧密相关。对于炎黄子孙来说，充满神秘的龙代表着一种信念、一种血肉相连的情感。自古以来，华夏民族一直认为自己是"龙的子孙"、"龙的传人"，龙的文化除了在中华大地上传播继承外，还被远渡海外的华人带到世界各地。

老子在《道德经》中关于治国的论述，如果说主要是针对"真龙天子"而言，而其在《道德经》中对于修身的论述，则主要是针对"龙子龙孙"之说。那么，老子为何要求"龙子龙孙"们注重修身呢？《礼记·大学》曰："古之欲明明德于天下者，先治其国。欲治其国者，先齐其家。欲齐其家者，先修其身。欲修其身者，先正其心。欲正其心者，先诚其意。欲诚其意者，先致其知。致知在格物。物格而后知至，知至而后意诚，意诚而后心正，心正而后身修，身修而后家齐，家齐而后国治，国治而后天下平。""修身齐家治国平天下"这是儒家思想传统中知识分子尊崇的信条。以自我完善为基础，通过治理家庭，直到平定天下，是几千年来无数知识者的最高理想。

老子将天道用来指导修身养生，要求人们坚持以慈爱、俭啬、不争三宝为准则，空虚无欲，清静无为，质朴淳厚，知雄守雌，小心谨慎，虚怀若谷，恬淡安宁，被褐怀玉，谦下收敛，贵柔戒刚，知足不辱，知止不殆，委曲求全，功成身退，以确立自己的人生观。

在《道德经》中，老子重在论道、治国、修身，还特别强调"道法自然"。在他看来，道创生养育万物，绝对是自然而然的。《道德经》第二十五章曰："故道大，天大，地大，人亦大。域中有四大，而人居其一焉。人法地，地法天，天法道，道法自然。"河上公注："道大者，包罗天地，无所不容也；天大者，无所不益也；地大者，无所不载也；王大者，无所不制也。"王弼注："天地之性，人为贵，而王是人之主也。"这就是说，因为龙祖盘古是道的化身，所以，道的化身龙祖盘古大；由龙祖创生的天龙（太阳）大，地龙（地球）大，"龙子龙孙"——龙的传人亦大。宇宙间有四大，而人居其四大之一。如果将这四者排一个由小到大的位次的话，就是龙的传人大不过地龙，地龙大不过天龙，天龙大不过道的化身龙祖盘古。世界上所有的万物都体现着天道，都受天道的制约。道的化身龙祖盘古创生宇宙万物的根本原则是仿效自然。

三、《道德经》与阴阳文化

中华文明源远流长，是最值得中华民族骄傲和自豪的资本，观看昔日在世界上曾经辉煌的四大文明古国，古印度文明、古巴比伦文明、古埃及文明，都在漫长岁月的动荡不安中逐步消失，出现了不可挽回的断层，现在印度、埃及和伊拉克等国的文化，同过去曾经光辉灿烂的文明已经没有必然的血缘关系，唯独中华文明，虽历经数千年的浩劫，经历过不同文化的碰撞，而始终如一，屹立不倒，没有发生文明的断层，现在的中华文化，完全是远古文明根源的血脉延续。因此，中华文明中包含着丰富的文化内涵，这是任何国家，任何文明都无可比拟的优势，也是现代人们探索史前文明唯一的珍贵活化石。

为什么其他三个文明古国的文明在遭受外来文化的入侵后发生断层？为什么唯独中华文明在同样遭受不同文化的冲击碰撞，而不会发生断层？当人们追问和探索这个问题的原因时，可能会发现其中有非常多的偶然和必然因素，可以说，无论是什么偶然或必然的因素，都是一种必然的巧合，中华文明在长期经历文化碰撞、社会动荡和朝代变换中没有发生断层的一个极为重要的因素，是中华文明有一个坚不可摧的坚强核心，这个文明核心就是太极文化的核心——阴阳文化。

阴阳文化是中华文明的核心，是中华文化的源头，有着其他文化无可取代的核心地位。没有坚强核心的文明，在面对异类文化伴随以武力强行手段和强大经济手段的入侵，必然遭受排挤，从而逐步走向衰落，最后消失。由于中华文明有一个核心，在与不同文化的交流中，文明核心起了同化作用，它将不同的文化纳入自己的范围，成为所有文化的核心。一切没有文明核心的文化，在与中华文化的交流中，当发现有一个可以依附和振兴的核心力量，就必然要归附到这个文明核心之中，这是中华文明屹立不倒的真正原因。

阴阳文化在中华文明中的核心地位不是自封的，也不是由于强权政治加封的，它是自然规律在大浪淘沙后的自然选择，因此是无可取代的。无论如何，在中国古代阴阳学说给人们提供了一把简捷方便地开启各类现象之门的万能钥匙。理论越简明朴素就越能抓住人心，阴阳学说就是由于一来简明、二来可以解释一切现象，而在古代中国人心中产生了巨大影响。阴阳在中华文明中的核心地位绝对不可动摇，事实也证明是这样，即使在现代社会，阴阳仍然与时俱进，在新时代发出智慧的光辉，仍然成为中华文化走向世界的一个重点。

阴阳在中国古代成了无所不包、无所不容的两大概念，这两个概念可以解释从宇宙、自然、社会到人类的一切现象。由此，阴阳理论也就自然地成了中华文化的基本核心理论，成了指导和规范中华民族思想和思维的基本准则。在古人心目中，很多自然现象似乎都可以和阴阳联系上。比如物理学意义上的冷与热、湿与燥、重与轻、暗与明、下与上、反与正，生理学意义上的雄与雌、男与女，政治意义上的君与臣、尊与卑，乃至中医学上的虚寒与燥火、天文学上的太阳与月亮、生物学上的种种植物分类……都可以通过体验联想与阴阳比附，似乎这一切都可以分为阴阳两大类，而且这两大类的互相平衡状态才是一种理想和谐状态。在中国古代典籍中，无一不在传承和展示着阴阳文化的先进智慧，如《易经》《黄帝内经》《道德经》等经典。

《道德经》五千言以阴阳学说为其哲学思想基础，这是老子基于对宇宙自然和人类社会细致入微地观察，以及在此基础上的综合概括，其目的在于运用自然法则，找到一种合理的社会生活的治理模式。老子的辩证法思想集中体现在他所著的《道德经》里论述："有无相生，难易相成，长短相形，高下相倾，音声相和，前后相随。""福兮，祸所倚，祸兮，福所伏。""曲则全，枉则直，洼则盈，敝则新，少则得，多则惑。""将欲歙之，必固张之；将欲弱之，必固强之；将欲废之，必固兴之；将欲夺之，必固与之。""兵强则灭，木强则折；坚强处下，柔弱处上。"所以，南宋哲学大师朱熹说："易，只消'阴阳'二字括尽。天地之间，无往而非阴阳，一动一静，一语一默，皆是阴阳之理。看他明男女牝牝处，方见得无一物无阴阳。"

《道德经》中含有丰富的辩证法思想。老子说："反者，道之动；弱者，道之用。"这是说向着相反的方向变化，是"道"的运动；保持柔弱的状态，是"道"的作用，一语道出了辩证法的重要原则。老子受《易》之启发，又见到宇宙现象的变动轨迹是进退、得失、安危、存亡、成缺、损益、寒热、静躁、新敝、先后、荣辱、祸福等一正一反两种作用；刚柔、强弱、雌雄、白黑、美恶（丑）、善不善（恶）、巧拙、辩讷、明昧、上下、大小、长短、曲全、枉直、洼盈、多少等种种特性及其呈现的积极消极现象。老子认为道的运动是有规律性的。从上述宇宙现象的形式来看是在对立相反的状况下形成的，这种转化过程是无止境的。再者，道的运动规律形态是循环性的。老子说："有物混成……周行不殆"（《道德经》第二十五章）、"万物并作，吾以观复……各复归其根。"（《道德经》第一十六章）这种万物的形成与运动在于物之本身的阴阳转化。万物内含着阴阳两种相对的势力，这阴阳两气在互相激荡中形成新的和谐体就是指这一转化过程。

《老子》说："万物负阴而抱阳，冲气以为和。"老子认为一切事物皆有阴阳两方面，万事万物有了阴阳才能处于一种最佳的环境状态中。所以，老子倡导要以辩证法的原则指导人们的社会生活，帮助人们寻找顺应自然，遵循事物客观发展的规律。防患于未然，"处无为之事"，"图难

马衔山龙文化与黄河文明

于其易，为大于其细，天下难事必作于易，天下大事必作于细，是以圣人终不为大，故能成其大。"（《道德经》第六十三章）老子又从轻与重，动与静两对阴阳的现象，阐明矛盾双方有一方是根本的，认为"重为轻根，静为躁君。"阴阳相依中有主体一方，阐明矛盾双方有主次，中医辨证论治，必须讲究标本缓急。

乾坤是阴阳的代表，二者虽然在卦象的组成上是一种完全对等的关系，但从六十四卦辞、爻辞以及《易传》对二者的阐释来看，乾坤阴阳的关系并不是完全平等的，而是呈现出以乾为主体、坤为从属的自然观。如六十四卦之首卦为乾卦，其卦辞为"元、亨、利、贞"，此四字，在《易经》卦辞中是吉、顺的象征。元，原也，万物由此化生；亨，通也，事物由此亨通无阻；利，宜也，可有利于自然万物；贞，正也，固也，事物得之而稳固坚实。由此，表达天阳之气主于化生、流动、补益与使万物坚实的作用。而坤卦则仅表达为"元亨"，即参与万物化生，以及同天气进行交流的过程，因此，《周易·系辞上》言："天尊地卑，乾坤定矣。"表达乾坤阴阳以阳为尊贵、阴为卑下的不同地位，又言"乾知大始，坤作成物。乾以易知，坤以简能；易则易知，简则易从。"以及"生生之谓易，成象之谓乾，效法之谓坤。""易"者，变化也，变化是生命活动的基本表现，而主持这种变化的，则是"乾"阳，表达乾阳主于起始、变化，坤阴则主于从属，甚至亦可以理解为天地所有事物的变化，均是源自阳气的变动，包括量的增减、作用的多少、参与的方式等。

"乾"卦作为六十四卦之首，其卦辞为元、亨、利、贞，唐·孔颖达疏《周易正义》言："元、亨、利、贞者，是乾之四德也。子夏传云：'元，始也。亨，通也。利，和也。贞，正也。'言此卦之德，有纯阳之性，自然能以阳气始生万物而得元始亨通，能使物性和谐，各有其利，又能使物坚固贞正得终。"此四字在《周易》六十四卦中出现一字即时"吉"的征象，而乾卦独得四元，体现出《易经》对天阳之性重要性的认识。在《易经》中从卦理看，六十四卦都以乾卦为主卦。《易经》对乾坤阴阳的主次定位被《黄帝内经》所承接，虽然《黄帝内经》之中有"阴平阳秘，精神乃至"；"谨察阴阳所在而调之，以平为期"等，似乎将阴阳二者是完全置于一种平等的地位看待，实则字里行间均流露着阳气为主体的思想。可是，在《道德经》所阐发的阴阳理论中，似乎同样都在强调阴阳之间存在着对等的"对立统一"主体思想，但在强调阴阳相对的同时，又明确主张用阴，认为阴一定能战胜阳，贯穿于老子哲学的始终，翻开《道德经》几乎随处可见。其中，老子讲用阴，讲阴能胜阳的话，最精彩最生动也最有名，有些话，在中国几乎是妇孺皆知。现摘录部分如下：

《道德经》第二十二章："曲则全，枉则直，洼则盈，敝则新，少则得，多则惑。……夫惟不争，故天下莫能与之争。古之所谓曲则全，岂虚言哉？"

《道德经》第二十八章："知其雄，守其雌，为天下谿。为天下谿，常德不离，复归于婴儿。知其白，守其黑，为天下式。为天下式，常德不忒，复归于无极。知其荣，守其辱，为天下谷。为天下谷，常德乃足，复归于朴。朴散则为器，圣人用之，则为官长。故大制不割。"

《道德经》第三十六章："将欲歙之，必固张之；将欲弱之，必固强之；将欲废之，必固举之；将欲取之，必固与之。是谓'微明'。柔弱胜刚强。鱼不可脱于渊，国之利器不可示人。"

《道德经》第三十九章："故贵以贱为本，高以下为基。是以侯王自称孤、寡、不毂，此非以贱为本耶？非乎？"

《道德经》第四十二章："人之所恶，惟孤、寡、不毂，而王公以为称。"

《道德经》第四十三章："天下之至柔，驰骋天下之至坚。无有入无间。吾是以知无为之有益。"

《道德经》第四十五章："大直若屈，大巧若拙，大辩若讷。静胜躁，寒胜热。清静，为天下正。"

《道德经》第六十六章："江海所以能为百谷王者，以其善下之，故能为百谷王。"

《道德经》第七十六章："人之生也柔弱，其死也坚强；草木之生也柔脆，其死也枯槁。故坚强者死之徒，柔弱者生之徒。是以兵强则灭，木强则折。强大处下，柔弱处上。"

　　《道德经》第七十八章："天下莫柔弱于水，而攻坚强者莫之能胜，以其无以易之。弱之胜强，柔之胜刚，天下莫不知，莫能行。是以圣人云：'受国之垢，是谓社稷主；受国不祥，是谓天下王。'正言若反。"

　　道家把贵阴柔称为顺道，叫作顺其自然、回归自然。因为，"天下莫柔弱于水。"故老子说："上善若水。水善利万物而不争，处众人之所恶，故几于道。"（《道德经》第八章）十分推崇道家的南怀瑾先生，在《老子他说》一书中，即以"水的人生艺术"为题，讲解道家的处世之道，说老子"为了引申发挥道家的似私而实无私的妙用，进而刻画出如何才合于后其身而身先，外其身而身存的作用，因此便引出一段水之美的人生哲学。"从逻辑上讲，阴阳二气皆生于道，用阴用阳，都可以说是顺道，都是回归自然。

　　阴阳哲学是研究天地变化之道，万物运行的法则，生命变化的规律，在春秋战国时代已经具有了崇高地位。自老子提出了著名的命题"万物负阴而抱阳"后，庄子继承和发展老子的学说，对阴阳极为重视，"阴阳"一词，在《庄子》一书中出现了二十多次。庄子曰："阴阳者，气之大者也；道者为之公。"（《庄子·则阳》）他认为："人大喜邪？毗于阳。大怒邪？毗于阴。阴阳并毗，四时不至，寒暑之和不成，其反伤人之形乎！"（《庄子·在宥》）庄子很重视阴阳的共存状况，他说："盖师是而非，师治而无乱乎？是未明天地之理，万物之情矣。然且语而不舍，非愚则诬也。"（《庄子·外物》）一切事物都存在着它的对立面，阴尽而阳至，阳消而阴来。"阴阳相照相盖相治，四时相代相生相杀。欲恶去就，于是桥起。雌雄片合，于是庸有。安危相生，祸福相生，缓急相摩，聚散以成。"（《庄子·则阳》）阴阳运动的规律表现在人身上，则是："若夫万物之情，人伦之传则不然。合则离，成则毁，廉则挫，尊则议，有为则亏，贤则谋，不肖则欺。"（《庄子·山木》）过度的喜和怒会伤及人的阳气与阴气，阴阳相侵害会伤害身体。庄子指出毗阳毗阴的相对性，是为了追求阴阳的和谐性。进而，庄子提出"阴阳调和""交通成和"的重要论断："一清一浊，阴阳调和，流光其声……吾奏之以阴阳之和，烛之以日月之明。"（《庄子·天运》）"至阴肃肃，至阳赫赫。肃肃出乎天，赫赫发乎地。两者交通成和，而物生焉。"（《庄子·田子方》）交通，即交感；调和包括和谐、平衡、协调以至渗透、转化等意蕴。庄子在盛衰、清浊、长短、刚柔对待中以求阴阳的和谐；这个"和"是通过交通的方式达到的，阴阳交感成和，万物以生。

自西周以来，我国古籍普遍以"阳刚阴柔"的相互对立补充关系，来解释宇宙自然、人类社会中的各种事物现象。先秦典籍《左传》、《国语》中阴阳连用多见，既指阴阳二气，又作为两种相对的势力和因素，因此突破了原始意义而向哲学范畴过渡。譬如《国语》："天地之气，不失其序；……阳伏而不能出，阴迫而不能蒸，于是有地震。"这是周太史伯阳父用阴阳两因素对地震发生的最早解释。范蠡向越王勾践提出了用兵之道："阳至而阴，阴至而阳；日困而还，月盈而匡。古之善用兵者，因天地之常，与之俱行。后则用阴，先则用阳。"（《国语》）这就以阴阳相对性和互变性来说明日月盈虚和战争的变化规律。"元气曰：阴阳风雨晦明也。"（《左传·昭公元年》）据《左传》记载，僖公十六年春天曾发生陨石和六鹢退飞的怪异现象，宋襄公问周内史叔兴："是何祥也？吉凶焉在？"叔兴说："是阴阳之事，非吉凶所生也。吉凶由人。"（《左传·昭公元年》）用阴阳的交互作用来说明自然现象，与"伯阳父"对地震的解释如出一辙。值得注意的是，先秦时期人们还以阴阳解释人身体生理机能。《左传》昭公元年记载，晋侯求医于秦，秦伯派医和去看病，医和认为晋侯是女色过度，他说："阴淫寒疾，阳淫热疾，风淫末疾……"（《左传·昭公元年》）"淫"为过度，各种疾病由多种原因引起，但共同之处是阴阳失衡。这就从反面说明阴阳协调的重要性。

《易经》所包孕的最根本的哲学思想，即"阴阳互补，刚柔相济"的动态协调平衡论，亦即阴阳的标准形象——对立统一。故《老子》说："万物负阴而抱阳，冲气以为和。""和"即和谐，亦即协调平衡；否则，不和谐，不协调，不平衡；故《国语·郑语》有曰："夫和实生物，同则不继。以他平他谓之和，故能丰长而物归之；若以同裨同，尽乃弃矣。""声一无听，物一无文，味一无果，物一不讲。"所以，"和"的内涵就是矛盾对立物之间的动态平衡互补。儒家孔子也很重视"和"，常说："礼之用，和为贵。""君子和而不同，小人同而不和。"两千多年来，《易经》的阴阳和谐思维及整个和谐理论，与民族传统哲学发展相一致而日趋完备和缜密，并逐步积淀和强化为一种思维定式。和谐，此乃天地之命和万物之性。

时光进入二十一世纪，在中国首都北京奥林匹克公园内，有三幢代表中华"太极文化"的标志性建筑拔地而起，造型独特，风格各异。它们就是中国天人合一的杰作——盘古大观、鸟巢、水立方。盘古大观是中国以"盘古"命名的第一座建筑，位于北京市北四环中路、亚奥核心区，距离"水立方"仅180米，距离"鸟巢"500米，是千顷奥林匹克公园中心区唯一的地标性城市综合体。紧临"鸟巢"、"水立方"西侧，整体项目由写字楼、国际公寓、七星级酒店和商业龙廊组成，是唯一一幢不可复制的当代建筑。在鸟巢和水立方的西侧，一座具象"龙"型的建筑正以其独具东方神韵的宏伟身姿吸引着世界的目光。

盘古大观是奥林匹克核心区内唯一的城市综合体，它将传统文化与世界级建筑巧妙地融为一体，展现给世人。盘古大观一共包括1幢超5A级写字楼、3幢国际公寓、1座盘古七星酒店以及1条长411米的世界第一商业长廊——龙廊。盘古大观411米龙廊之上，共有66根龙柱和66颗"龙头"。其中"龙头"全部是用重达50吨的整块花岗岩，由工匠按照传统工艺手工雕刻而成。龙柱的基座，通体无接缝，同样是以整石雕刻，这是古代皇家建筑中才会采用的形式。以及位于3幢国际公寓顶部、全球独一无二的12座空中四合院，共5种建筑形态。整个项目以191.65米的写字楼为龙首，盘古七星酒店为龙尾，由南向北依次延伸约600米。整座建筑犹如一条通体雪白的巨龙，与水立方、鸟巢毗邻而居，交相辉映。

龙是中华民族的图腾，龙文化已有8000年的历史，是发源于本土的根文化。盘古大观作为国内唯一的以国人心中信奉的龙文化图腾为外形的建筑，将成为一种新的标识被世人认可，它秉承这种将龙文化弘扬于世的精神，使这条融合东魂西技的中国龙成为具有深远意义的大型地标性建筑，将它所体现出的建筑价值和其散发的龙文化魅力闪耀于世界建筑之林。

鸟巢，即国家体育场，是 2008 年北京奥运会的主场馆，由于独特造型又俗称"鸟巢"。体育场在奥运会期间设有 10 万个座位，承办该届奥运会的开闭幕式，以及田径和足球等比赛项目。由 2001 年普利茨克奖获得者赫尔佐格、德梅隆与中国建筑师李兴刚等合作完成的巨型体育场设计，形态如同孕育生命的"巢"，它更像一个摇篮，寄托着人类对未来的希望。第 29 届夏季奥运会开幕式美轮美奂的演出、运动员们在场上的奋力拼搏都给世人留下了极其深刻的印象。北京奥运会在奥林匹克运动史上留下了辉煌的一页。

整个体育场结构的组件相互支撑，形成网格状的构架，外观看上去就仿若树枝织成的鸟巢，其灰色矿质般的钢网以透明的膜材料覆盖，其中包含着一个土红色的碗状体育场看台。在这里，中国传统文化中镂空的手法、陶瓷的纹路、红色的灿烂与热烈，与现代最先进的钢结构设计完美地相融在一起。此外，这个巨大的容器在"浑沌"与"秩序"这种矛盾统一体上，也体现了与中国文化的关联，在严谨的秩序中存在着无限丰富且复杂的变化，这或许就是中国哲学思想的精髓。

"水立方"，即国家游泳中心，它的设计灵感来自水分子结构。这个看似简单的"方盒子"是中国传统文化和现代科技共同"搭建"而成的。中国人认为，没有规矩不成方圆，按照制定出来的规矩做事，就可以获得整体的和谐统一。在中国传统文化中，"天圆地方"的设计思想催生了"水立方"，它与圆形的"鸟巢"相互呼应，相得益彰。方形是中国古代城市建筑最基本的形态，它体现的是中国文化中以纲常伦理为代表的社会生活规则。而这个"方盒子"又能够最佳体现国家游泳中心的多功能要求，从而实现了传统文化与建筑功能的完美结合。

"水立方"与"鸟巢"相互呼应体现了中国传统文化的天圆地方理念。"水立方"位于北京奥林匹克公园内，它与一墙之隔的"鸟巢"一起被并称为北京奥运会两大标志性建筑物。这个湛蓝色的水分子建筑与东面的"鸟巢"，一圆一方，体现了中国"天圆地方"建筑理念。与主场馆"鸟巢"的设计相比，"水立方"更多体现了女性般的柔美，一个阳刚，一个阴柔，形成鲜明对比，在视觉上极具冲击力。2008 年奥运吉祥物"福娃"

是中国传统五行文化的体现：福娃贝贝，五行为水；福娃晶晶，五行为木；福娃欢欢，五行为火；福娃迎迎，五行为土；福娃妮妮，五行为金。传统的五行学说证明，奥运五环分别代表五大洲（蓝色：欧洲，黑色：非洲，红色：美洲，黄色：亚洲，绿色：澳洲），与中国传统的五行学说不谋而合。五行的颜色体现是木绿、火红、土黄、金白、水黑，金、木、火、土、水五行都齐全了，且环环相扣。把中国传统五行的哲学思想与奥运五环相匹配，是奥运精神和中国文化在新世纪的一种结合，向世界展示了中国古老的传统文化。

"盘古大观"、"水立方"、"鸟巢"三幢建筑物的深层文化内涵，是对中华龙文化的本源——盘古文化的充分彰显。盘古文化体系的核心是开天辟地、创生宇宙万物，它也就是中国远古时代的太极文化。因为，在太极文化中，天为阳、地为阴，古人用阴阳理论来阐述天地生成和变化。最早传承和弘扬龙祖盘古文化核心——太极文化是华夏民族人文始祖伏羲，在伏羲八卦中的乾、坤、坎、离四卦，形象地展现了龙祖盘古开天辟地，创生天地万物的图式。《易经》中离卦代表龙祖盘古，离、乾、坎、坤四卦在太极图中形成的菱形正四方图形，正是龙祖盘古开天辟地创生天地万物的真实写照：龙祖盘古首先创生天龙（乾）、地龙（坤），然后由天龙与地龙相互作用而产生了水龙（坎）。其图示为离（龙祖）→乾（太阳）、离（龙祖）→坤（地球）；然后由乾卦和坤卦相互作用产生了坎卦，即乾（太阳）→坎（水）、坤（地球）→坎（水）。至老子时，将龙祖盘古开天辟地创生天地万物的过程概括为一句话："道生一，一生二，二生三，三生万物。万物负阴而抱阳，冲气以为和。"（《道德经》第四十二章）这就是说，"道"的化身"一"——龙祖盘古，首先创生了"二"——天龙（太阳）和地龙（地球），再由天龙与地龙相互作用而产生了"三"——水龙；然后由水龙创生万物。根据科学家的研究证明，数十亿年前地球上有生命的物体都是从水中衍生而来，水是生命的起源。至今，所有有生命的动植物都离不开水，水更是人类的生命源泉。从"鸟巢"和"水立方"的造型上看，它们可以说是技术、功能与艺术的完美融合。同时许多人朦胧地意识到"鸟巢"和"水立方"隐含着中国太极文化的核心——阴阳文化。

"鸟巢"为圆形，代表天，为阳；"水立方"为方形，代表地，为阴，显然二者构成了"天圆地方"。由此可知，"盘古大观"、"水立方"、"鸟巢"三幢建筑物是对龙祖盘古太极文化核心——阴阳文化的传承和弘扬。

第六章
龙凤文化

第六章
龙凤文化

黄河石林是中国西部旅游观光的一处胜地，是黄土高原孕育而成的美丽奇葩。自观景台迁曲而下，转过二十二道弯，再穿过一片枣林和庄稼地就到了黄河岸边。立足河边，转身仰目，峰林耸立，座座相连，颇具天然大园林神韵。沿黄河左行、右行，或过河前行，均可游览石林。景区内峡谷蜿蜒曲折，皆以沟命名：七口沟、盘龙沟、喜望沟等。另外，还有千米洞、盘龙洞等多处洞窟。

盘龙洞窟位于盘龙沟内，（图51）与黄河石林一同形成于第三纪末第四纪初的地质年代，由于地壳运动、风化、雨蚀，形成了以黄色沙砾岩为主的天然洞窟。盘龙洞深16米，宽13米，高3至4米，最高处达8米，洞内常年恒温在17°C左右。盘龙洞顶部有天然形成的太极图，图内龙凤呈祥。在春末或秋初时节，洞窟之中早晚有雾气从洞口飘出，相传这是因为龙神仙居所致。另外，此洞还具有天气预报的功能，每当天气有骤变前3至5日，洞内便有沙粒落下，大自然的种种恩赐更增添了盘龙洞窟的神秘色彩。

一、盘龙洞窟天然太极图与龙凤文化

盘龙洞窟共有大小不等、高低相错的五个洞窟。这五个洞窟就是远古时代"五方龙神"分别仙居的洞窟，因此，被远古先民称为"五龙洞"。五方龙神为何要仙居于盘龙洞窟？这主要与中华远古黄河文明的正式兴起有关。相传，在很久很久以前的远古时代，中华大地还是一片荒凉、愚蛮的原始景象。为了开启人类的文明，仙居于马衔山天池的龙祖盘古，决定派天池龙宫里最有智慧与灵性的龙龟，向其化身伏羲传送用智慧与文明形

图 51　黄河石林盘龙洞窟

成的"天书龙图"。龙龟将龙祖盘古送给伏羲的"天书龙图"幻化刻印在龟甲上，从马衔山出发，历尽艰辛，到达鸟鼠山，沿奔腾湍急的渭河而下，终于找到了出生于龙首山之西、渭水河畔能识图语、懂天书的圣人伏羲，便将"天书龙图"——阴阳二龙太极图献给了伏羲。

　　"龙龟"这次出来时，龟身上载负着两副"天书龙图"，一副送交"龙祖盘古"的化身——伏羲；一副"龙祖盘古"指示"龙龟"要送到黄河石林老龙湾，将它珍藏于五龙洞内，目的是待到数千年后，在华夏大地上将诞生一位圣人，到时候他会把这副"龙图"带走。"龙龟"辞别伏羲后，沿古龙山一路来到龙山主峰龙首山（古龙首之山）下的龙潭（今大陇山下的老龙潭，位于宁夏泾源县）。在龙潭作了短暂休整后，便前往龙首山北麓的清水河，一路顺流而下至今天的黄河中卫段。

　　当"龙龟"从黄河中卫段溯流而上，在游到黄河上游"老龙湾"的时候，发现大浪东去的黄河，在龙湾这个地方形成了一个神奇的大转弯，黄河山水与石林相依，一阴一阳，刚柔互济，动静结合。"龙龟"从今天龙湾码头这个地方登上了黄河的南岸，也就是后世称为的"神龟古渡"。登上岸后"龙龟"四顾眺望，发现这里是由一条巨大无比的长龙所环抱，龙头居于今"盘龙洞"之东黄河岸边的观音崖，龙角从龙头上翘出，硕大的龙嘴伸入滔滔黄河之中，如同吸水之状。龙尾居于今"长窑子"（地名）黄河岸边的独山拐，当今的黄河石林沿龙湾段就是这条巨龙的龙身，龙湾村恰好处于巨龙的怀抱之中。面对如此奇景，龙龟欣喜万分地叹道："原来这里正是'天书龙图'现于大地的'珍藏之地'！"

　　在环顾龙湾奇景的过程中，龙龟发现老龙湾的南面山峰林立，气势磅礴，只见峰林之中自有雾气飘出，如雾似云，十分神奇。于是，龙龟便朝着这一方向前行，当行之今天的盘龙沟与神农谷两沟沟口的交叉处时，龙龟发现有一似球体的圆形山处于这一交叉之处，其后的山形又如同火焰形状，这使得球形山如同一个巨大的火球。东西两边汇聚而来的山脉如同两条巨龙奔腾而来，从而形成了一个宏大的二龙戏珠的天然景象。龙龟接着朝东南方向冒出雾气的峡谷（今盘龙沟）行进，最为奇特的是当龙龟徐徐进入五龙洞前的峡谷，缓慢地前行一段后，龙龟蓦然回首，却发现不见了来时的去路，好像峡谷两面的陡峭山壁都连为一体了。这一奇特的现象，不由得使龙龟抬头向天空望了一眼，更让龙龟惊叹万分的一幕发生了，原来这里的天空与大地组成了一幅浑然天成的太极图，天空形成的景象就是太极图中阳龙的图形，峡谷峭壁代表大地形成了太极图中阴龙的图形。（图52）

图52　盘龙洞外浑然天成的太极图（局部）

　　在龙龟由衷地赞扬龙祖盘古造化大地万物无比神奇的同时，不知不觉地它已来到了五龙洞口，此时，分别身着青、赤、白、黑、黄色彩的五条龙早已在洞口相迎，它们自称是来自神州大地东、南、西、北、中不同方位的龙神，代表五方龙神，奉龙祖盘古之令来此守护"天书龙图"。龙龟进入洞内，高兴地将"天书龙图"交给五龙藏于洞内，并再三叮嘱诸龙要保护好这珍贵的龙文化珍宝，把它完整无缺地交到数千年之后诞生的一位

图 53　盘龙洞内顶部天然太极图

图 54　盘龙洞天然太极图中的龙凤图像

圣人手中。后来，因考虑到等待的时间太过于久远，于是，五位龙神为了确保"天书龙图"的安全，便将太极图幻化雕刻于五龙洞顶。至今，人们进入洞内，抬头就能望见洞顶有天然形成的太极图，（图53）图内龙凤呈祥，形神兼备，真可谓鬼斧神工。（图54）后世的人们为了纪念龙祖盘古派龙龟送"天书龙图"于五龙洞，便将五龙洞改称为"盘龙洞"。

当龙龟完成了传送"天书龙图"的艰巨任务后，准备返回马衔山复命。可是，当它听说这里有一亘古旷世的独特地貌奇观——黄河石林，龙龟便决定要去游览一番。没想到这黄河石林，场面宏大，群峰如同波涛奔涌。峡谷蜿蜒，千壑竞秀；绝壁凌空，万峰争奇。龙龟看到黄河石林，便被它那气象万千、雄浑壮观的景象所震撼。当龙龟进入石林区最大的一条峡谷饮马沟时，各种各样的石峰，风格神奇，造型逼真，活灵活现，栩栩如生。或匆匆急行，或缓缓漫步，那峰回路转、曲径通幽，犹如迷宫一样变幻万千的景象，都能给神龟强烈的冲击力，震撼力。

当龙龟游览了黄河石林的千姿百态、神妙无穷和浸透着雄、奇、险、古、野、幽的原始风韵后，回到石林边的龙湾。龙龟抬头眺望，只见龙湾四周石峰耸立，宛如宝盆环围；宝盆中间的宽阔河滩，水草丰茂，林木茂盛，一片鸟语花香的绿洲美景，恍然就是一座从黄河深处冒出水面的地上龙宫。龙龟被这美丽的景色所吸引，又加之游览了近十平方千米的石林胜景，实在是太疲倦了，便想躺下来休息一下。没想到它一合上双眼，便沉入了香甜的梦乡，再也没有醒来。从此以后，有着千百万年灵性的龙龟，与周边同样有千百万年的石林化为一体。龙龟之头始终伸向东南方，一直凝视着不远处的五龙洞，仿佛在等待着圣人莅临将"天书龙图"带走。

随着时光的推移，整个黄河石林区逐渐形成了龟裂状的图形，以当年龙龟行走过的路线出现类似于龟甲络纹区。在这个巨大的龟甲纹络区又神奇地呈现出由不同数量山头组成的九组好似花点的图像，九组花点图像的山头数量正好是1—9这9个数，其中一组以五个山头组成的花点数图像居中，其余八组分别以不同方位居于周边。（图55）从而形成了我们今天看见的这一蕴涵无限灵性的自然地理奇观——景泰石林，人们又将它称为"天下第一大神龟"。黄河在白银流域形成了一个神奇的"S"形曲流，就像一个天然的阴阳太极，黄河石林这个

图 55　黄河石林巨大龟甲络纹区（局部）

巨大的龟甲纹络区正处在"S"形的中心。人们为了弘扬龙龟这位伟大使者为传送中华文明曙光而鞠躬尽瘁的献身精神，就将由这个巨大的龟甲纹络区与九组不同数量山头形成的花点数图像称为"天然洛书"。

盘龙洞天然太极图中的龙凤图像，是对太极文化的传承与发展。因为，龙龟送给华夏人文始祖伏羲的太极图，是由代表天龙（太阳）和地龙（地球）的黑白两条阴阳龙组成的，黑色的龙为阴，为阴龙；白色的龙为阳，为阳龙，充分彰显太极文化的核心——阴阳文化。而龙龟送到盘龙洞内的太极图，后来由五方龙神幻化刻印于洞顶形成了天然太极图，图中展现出的龙凤图像，则揭示了四大星象龙之苍龙星和朱雀星的奥秘：在四大星象龙所降生到大地上的生物龙中，恐龙、翼龙、蛟龙、鼍龙是由苍龙星

和朱雀星最先降生到大地上的生物龙，从而演变形成了中华龙文化的主体——龙凤文化。

龙凤文化是中国传统文化的两翼，它们从两个不同的方面展现中华文化的精神，如果从龙凤文化原初的象征拓展开去，可以将它们的文化含义排成两个相对的系列：龙：天、帝、父、权利、凶悍、战斗、威力、进取、崇高、威严、至尊……；凤：地、后、母、幸福、仁慈、和平、智慧、谦让、优美、亲和、至贵……龙凤的精神其实也可以用乾坤二卦来象征：乾卦的精神是"天行健，君子以自强不息。"坤卦的精神是"地势坤，君子以厚德载物。"龙代表中华民族刚毅、进取、万难不屈的一面；凤则代表中华民族仁慈、宽厚、智慧灵动的一面。中华龙凤文化专家庞进先生说："龙和凤从两个不同的方面展现着中华文化的基本品格：龙代表着合力奋进、刚健有为的一面；凤则代表着和美仁爱、灵慧福生的一面。如果再精粹一些，可以这样说，龙文化的精髓是'合力'，凤文化的精髓是'和美'。"（庞进《中国凤文化》前言）自远古到当今，龙凤习俗都因体现着"阴阳和谐"理念而互渗互补、相辅相成。龙凤文化相对、互补、相渗、互含、合一，演化出中华文化的大千世界。

在古人眼中，凤与龙不但是同源之物，并且可以互相转化。《庄子·逍遥游》载："北冥有鱼，其名为鲲。鲲之大，不知其几千里也。化而为鸟，其名而鹏。鹏之背，不知其几千里也。怒而飞，其翼若垂天之云。是鸟也，海运则将迁徙于南冥。南冥者，天池也。"根据《说文·鸟部》中的说法"鹏，亦古文凤。"我们可以知道古文中的凤和鹏实际上是一个字。在《庄子·逍遥游》中，鲲可以化大鸟——鹏。鹏和凤古同音同字，鹏就是凤鸟的异名。鹏又被描绘成双翅宽阔而巨大的鸟，所谓"鹏举翅摩天"。

现在，无论学界和民间，大家一般都认同伏羲和女娲是"龙"的说法，所谓"龙的传人"实源于此。而其实，伏羲和女娲既是"龙"也是"凤"，因为，古籍记载二人都是"风"姓，而风与凤在远古时期具有同一性，凤既是太阳之神，也是"司风"之神，凤字的发音就来自风声。1965年在新疆阿斯塔那出土了一幅唐代（公元618—907年）伏羲女娲图，现藏于新疆维吾尔自治区博物馆。图中描绘的是伏羲女娲相拥交媾的景象，表现了中国古代神话传说中人类始祖的形象以及中华龙文化的深奥蕴涵。

这幅唐代的伏羲女娲图，是龙凤同源的又一重要例证。（图56）图中男女二人均微侧身，面容相向，各一手抱对方腰部，另一手扬起，男手执矩而女执规；男女下半身均为蛇形，互相交绕，男女头之间上部绘日形，日中有三足鸟，蛇尾之下绘月形，月中有玉兔、桂树、蟾蜍。男女日月形象四周，有大小不一的圆点，当系星宿，情态生动，线条粗犷，色泽单

图56 新疆阿斯塔那出土唐代伏羲女娲图

纯，幅面缀以日月星宿之像，不仅有空间辽阔之感，也显示了伏羲女娲作为人类始祖的崇高意蕴。那么，为何说这幅伏羲女娲图是龙凤同源的又一例证呢？其一，图中伏羲女娲头之间上部绘日形代表天龙，为日；蛇尾之下绘有月形代表地龙，为月。日中的三足鸟，就是太阳神鸟——凤，充分彰显了凤鸟是太阳神的象征。其二，伏羲女娲下半身均为蛇形，互相交绕，又同为一姓——风，风亦即"凤"。这幅图寓意龙凤不仅同源，而且同为一体。

新石器时代是中华文明的起源期和中华民族的形成期。在和这个时代相对应的大地湾文化、高庙文化、赵宝沟文化、河姆渡文化、仰韶文化、良渚文化、红山文化、大汶口文化、龙山文化、石家河文化等区系类型文化中，我们都看到了凤凰美丽的身影。中华文明的核心体系和中华民族的主体是在这各大区系、众多类型文化的交汇影响、彼此融合中逐步形成的。而凤与龙一样，显然是这个过程的参与者、伴随者、见证者和标志

者。从马衔山天池传出的太极图，再到盘龙洞窟内出现的天然太极图，图中的龙凤形象开启了华夏民族龙凤崇拜的先河，从而形成象征龙凤崇拜的龙凤纹。

在距今7000余年前，位于中国渭河流域生活着一批以彩陶文化为特征的先民。目前已发现的重要遗址有陕西的半坡、姜寨、北首岭等多处，考古学家称其文化为仰韶文化半坡类型。仰韶文化半坡类型先民的经济生活以农业为主，兼营采集、狩猎和捕鱼，大多数考古学家认为当时属于母系氏族社会。属于仰韶文化半坡类型的北首岭遗址位于宝鸡市金陵河西岸，碳同位素测定年代为距今6800—6000年。人们在北首岭遗址出土的一件蒜头形陶壶上，发现了原龙纹像。这条"龙"具有细长的身躯，呈弧形盘曲于陶壶的肩部。"龙"的头部呈方形、圆睛，头两侧具有暴起的巨腮，头与背部均有斑状花纹，而其腹部则为U字形迭弧状花纹。它的背部有两鳍，腹部有一鳍，尾部分为三叉。"龙"的尾部绘有一只短尾、尖嘴、体型肥硕的大鸟，鸟喙与"龙"尾的中间部位相连，状似啄衔。其实，这里的鸟正是"凤"，我们可把它们称为北首岭仰韶文化"龙凤纹"。（图57）

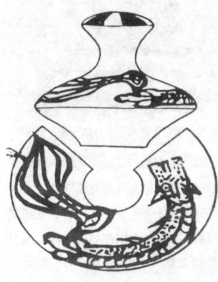

图57 陕西宝鸡北首岭仰韶文化
半坡类型遗址出土的"龙凤纹"

出土于宝鸡北首岭的龙凤纹，有人认为应称作"鱼鸟纹"或"鸟鱼纹"，理由是图纹简约、粗糙，"龙"还不是成熟的"龙"，像鱼；"凤"也不是成熟的"凤"，像"鸟"。故考古工作者曾把这一图案定名为"水鸟啄鱼纹"。近年来，很多学者都认为，渭河流域这里的鱼就是早期的龙纹。如果我们联想到商代那些龙鸟（凤）相衔的纹像，就会认为这种看法不无道理。因为，图中的龙已不是单一的生物龙了，而是已经"神化"了的神物龙，这个"神化"用当今学者的话说，就是原龙纹（生物龙）"化合式变形"。化合式变形是先民对某种自然的动物艺术形体进行局部的添加或置换，使之脱离其原型动物的本体形态，从而具有多种动物特征的艺术手法。一般来说，添加或置换的成分来自于其他动物形象的相应部分。由于这种艺术手法使动物形象的构成"成分"发生变化，故借用"化合"这一化学范畴的词汇。北首岭龙凤纹中的"龙"，正是生物龙蛟鳄、鼍鳄、蛇与"龙化"动物鱼的"化合式变形"艺术手法的彰显。同样，龙凤纹中的"凤"也是"凤化"鸟类的神物化。这也充分体现了生活在渭河流域的先民们，对四象星龙中龙和凤的崇拜。

虽然鱼鸟纹的含义是恒定的——龙、凤崇拜，但鸟鱼的组合形式却是灵活多样的。我们把眼光放远一些，看到位于陕西省西安市临潼区，地处临河东岸的第二台地上的姜寨仰韶文化遗址（公元前 4600—前 4400 年）出土的绘有鱼鸟组合纹饰的彩陶瓶，就会发现，纹像中的鱼和鸟虽然经过变形处理，但二者显然并无主次之分，呈现出一种平等、和谐的关系。（半坡博物馆《姜寨》）姜寨彩陶瓶上的鸟鱼纹采用了变形、混合的艺术手法，而北首岭蒜头壶上的鱼鸟纹则借鉴了自然界中常见的鸟衔鱼的世俗形式。正因为先民意识到他们所要表现的鱼鸟的真正含义，与自然界中鸟衔鱼的本质大相径庭，所以他们的作品虽与自然界鸟衔鱼的真实形象近似，但并不完全相同。他们采用了鸟和鱼口与尾、口与口相连的组合方式，减弱了鱼肉鸟食的争斗气氛，强调了协调一致的和谐意味，以更好地表达沟通天地的含义。

其实，这种"鸟衔鱼纹"在新石器时代及后期文化中并不罕见。时代较北首岭遗址稍晚的河南临汝阎村仰韶文化遗址，出土有彩陶瓮棺，其上也有与此类似的鱼鸟图像。其中鸟为体型硕大的白色鹳形，双脚直立，略向后仰，鸟喙与鱼嘴相接；鱼作白色鲢鱼形，鱼体僵直、全无动态；鸟鱼旁竖立着一把巨大的石斧。（临汝县文化馆《临汝阎村新石器时代遗址调查》）考古工作者将这组纹像称为"鹳鱼石斧图"。（张绍文《原始艺术的瑰宝——记仰韶文化彩陶上的"鹳鱼石斧图"》）虽然"北首岭的陶壶比阎村的陶缸要早好几百年，而且还有地域的不同，它们之间是否有联系，尚待今后研究，不过它们反映出的史前艺术家创作时遵循的思想意识是相同的，使用的艺术语言也是相近的。"（杨泓《文明的轨迹I》）这是非常正确的。

　　龙和凤在一起的情形，在新石器时代的各种文化类型中是不多见的。陕西宝鸡北首岭龙凤纹属于仰韶文化早期，之后，辽宁文物考古研究所郑重向外界宣布：玉凤和玉龙同现于红山文化。20世纪80年代，玉雕龙从辽西牛河梁遗址的积石冢出土，引起轰动；21世纪初，玉雕凤又从该遗址的第十六地点四号墓面世。"龙与凤同时作为祭祀或是身份象征出现在史前文化遗址中，这标志着牛河梁是龙凤文化的起源地。"（朱达、王来柱《牛河梁遗址第十六地点发掘获重大成果》）

　　红山文化时代属于新石器时代中期文化，距今达5000年以上，凤与龙同址出现，（图58）且都以相当精致的样式，与身份高贵的墓主人同处一穴，这至少可以说明，当时的龙和凤均为人们所喜爱、所珍重的神奇之物，龙凤崇拜已同步发展到一定的高度，且已形成相互配合、携手共荣、同臻美满的格局。在牛河梁遗址中龙与凤不但同址出现，而且还发现了龙凤一体的"龙凤玉佩"。N2Z1M23出土，标本第3号。青白色，泛绿。长10.3厘米、宽7.8厘米、厚0.9厘米。出土于墓主腹部。上为凤，喙部向下勾曲，有冠有羽，蛇身。龙在下，长吻如同鳄鱼，有圆窝状鼻，有耳有角，亦蛇身。凤喙部相抵于龙的下颚或腹部。

　　龙山文化属于新石器时代晚期文化，距今达4800年至4000年，这个时期也有龙凤同穴的情况。湖南澧县

图58　红山文化辽西牛河梁遗址出土的玉雕龙和玉雕凤

孙家岗十四号龙山文化（一说为"石家河文化"）墓葬曾有"龙形玉佩"和"凤形玉佩"一并出土。两玉佩中均为乳白色高岭玉镂空透雕。龙头部有高耸的角饰，躯体盘曲；凤头饰羽冠，长喙曲颈，卷尾展翅作欲飞状。玉佩为古代贵族随身所佩戴，具有装饰和标示身份的作用。龙凤同佩，想必身份更为高贵。

龙山文化晚期同夏（约前2100—前1600年）的前期重合。尽管还没有属于夏朝的龙凤同穴的文物发现，但是我们仍可认为其对应、配合、互补的状况并没有中断。因为，到了商代（约前1600—前1100年），龙凤同穴的情形似乎已成时尚，河南安阳殷墟妇好墓就既出土有黄褐色特别漂亮的"玉凤"，又出土了墨绿色造型别致的"玉龙"。而收藏于山东省泰安市博物馆，属于商代的青黄色"龙凤冠人形玉佩"，则让我们第一次看到了最早的"龙凤同体"图案：龙凤冠戴在一个身穿束腰连衣裙的人物头上，冠上的龙头下曲，居右；冠上的凤头翘扬，居左；龙身凤体合二为一。这样的造型，给人的感觉就不仅是对应、配合、互补了，而是相交、融合，是你中有我，我中有你的"合一"或"同一"。

那么，龙和凤为什么会相互对应、配合、补充，以至于融合呢？这主要由于它们是同根同源。另外，还得从神物龙的形象和凤的神性以及它们各自的图腾来分析。龙图腾的取材对象，主要是鳄、蜥蜴、蛇、鱼等动物，以及云、雷电、虹霓、龙卷风等天象，其动物多为喜欢阴凉、潮湿，且善于隐藏的"水物"、"水兽"；其天象也是和阴雨有关之象，这就导致了龙图腾在其形成的初期，基本上是属"阴"的。凤图腾的取材对象主要是鸡、燕、乌、孔雀等鸟禽，而鸟禽绝大多数都是喜欢温暖，喜爱阳光的，有"阳鸟乌"、"阳禽"、"火精"之说。这样，从新石器时代到盛行阴阳五行学说的春秋战国时期，龙主要是以"阴物"的形象出现，"凤"主要是以"阳物"的面貌出现。

从北首岭仰韶文化"龙凤纹"，到商代的"龙凤同体"，再到战国时期的"龙凤交融"，说明中国先民对阴阳的认识早在7000年前就已产生，发展到战国时已经相当丰富且成熟。东周时代是中央集权崩溃、天下群雄并起的时代，也是礼崩乐坏、宗教观念产生大变革的时代。这种变革导致了春秋晚期至战国时期，诸多思想家纷纷涌现，从而形成了"百家争鸣"的局面。当时哲学领域最突出的成就，就是明确提出了"阴阳"学说。《道德经·四十二章》云："万物负阴而抱阳。"成书于战国时期的《周易·系辞》云："一阴一阳之谓道。"自然界的一切事物与现象都可归纳为阴阳两大范畴。凡在上的、热的、动的、雄性的等为阳，凡在下的、寒的、静的、雌性的等为阴。阴阳交合就可产生无穷变化，即所谓"天地合而万物生，阴阳接而变化起。"（《荀子·礼论》）《周易·系辞下》云："天地絪缊，万物化醇；男女构精，万物化生。""《乾》、《坤》，其《易》之门邪？乾，阳物也；坤，阴物也。阴阳合德而刚柔有体，以体天地之撰，以通神明之明德。"这种学说是东周时期的思想家对太极文化核心——阴阳文化思想精粹的传承与弘扬。从这个时期开始，人们把阴阳交合看作是顺应天道的表现，自然也是获得神灵庇佑的吉祥象征。

春秋战国时期，龙凤配合、交融的状况发展到一个高峰，往往是通过交缠、纠结、合体而实现龙凤交融。这一时代典型的龙凤合璧立体造型为河北平山县战国时期中山国墓葬一号墓出土的"四鹿四龙四凤方案器座"。中山在战国时期是一个相当重要的诸侯国，虽说为北方民族白狄所建，但深受华夏文化的影响，人们信奉的哲学宗教观念大体没有什么不同。这座龙凤纠结方案，"案框作正方形，由四龙四凤组成的案座支撑。四龙分处四角，龙颈修长，龙头前探，与案角连接成一条弧形内收的轮廓线。作者大胆地把龙设计为双身三尾，龙身从胸以下分为左右两支，回转上卷，尾稍反挂龙角。相邻二龙尾部勾连回绕，在案座每面中心形成连环。每龙左尾又别出一支与案座中心拱璧相连。龙肩上出双翼，八只龙翼翼端连接，形成覆杯形……作者在龙身回转构成的连环中又增饰了四只鸟。……凤头、凤爪从龙尾绕结的连环中伸出，两翼、长尾则交叉在连环之后，这样就使这个美丽的神话动物既位于方案旋转线条的交叉点，又打破了原有单纯的流动曲线而大大丰富了方案的装饰结构。"（巫鸿《谈几件中山国器物的造型与装饰》，《文物》1979 年第 5 期）据《吕氏春秋·先识览》载晋国太史屠黍云中山之俗"淫昏康乐，歌谣好悲"。龙凤纠结方案无疑带有较强的宗教艺术色彩，而其主要含义还是"阴阳交合"。

东周时代盛行阴阳交合的另一种艺术形象，就是龙凤合璧的造型与纹饰。在古人的观念中，龙是水中的神兽。《吕氏春秋·召类》云："以龙致雨。"高诱注："龙，水物也，故致雨。"在阴阳学说中水为阴，故龙也是阴兽。《古微书》引《春秋元命苞》云："龙之为言萌也，阴中之阴也。"与此相反，古人观念中的凤是一种与火相关的神鸟。《春秋演孔图》曰："凤，火精。"《春秋元命苞》则云："火离为凤。"（《太平御览·羽族部》）火为阳，凤亦即阳鸟。龙凤合璧即为阴阳相辅，龙凤同体即为阴阳交合，因而它们也就成了吉祥图案而广为流行。

阴阳交合观念来自于新石器时代的鱼鸟纹。针对北首岭"水鸟衔鱼纹"和阎村"鹳鱼石斧图"，连劭名先生曾敏锐地指出："仰韶文化中尊崇鸟鱼相衔的图形，应是表示阴阳交合的抽象哲学思想。"（连劭名《"鸟鱼石斧图"的宗教与哲学意义》）商代的龙凤合璧形象多见于玉器造型，有趣的是，商代的龙凤之间往往还保留着相衔的关系，只是由鸟衔鱼变成了龙"咬"凤，这是由于龙在商人尊崇的通天神兽中地位极高的缘故。商代龙凤合璧造型往往是凤大龙小，这也是新石器时代鸟衔鱼纹的遗风。如现藏台湾故宫博物院的商代龙衔凤佩，凤体硕大、巨喙下弯、头部高昂。凤头上伏有一龙，体型瘦小，鳄形、祖角、一足，低头张口作衔咬状。再如殷墟妇好墓出土的龙衔凤佩，凤体肥胖硕大，呈奔走状；凤头上伏一祖角张口的小龙。（中国社会科学院考古研究所《殷墟妇好墓》）其实商代龙凤合璧造型也并非都是凤大龙小及相衔的关系。如殷墟妇好墓出土的一件龙凤合璧玉片，即龙大凤小，造型为凤立于山石之上，龙则立于凤背上。

龙凤合璧造型，绝非仅风行于东周时代的北方诸国，在长江北岸的湖北江陵马山一号楚墓出土的丝织品上，也可以看到更多、更美的龙凤合璧图案。墓中出土刺绣品共 21 件，"刺绣花纹的主题是龙和凤鸟，几乎无一例外，但其形态各异，绝不雷同"。（湖北省荆州地区博物馆《江陵马山一号楚墓》）如其中的蟠龙飞凤纹绣，图案中的龙凤各自成对，上下更替；凤纹峨冠巨翅，作回首立式；龙纹角、耳俱全，张口吐舌，犬牙尖利，身躯呈 S 形与一小型凤纹交缠；龙凤纹交替处，又有小型龙纹充填其间，构图繁缛复杂，风格华美堂皇。又如舞凤飞龙纹绣，花纹由左右两组构成，纵向排列。每组一龙一凤，顾盼有致，相映成趣。楚墓刺绣品中，还见有龙凤合体纹绣。图案中的龙、凤头部均严重图案化，龙头在前，凤头在后，共为一躯；躯体变形为植物的藤蔓状，盘曲缠绕。楚国是个巫风炽烈的国度，《新论·言体篇》言楚灵王笃信巫祝，"骄逸轻下，简贤务鬼，信巫祝之道，斋戒洁鲜，以祀上帝，礼群神，躬执羽绂，起舞坛前"。楚人喜用龙凤合璧的图案，依然是取其阴阳交合以示吉祥的含义。马山一号楚墓死者的身份为"士阶层中地位较高者"，（湖北省荆州地区博物馆《江陵马山一号楚墓》）其随葬的丝织品图案以龙凤合璧内容为主，其间自有沟通天地的宗教意义。

在东周时代，龙凤合璧也是玉器所常用的图案之一，其形式主要有"龙凤并立"与"龙凤合体"两种。龙凤并立图案中的龙凤各自有完整的躯体，如台北故宫博物院收藏的战国龙凤纹佩，全器呈璜形，长 8.0 厘米，宽 2.0 厘米，"正中雕两只小鸟，大约是凤。这两只凤，两喙相接，两足也相接，表现出非常亲密的样子。璜身本来是比较窄细，但是把两端折回，每端上各琢一龙头后，便不显得窄细了。龙首接近鸟翼，注视着两鸟，仿佛羡慕他们的亲密样子"。（那志良《人纹小佩龙凤纹佩》）安徽省博物馆藏战国镂空龙凤纹佩，整个玉佩呈扁平的璜形。上部是尾连为一躯、首相背的双龙，角、足俱全；龙躯下则是一对尾相连、首相背的双凤，凤长冠卷尾，作鸣叫状。这两件玉器可谓是异曲同工。这类龙凤合璧图案不仅有龙有凤，龙凤本身还成对出现，无疑是强化阴阳交合的宗教含义。此外，常见的龙凤合体图案一般为身躯两端分别雕出龙、凤之首，亦见有龙、凤之首生于同侧者。安徽省博物馆还藏有两件形式更为复杂的战国龙凤合体纹玉佩。（图 59）两件玉佩均于 1977 年在安徽长丰县杨公乡墓葬出土，质地为黄玉。其中的一件，左端为一曲颈回首、展翅徘徊的凤鸟，右端为一昂首之龙，龙凤共为一躯，躯体呈 S 形，通体遍饰凸蚕纹。同出的另一件玉佩图案与此大体相同，唯有龙颈两侧多出两只雏凤，凤颈外侧亦多出一只雏凤。这种图案的深层含义仍然是表现阴阳交合与生殖。

龙凤合璧图像起源于新石器时代，演变于商周，定型于东周。亦如乾

马衔山龙文化与黄河文明

图 59　安徽省博物馆藏战国镂空龙凤纹玉佩

坤、天地、父母，缺一不能存在一样，龙与凤也缺一不能存在。不仅如此，二者也不能有尊卑轻重之别。从中华文化的源头来看，至少在孔子时代，龙凤二者亦无尊卑高下、强弱轻重之别。《论语·微子》云："凤兮凤兮！何德之衰。"邢晟疏："知孔子有圣德，故比孔子于凤。"如此说来，凤凰在中华民族先民中的地位不会在龙之下。

综上所述，我们可以说黄河石林盘龙洞窟内天然太极图中的龙凤形象，是中国目前发现最早以龙凤为象征的"阴阳太极图"。陕西宝鸡市北首岭"龙凤纹"是对盘龙洞天然太极图中龙凤文化的传承与发展，似也可以看作抽象化了的"阴阳图"——龙凤纹。作为源远流长、蕴涵丰富的文化现象，凤和龙都是太极核心——阴阳文化的标志和象征。凤凰因为是太阳神鸟具有阳性，又因和太阳崇拜、风崇拜、族祖崇拜关系密切，其在远古先民心目中的地位不比龙低，甚至还要高一些。北首岭"龙凤纹"上的凤，就在龙之上，且表现出"啄龙"的姿态；殷墟妇好墓出土的"玉凤"比同墓出土的"玉龙"要好看得多；而商代"龙凤冠人形玉佩"，也是翘首凤在上，曲头龙在下；而在长沙陈家大山楚墓出土的"龙凤人物帛画"上，无论是形象的美健、神态的昂扬，凤都远远超过了龙。甚至，凤还有意识地摄取龙的某些特性。湖南省博物馆收藏了一件商代"鹗卣"，其底部的凤纹，就长着打弯的龙角，甩着有节的龙尾。

在中华民族的文化中，虽然龙凤并提，但就社会影响来说大抵上龙都超过凤。我们一般说自己是龙的传人，却未见说是凤的传人。这个原因，主要来自封建文化的宗法制，按宗法制，父系为尊，龙是父系的代表，凤是母系的代表。宗法制奠定了封建社会的基础，作为一国之君的皇上，自然是龙，而皇后就是凤。这里似是显出尊卑之别了。所以，可以说龙凤的地位和风光程度之差，是由男性帝王为标志的男权社会造成的。

于是，凤凰便有了一个大的转化，即由整体上呈阳转化为呈阴。这个转化，大约是从秦汉开始的。其原因在于，秦汉以降，龙的身上开始具有象征君主帝王的神性，专制帝王把龙拿去做了自己的比附象征物。而中国的帝王，除了武则天之外，全是男性。正因为帝王们绝大多数都是男的，手中又掌握着至高无上、威力无边的权力，加上龙身上具备了众多"阳物"的特性，其呼风唤雨的威力和飞举变化的能量，也和雄壮属阳的男性相吻合；而凤凰由于其外表美丽，更和喜好打扮得花枝招展的属阴的温柔女性相接近。凤凰的这个转化过程，历时大约一千多年。

然而如果追溯龙凤图腾的源头，我们则可以看到，龙与凤两大图腾其实并没有尊卑之别。龙凤图腾的源头都来自四大星象龙及其所降生的生物龙。周代特别是西周的青铜器的纹饰中凤凰占据十分突出的地位，而作为青铜器标志性的饕餮纹在此一时期则少见。值得我们注意的是，在周及周前的青铜器纹饰中，不仅没有发现龙与凤争斗的图案，却发现了不同时期的龙凤同体纹。这有力地说明了中华民族中多民族的亲和性、统一性。庞进先生说："凤凰形象是中华民族文化崇尚'和'的产物，是'和'的象征，其实，龙也是，龙凤之间的关系也是。"（庞进《中国凤文化》）

二、岳麓山的老子飞升台与龙凤文化

马衔山南麓的岳麓山，位于临洮县城东二里许，当地人称为"东山"。岳麓山因老子在此提笔点太极然后"飞升"而闻名。宋时，岳麓山建有东岳泰山庙于山麓，山上亭台阁榭遍布，花草林木繁茂，自然景观和人文景观交相辉映。沿绿树成荫的石阶而上，水榭、毓秀亭、伏龙阁、畅怀亭、一览亭等独具特色的建筑飞檐流丹、画阁回廊，典雅别致。半山腰便是老子飞升的"凤台"和超然书院。（图60）岳麓之巅，则是蜀汉大将姜维点兵之处——姜维墩。

老子当年西出函谷关，寻"远祖根"、访"圣迹"、探秘昆仑至敦煌回归狄道后，决定归隐于空同山南麓的狄道。因为狄道空同山是老子梦寐以求的"圣迹"之地——太极圣地、华夏龙脉宝山。一日，老子游至狄道县东

图 60　马衔山南麓的岳麓山凤台

面的岳麓山，在此处仰观巍巍岳麓山，俯视滚滚洮河水，对随行的弟子情不自禁地赞叹说："此地山清水秀，真胜景也！"其中半山腰有一地名曰"凤台"，于是便决定居于此讲经修道。

老子在岳麓山讲经修道的凤台，后人又称为"超然台"。"超然"之名，语出《道德经》第二十六章："虽有荣观、燕处超然。"据《狄道州志》卷十一载：台下有岩溪流出，又有白玉泉水从东而来，洄环左右，与溪水交汇，泠泠作响，且有花草树木掩映，小鸟回翔。夏秋之交，台上观之，恍如御风而游太虚。这种记载与老子超然物外的道家思想非常吻合。凤台，光绪九年重建，至今仍然掩映在梧桐树的浓荫之中，其上镌刻"凤台"二字。

岳麓山的凤台，不仅是老子讲经修道之地，而且也是老子飞升之地。时至今日，在当地民众中仍然流传着老子提笔点太极的神奇传说。老子在临洮传道时，每日登东山在凤台讲经。早上登山时，见河西约五千米的地方，有一座与众不同的山，早晨一片光明，傍晚一片阴暗，不像别的山那样有明有暗。后来，老子的讲经活动结束了，便站在东山半腰的台地上，对弟子们说："吾要使城北河西岸的那座山变得早晚都像太极图一样。"言毕，挥起笔来，朝那座山点画了几下，并把笔朝天插在了地上，接着就"飞升"了。第二天早上人们一看，那座山仿佛换了一个景象，早上明的部分晚上变暗了，早上暗的部分晚上变明了，就像早上的那幅太极图转了

个身一样，成了明暗相反的一幅太极图。

今天岳麓山超然书院内的笔峰塔，相传就是当年老子挥笔点太极后插笔的地方。笔峰塔最早建于何时，现无考证。宋朝元丰年间，蒋之奇任狄道太守时，曾清理过原建木塔的残迹。明朝所建砖结构塔三十年代仍存。抗日战争时期，迁临的兰州乡师因办学，害怕塔倒塌，便拆除了笔峰塔。民国35年，东岩寺竣工碑上仍刻有"笔锋"二字。1989年在岳麓山重建过程中，重建了笔峰塔。塔高19米，占地50平方米，六角七层混凝土结构。筒瓦覆顶，墙壁装饰水泥浮雕，装角兽42个，是超然书院内最高的标志性建筑物。

老子为何要将讲经修道和飞升之地选择于岳麓山的凤台？其一，因为空同山是盘古开天辟地"垂死化身"时留下的太极中心。古之空同山与昆仑山东大龙脉相连接，东大龙脉之气在空同山通过中国的三大干龙传向九州大地。所以，老子认为古之空同山既是中国三大干龙的汇聚地，也是中国三大龙脉的生发地；既是华夏民族的龙脉宝山，更是天下的中心——太极中心。其二，华夏人文之祖黄帝问道和飞升于古之空同山，这是老子将讲经修道和飞升之地选择于岳麓山的凤台的重要缘由之一。其三，龙神金龙因营造出华夏大地上的三大干龙汇聚于空同山的丰功伟绩，被龙祖盘古敕封居于天龙（太阳）之宫中，从而金龙也就成了太阳神鸟——凤凰。空同山周边地区远古先民，为了永远缅怀金龙的这一伟大功绩，从而创制了马家窑文化变形凤凰纹，岳麓山的"凤台"就是狄道远古先民对凤凰崇拜的传承。所以老子出于对被称为"凤"的孔子的相知和深情厚谊，便决定归隐于岳麓山的凤台。

关于老子的生平事迹，已难以详考。从老子的家世来看，他的先辈做过太史、太卜一类的官，在身份上接近于卿大夫，属于贵族中上层。老子的原籍是楚国苦县（今鹿邑县），但由于周王室太史一类的官职是世袭的，因此，老子很可能出生在洛邑。年长后，老子任周王朝的守藏室史（管理图书典籍的官吏）。在这里，他潜心于书籍之中，见闻广博，熟悉旧的典章制度，通晓历史，对人世有了更深切的认识，进而形成深奥、玄妙的思想体系。

　　按照司马迁的记述，老子是一位学识渊博、社会经验丰富、精通古代礼制而又对礼制持严肃批评态度、脾气有些古怪的老者。他生活在周景王、周敬王时代，社会动荡，民心思变。他也许像许多正直的大臣一样，向周王上过治国的策论，但此时的周王已没有重振王权的伟大抱负，考虑的只是如何除掉有不诚之心的王室异己，如何在各诸侯强国间巧妙周旋，以图苟且偷生。老子是个智者，当他的理想无法付诸实施时，不像有些大臣那样卷入王室的是非之争，从而招来杀身之祸。他埋头读书，接待一些像孔子一样的求学者，谈远离现实政治的哲学命题。

　　孔子（前551年—前479年），名丘，字仲尼。（图61）祖上是宋国的贵族，先祖是商朝开国君主商汤。（李学勤《李学勤讲演录》）周初，三监之乱后，为了安抚商朝的贵族及后裔，周公以周成王之命封商纣王的庶兄微子启（《孔子家语》）于商丘建立宋国，奉殷商祀。微子启死后，其弟微仲即位，微仲是孔子的十五世祖。六世祖得孔氏，称孔父嘉。孔父嘉是宋国大夫，曾为大司马，封地位于宋国栗邑（今河南省商丘市夏邑县），后来在宫廷内乱中被太宰华督所杀。孔父嘉子木金父，木金父生孔防叔，孔防叔的孙子叔梁纥就是孔子的父亲，叔梁纥为避宋国战乱逃到鲁国的陬邑（今山东省曲阜市）定居，其官职为陬邑大夫。（《史记·孔子世家》）

　　《史记·孔子世家》载："孔子晚而喜《易》，序《彖》《系》《象》《说卦》《文言》。读《易》，韦编三绝。曰：'假我数

图61　孔子画像

年，若是，我于《易》则彬彬矣。'"《论语·述而》："子曰：加我数年，五十以学《易》，可以无大过矣。"帛书《易传》的《要》篇记载："夫子老而好《易》，居则在席，行则在囊。"《史记·孔子世家》之叙事顺序：孔子在鲁定公十三年（公元前497年，孔子55岁）离开鲁国，周游列国，"凡十四年而反乎鲁"。即鲁哀公十一年（公元前484年，孔子68岁），"鲁终不能用孔子，孔子亦不求仕"。于是序《书》删《诗》，定正礼乐，随后才记"孔子晚而喜《易》"之事。此孔子68岁以后研《易》之明证。

孔子曾为鲁司寇，与鲁国太史和乐官经常都有交往。因此，孔子晚年可以尽得鲁大史氏所藏"祝宗卜史、备物典册、文王之书、周公之典与《鲁春秋》"。归鲁以后，年近70岁的孔子得到了《易象》，终于发现了《易经》的秘义，孔子后悔早年五十岁左右担任鲁国大司寇时没有利用职务之便到鲁大史氏研习《易象》（五十以学《易》），致使"堕三都"失败，被迫周游列国十四年（此谓之一生之"大过"），"假我数年"或"加我数年"皆追悔之言，晚年的孔子于是废寝忘食地研究《易象》，"居则在席，行则在囊。"《易经》一书时刻不离身，体现了孔子求悟《易象》的迫切心情和补过之意。其后，孔子及其弟子继续研究《易经》，成书《十翼》，开创了儒学的文化形态。

龙凤是中华龙文化的两大图腾，在龙凤身上聚集着中华龙文化的精髓。《史记·老子韩非列传》说，孔子问礼于老子，归去之后，谓弟子曰："吾今日见老子，其犹龙耶！"《庄子·天运》亦说："孔子见老聃归，三日不谈。弟子问曰：'夫子见老聃，亦将何归哉？'孔子曰：'吾乃今于是乎见龙。龙合而成体，散而成章，乘云气而养乎阴阳。予口张而不能嗋，予又何归老聃哉！'"这段话中共有三个"归"字，前者是归去之意，后二者通"窥"，有窥见之意。

孔子比老子为龙，是取龙所具有的神变能通、超然高洁、令人难以把握的特点。据说孔子是想把自己的著作藏于周室，才来拜见老子的。《庄子·天道》："孔子西藏书于周室。子路谋曰：'由闻周之徵藏史有老聃者，免而归居，夫子欲藏书，则试往因焉。'孔子曰：'善'。"可见老子之后，孔子被老子通达睿智的思想、深不可测的学识和不浊于世的品格深深地折服了，以至于张口结舌，惊讶得说不出话来（"口张而不能嚼"）。孔子感到了自己学识的不足。孔子曾周游列国，见识的人也不可谓不多，而且孔子一向是强调要"知人"的，可见过大世面的孔子，在面对老子这位智者时，却感到难于把握对方，老子根本不是那种一眼就能望到底的人。对于走兽，可用张网（"罔"）来捕它；对于游鱼，可用钓丝（"纶"）来捉它；对于飞鸟，可用拴着丝绳的箭（"矰"）来射它。此三者或走或游或飞，固守一端。而老子是龙，高深莫测，变化无形，难怪孔子不知用什么办法来把握他，以致茫然不知所措了。

孔子如此赞誉老子，若从情理上讲，也并非那么不可思议的事情。众所周知，孔子是一位著名的教育家和人文学者，精通六艺，严格说来，却算不上是哲学家。老子为"周守藏室之史"，（《史记·老子韩非列传》）用今天的话来说，就是国家图书馆馆长。老子熟悉历史，知识广博，这一点应是毫无疑问的。此外，老子还是一位思想大师，一位沉思形上之道的哲学家。孔子在老子这位哲学家面前，有相形见绌之感是正常的。

从《史记》和《庄子》的记载来看，孔子对于会见老子的感觉是美好的。孔子回去后，一连三日不谈与老子见面的事，他也许沉浸在与老子谈话的美好回忆中，或许在深深地思考所受到的教益。孔子由衷地称赞老子，把老子比作龙，这既突出了老子学识的深厚、思想的高超，也表现了孔子的伟大，充分展示了孔子谦虚豁达的品德。一个是中国哲学的泰山北斗，一个是儒家的万世德宗。孔子誉老子为龙这件事，使中国文化史上最重要、最伟大的两个人物，相得益彰地闪烁着灿烂的文明之光。

孔子誉老子为龙，而老子则称孔子为凤。相传，老子看见孔子带着他的五个弟子在前面走，就问身边的人："前面是谁呀？"回答说："紧跟在孔子后面的是子路，勇敢有力量；下来是子贡，有智慧；再下来是曾子，以孝出名；再下来是颜回，最讲仁义；走在最后的是子张，有武功。"老子感叹道："我听说南方有一种鸟，名字叫凤凰。凤凰很有文采，爱戴圣浩，秉膺仁义，右边是有智的人，左边是贤明的人。"这一记载见于《太平御览》卷九一五所辑古《庄子》佚文："老子见孔子从弟子五人，问曰：'前为谁？'对曰：'子路，勇且多力；其次子贡为智，曾子为孝，颜回为仁，子张为武！'老子叹曰："吾闻南方有鸟，名凤。所居积石千里，天为生食，其树名琼，枝高百仞，以璆林、琅玕为宝。天又为生离珠，一人三头，遁卧遁起，以伺琅玕。凤鸟之文，戴圣婴仁，右智左贤。"

在古人心目中，凤凰是一种十分高贵、傲然高洁的神物。老子说，凤所居住的地方"积石千里"，栖于琼枝之上，伴以"璆林、琅玕"之宝。"琼"，《说文·玉部》云："赤玉也"，后泛指美玉。唐代进士萧颖士《贺立太子表》云："琼枝挺秀，玉叶资神。"后世还常用"琼枝玉叶"来指王室子弟或名门贵胄。"璆"，同"球"，即美玉。《尚书·禹贡》："厥贡璆、铁、银、镂、砮、磬。""琅玕"，孔传曰："琅玕，石而似玉。"人们把凤凰与"琼"、"璆"、"琅玕"等这么多尊贵的东西联系在一起，也足见人们心目中凤凰本身之尊贵。《史记·日者列传》亦云："凤凰不与燕雀为群。"《孟子·公孙丑上》记孟子引用孔子弟子有若语曰："麒麟之于走兽，凤凰之于飞鸟，太山之于丘垤，河海之于行潦，类也。圣人之于民，亦类也。出其类，拔乎其萃。自生民以来，未有盛于孔子也。"意思是说，麒麟之于走兽，凤凰之于飞鸟，太山（泰山）之于土堆，河海之于小溪，圣人之于百姓，都是同类，但又远远地超出了他那一类。

以凤来比孔子的不只老子一人，还有楚国狂人接舆。《论语·微子》云："楚狂接舆歌而过孔子，曰：'凤兮，凤兮！何德之衰？往者不可谏，来者犹可追。已而，已而！今之从政者殆而！'"《庄子·人间世》亦云："孔子适楚，楚狂接舆游其门曰：'凤兮凤兮，何德之衰也？来世不可待，往世不可追也。天下有道，圣人成焉；天下无道，圣人生焉。方今之时，仅免刑焉！福轻乎羽，莫之知载；祸重乎地，莫之知避。已乎，已乎！临人以德。殆乎，殆乎！画地而趋。迷阳迷阳，无伤吾行。吾行却曲，无伤吾足。'""凤兮凤兮，何德之衰？"这是《论语·微子》中借"楚狂"之口所发的感叹。译成现在的话，就是"凤凰啊凤凰，为何周朝的德政衰落了啊！"这句话中的凤凰，就指的是孔子。宋人刑昺疏道："知孔子有圣德，故比孔子于凤。"

凤，古代传说中的鸟名，又叫凤凰或凤皇。凤是古代的灵兽。《礼记·礼运》说："……故圣人作则，必以天地为本，以阴阳之端，以四时为柄，以日星为纪，月以为量，鬼神以为徒，五行以为质，礼义以为器，人情以为田，四灵以为畜。……何谓四灵？麟、凤、龟、龙，谓之四灵。故龙以为畜，故鱼鲔不淰；凤以为畜，故鸟不獝；麟以为畜，故兽不狱；龟以为畜，故人情不失。"又"故天降膏露，地出醴泉，山出器车，河出马图，凤凰、麒麟皆在效椒，龟、龙在宫泽，其余鸟兽之卵胎，皆可俯而窥也。""凤"是古代的四种灵兽之一。孔子在《论语·子罕》曾叹息："凤鸟不至，河不出图，吾已矣夫！"孔子是将凤鸟看作与河图一样具有祥瑞的，并以此二者不现来表达自己对天下无清明之望的悲叹。

凤是神物，神物当有神性。凤的神性可以用向阳、喜火、达天、自新、秉德、兆瑞、崇高、好洁、示美、喻情、成王来概括。凤和龙一样，是中华民族不可多得的广义图腾、精神象征、文化标志和情感纽带。关于凤的记述，广泛地存在于古籍之中，如被誉为中国先秦经典四大奇书之一的《山海经》中，就有诸多关于凤的记载：

《山海经·南次三经》载："又东五百里，曰丹穴之山，其上多玉。丹水出焉，而南流注于渤海。有鸟焉，其状如鸡，五采而文，名曰凤皇，首文曰德，翼文曰义，背文曰礼，膺文曰仁，腹文曰信。是鸟也，饮食自然，自歌自舞，见则天下安宁。"

《山海经·海内西经》："开明西有凤皇、鸾鸟，皆戴蛇践蛇，膺有赤蛇。"

《山海经·海内西经》："开明北有视肉、珠树、文玉树、玕琪树、不死树。凤皇、鸾鸟皆戴蝂。又有离朱、木禾、柏树、甘水、圣木曼兑。一曰梃木牙交。"

《山海经·大荒东经》："大荒之中，有山名曰孽摇頵羝，上有扶木，柱三百里，其叶如芥。有谷曰温源谷、汤谷，上有扶木，一日方至，一日方出，皆载于乌。"此处的"乌"，就是汉代王充在《论衡·说日》所说"日中有三足乌"之乌，即太阳神鸟。"太阳神鸟，其实也就是凤凰。"（庞进《中国凤文化》）

《山海经·大荒东经》："有五采之鸟，相乡弃沙。惟帝俊下友。帝下两坛，采鸟是司。"

《山海经·大荒南经》："有巫山者，西有黄鸟。帝药，八斋。黄鸟于巫山，司此玄蛇。"马博注：黄，通"皇"。黄鸟即皇鸟，传说中的雌凤。

《山海经·大荒南经》："有载民之国。帝舜生无淫，降载处，是谓巫载民。巫载民盼姓，食谷，不绩不经，服也；不稼不穑，食也。爰歌舞之鸟，鸾鸟自歌，凤鸟自舞。爰有百兽，相群爰处。百各所聚。"

《山海经·大荒西经》："有五采鸟三名：一曰皇鸟，一曰鸾鸟，一曰凤鸟。"

《山海经·大荒西经》："有弇州之山，五采之鸟仰天，名曰鸣鸟。爰有百乐歌舞之凤。"

《山海经·大荒北经》："东北海之外，大荒之中，河水之间，附禺之山，帝颛顼与九嫔葬焉。爰有鸱久、文贝、离俞、鸾鸟、皇鸟、大物、小物。有青鸟、琅鸟、玄鸟、黄鸟、虎、豹、熊、罴、黄蛇、视肉、璇瑰、瑶碧，皆出卫于山。丘方圆三百里，丘南帝俊竹林在焉。大可为舟。竹南有赤泽水，名曰封渊。有三桑无枝。丘西有沈渊，颛顼所浴。"

《山海经·海内经》："有鸾鸟自歌，凤鸟自舞。凤鸟首文曰德，翼文曰顺，膺文曰仁，背文曰'义'，见则天下和。"

《左传·昭公十七年》载："秋，郯子来朝，公与之宴。昭子问焉，曰：'少皞氏鸟名官，何故也？'郯子曰：'吾祖也，我知之。昔者黄帝氏以云纪，故为云师而云名；炎帝氏以火纪，故为火师而火名；共工氏以水纪，故为水师而水名；大皞氏以龙纪，故为龙师而龙名。我高祖少皞挚之立也，凤鸟适至，故纪于鸟，为鸟师而鸟名。凤鸟氏，历正也；玄鸟氏，司分者也；伯赵氏，司至者也；青鸟氏，司启者也；丹鸟氏，司闭者也。祝鸠氏，司徒也；鴡鸠氏，司马也；鸤鸠氏，司空也；爽鸠氏，司寇也；鹘鸠氏，司事也。五鸠，鸠民者也。五雉，为五工正，利器用、正度量，夷民者也。九扈，为九农正，扈民无淫者也。自颛顼以来，不能纪远，乃纪于近，为民师而命以民事，则不能故也。'"

《楚辞·天问》里有"玄鸟致贻"（玄鸟送来一对卵蛋）的话，《离骚》里又感叹"凤凰既受诒兮！"（凤凰已受委托赠送过蛋卵了）"诒"同"贻"，都是遗留、赠送的意思，在这里则都是指玄鸟遗卵、简狄受孕之类的事情。屈原在记述同一件事情时，在一处称为玄鸟，在另一处又称为凤凰，可见在这位伟大的诗人眼里，玄鸟和凤凰其实就是一回事。文学家兼史学家郭沫若先生则说得更直截了当："玄鸟就是凤凰。"（《郭沫若全集·历史篇》）

其实，"玄"字本身就有多种含义，一为赤黑色，"黑而有赤色者为玄"，（《说文》）泛指黑色；"玄，黑也。"（《广雅》）那么玄鸟就应该是赤黑色或黑色的鸟了。二为神妙之意，所谓"玄之又玄，众妙之门。"（《道德经》）由此，玄鸟就应该是神妙之鸟了。此外，"玄"字还有第三种解释——玄为天，"天，又谓之玄。"（《释名》）所谓"天地玄黄"。（《千字文》）这样，玄鸟就可以又被称为天鸟了。唐代诗人陈子昂在《感遇》诗中写道："昆仑见玄凤，岂复叹云罗。"其中所讲的"玄凤"，就既可以理解为黑色的凤，也可以理解为神秘的凤，天上的凤。以上这些都说明了玄鸟是一种神鸟——凤，而这种神鸟早已进入到商人的氏族起源和祖先崇拜之中。

《史记·殷本纪》载："殷契，母曰简狄，有娀氏之女，为帝喾次妃。三人行浴，见玄鸟堕其卵，简狄取吞之，因孕，生契。契长而佐禹治水有功。帝舜乃命契曰：'百姓不亲，五品不训，汝为司徒而敬敷五教，五教在宽。'封于商，赐姓子氏。契兴于唐、虞、大禹之际，功业着于百姓，百姓以平。"

《淮南子·览冥训》曰："凤皇之翔，至德也，雷霆不作，风雨不兴，川谷不澹，草木不摇。"《淮南子·缪称训》曰："昔二皇凤皇至于庭，三代至乎门，周室至乎泽。德弥粗，所至弥远；德弥精，所至弥近。"纬书："凤，火之精也，生丹穴，非梧桐不栖，非竹实不食，非醴泉不饮，身备五色，鸣中五音，有道则见，飞则群鸟征之。"（《春秋演孔图》）"羽虫三百六十，凤为之长。"（《乐稽耀嘉》）

《说文解字》曰："凤，神鸟也。天老曰：'凤之象也，鸿前麟后，蛇颈鱼尾，鹳颡鸳思，龙文虎背，燕颔鸡喙，五色备举。出于东方君子之国，翱翔四海之外，过昆仑，饮砥柱，濯羽弱水，暮宿风穴。见则天下大安宁。'"从《说文》对"凤"的描述中，我们可以看出，"凤"是集龙和鸟于一体的"神鸟"。它每天早晨伴随着天龙——太阳，出于东方君子之国，翱翔在四海之外，飞过昆仑山，到黄河的砥柱饮水，在弱水洗濯毛羽，黄昏时就宿止在凤所出的凤穴。

老子为何将孔子称为凤？其一，这是老子根据《易经》构架中的"四象"而称孔子为凤的。四象，又称四象星，在中国传统文化中指青龙、白虎、朱雀、玄武，分别代表东、西、南、北四个方向，源于中国古代的星宿信仰。中国古代将天空分成东、北、西、南、中区域，称东方为苍龙象，南方为朱雀象，西方为白虎象，北方为玄武（龟、蛇）象，是为"四象"。这种"四象"是古人把每一个方位的七宿联系起来，根据每个方位上七宿各自形成的图像，对照大地上相应的动物形象而命名的。如东方苍龙星，角宿像龙角，氏、房宿像龙身，心宿像龙腰，尾宿像龙尾。南方朱雀星则以井宿到轸宿像鸟，柳宿为鸟嘴，星为鸟颈，张为嗉，翼为羽翮。后又将其运用于军营军列，成为行军打仗的保护神，如《礼记·曲礼上》曰："行，前朱鸟（雀）而后玄武，左青龙而右白虎，招摇在上。"陈皓注曰："行，军旅之出也。朱雀、玄武、青龙、白虎，四方宿名也。"又曰："旒（旗子上的飘带）数皆放之，龙旗则九旒，雀则七旒，虎则六旒，龟蛇则四旒也。"即说其表现形式是将"四象"分别画在旌旗上，以此来表明前后左右之军阵，鼓舞士气，达到战无不胜的目的。《十三经注疏·礼记·曲礼上》论及其作用时说："如鸟之翔，如龟蛇之毒，龙腾虎奋，无能敌此四物。"

四象星是华夏人文始祖伏羲最早发现的。伏羲在长期地"仰观天文，俯察地理"于是作八卦的过程中，首先发现了大地上的春、夏、秋、冬四季，然后又发现了与四季相对应的天空中的四象星。伏羲根据东方苍龙星的形态而发现了"龙"。老子认为，四象星是龙祖盘古开天辟地时，在创生了天龙和地龙之后，又化生的天象龙之———星象龙。四象星龙中的朱雀星、白虎星、玄武星，虽然它们的形态各异，不同于东方苍龙星，但是，它们与天龙、地龙一起都是由龙祖盘古创生的，是各自形态不同的天象龙。古人认为，龙为鳞虫之长，凤为众禽之长。前已述及，凤是由星象龙朱雀的化身——风神翼龙演变而来。所以，老子认为，龙与凤是同根同源。《左传·襄公九年》载："古之火正，或食于心，或食与咮。"这是说，古时候火正祭祀火星时，有的用东方苍龙星之心宿配祭，有的用南方朱雀星之柳星配祭。从而更进一步阐明了，老子认为龙与凤是同根同源、交融互渗的这一论点。

其二，老子认为，孔子其学说和思想核心与凤的神性、精神相吻合。凤的神性可以用向阳、喜火、达天、自新、秉德、兆瑞、崇高、好洁、示美、喻情、成王来概括；凤凰的身上体现着中华民族求明、献身、负任、敬德、尚和、爱美、重情、惜才的精神品格；凤凰文化的精髓可以用"和美"二字来概括。由此，老子根据中国古代著名经典《山海经·南次一经》述："又东五百里，曰丹穴之山，其上多金玉。丹水出焉，而南流注于渤海。有鸟焉，其状如鸡，五采而文，名曰凤皇，首文曰德，翼文曰义，背文曰礼，膺文曰仁，腹文曰信。是鸟也，饮食自然，自歌自舞，见则天下安宁。"这段记述，便确认孔子是凤凰的化身，故称孔子为凤。

同龙崇拜一样，凤崇拜也渗入了中华民族的始祖崇拜之中。在中华民族的远古先祖中，少昊是明确崇拜凤的，炎帝、黄帝、舜帝，既崇拜龙也崇拜凤；之后的夏族主要崇拜龙，商族则主要崇凤，而周、秦、汉，都是既崇拜龙也崇拜凤。目前发现的最早的"龙纹"出土于辽宁查海前红山文化遗址，距今约 7000 年；最早的"凤纹"出土于湖南高庙文化遗址，距今约 7800 年至 6800 年；最早的"龙凤纹"出土于陕西宝鸡北首岭仰韶文化遗址，距今约 7000 年。这几件珍贵文物足以说明：龙和凤都起源于距今 8000—7000 年前的新石器时代早期，而且差不多是同步的。

从北首岭仰韶文化"龙凤纹"，到商代的"龙凤同体"，再到战国时的"龙凤交融"，说明中国先民对阴阳的认识早在 7000 年前就已产生，发展到战国时期已经相当丰富且成熟。龙和凤的对应、争斗、沟通、和谐、配合、交融，正是古人阴阳观念（相克相生、对立统一、彼此消长、依存共处、互补转化）的形象化或意象化。据此，我们可以说，北首岭仰韶文化"龙凤纹"是一幅"阴阳太极图"，似乎也可以看作抽象化了的"龙凤纹"：鱼形化身"龙身"，头、眼来自"凤目"。

看来，龙和凤"此两者，同出而异名，同谓之玄。玄之又玄，众妙之门。"（《道德经》第一章）龙和凤是天生的一对，老子和孔子也是天生的一对。孔子用龙比作老子，是取了龙的变化不居的神性（所谓"合而成体，散而成章，乘云气而翔乎阴阳。"），来比老子的动静自如的神采和纵横天地不拘一格的思辨才能。从古人对于凤凰的观念，我们可以看出，老子比孔子为凤，则是用凤的"亲德嘉仁"的神性（所谓"戴圣婴仁，右智左贤"），来与孔子"智善和悦"的品性和仁爱为本、律己惠人的圣德相比。《金龙训言》曰：

> 老子传道行道法，敕令降吉传道门。
> 孔孟之道儒家文，礼义道德传天下。
> 道儒两家一体传，仁义礼智在内边。
> 忠孝仁义为道真，育化人人皆规行。

孔子的政治思想核心内容是"礼"与"仁"，在治国的方略上，他主张"为政以德"，用道德和礼教来治理国家是最高尚的治国之道。这种治国方略也叫"德治"或"礼治"。孔子的仁说，体现了人道精神；孔子的礼说，则体现了礼制精神，即现代意义上的秩序和制度。人道主义是人类永恒的主题，对于任何社会、任何时代、任何一个政府都是适用的，而秩序和制度社会则是建立人类文明社会的基本要求。孔子的这种人道主义和秩序精神是中国古代社会政治思想的精华。

孔子的最高政治理想是建立"天下为公"的大同社会。"大同"社会的基本特点是：大道畅行，"天下为公"，因而能"选贤与能，讲信修睦"，"人不独亲其亲，不独子其子，使老有所终，壮有所用，幼有所长，矜、寡、孤、独、废、疾者皆有所养。"阴谋欺诈不兴，盗窃祸乱不起，这是一幅传说中尧舜时代理想化的原始社会景象，也是孔子憧憬的最高理想社会。"小康"社会是孔子主张的较低的政治目标。"小康"社会的基本特点是：大道隐没，"天下为家"，"各亲其亲，各子其子，货力为己"。与这种贫富不均、贵贱不等相适应，产生了一系列的典章制度、伦理道德，"以正君臣，以笃父子，以睦兄弟，以和夫妇"。"以立田里，以贤勇知"，相应地还要设"城郭沟池以为固"，由是，"谋用是作，而兵由此起"。这种社会显然没有"大同"世界那样完美，但有正常秩序，有礼、仁、信、义，所以称为小康。

鲁哀公十六年，孔子患病不愈而卒，终年七十三岁，葬于鲁城北泗水岸边。不少弟子为之守墓三年，唯独子贡为孔子守墓六年。弟子及鲁国人以墓而家者上百家，得名孔里。孔子的故居改为庙堂，孔子受到人们的奉祀。

孔子在古代被尊奉为"天纵之圣"、"天之木铎"，是当时社会上的最博学者之一，被后世统治者尊为孔圣人、至圣、至圣先师、大成至圣文宣王先师、万世师表。其儒家思想对中国和世界都有深远的影响，孔子被列为"世界十大文化名人"之首。孔子被尊为儒教始祖（非儒学），随着孔子影响力的扩大，孔子祭祀也一度成为和上帝和国家的祖宗神同等级别的"大祀"。这种殊荣除老子外，古代唯有孔子而已。

西汉中期，天灾频发，社会动乱。儒者梅福认为，这是由于未能妥善安排对于孔子的祭祀，因而上天发怒。当时的国家政权接受了梅福的提议，封孔子为商汤的后代，接续先王的祭祀。到东汉，国家才正式把孔子作为国家的公祭神，其地位和社稷神同等。唐代，命令每个县都要建庙祭祀孔子。每年春秋两次大祭，每月初一和十五两次小祭。大的祭祀起初由学官主持，后来改由地方官主持。唐代以后，孔子的地位不断提高，对孔子的封号也不断增加。

孔子成为国家公祭神以后，儒者们的宗教地位也相应提高。唐代为孔子设立"从祀"即陪同享受祭祀的制度（如道家四大真人）。最早选中陪同孔子的，是22位对于注释儒经有重大贡献的儒者，后来扩大到孔子的所有弟子和历代著名的儒者。宋代，从祀制度逐渐完备起来。其最高的有四位，被称为"四配"，他们是颜回、曾参、子思和孟轲。其次是"十哲"，孔子的十个优秀弟子。"德行：颜渊，闵子骞，冉伯牛，仲弓。言语：宰我，子贡。政事：冉有，季路。文学：子游，子夏。"再次是"先贤"，祭祀那些亲自接受孔子教导的弟子们。最后是"先儒"，祭祀孔子弟子以后历代最优秀的儒者。而后来的儒者，也以死后能够进入孔庙成为先

图 62　山东省曲阜市南门内的孔庙

儒为最高的荣誉。

孔庙，是纪念祭祀中国伟大思想家、教育家孔子的祠庙建筑。（图62）在中国古代建筑类型中，堪称是最为突出的一种，是中国古代文化遗产中极其重要的组成部分。在中国、朝鲜、日本、越南、印度尼西亚、新加坡、美国等国家分布着2000多座孔庙，中国国内1600多座，而目前国内保存较好的孔庙只有300余座，列入国家重点文物保护单位的有21座。自汉代以后，各地祭孔活动延续不断，在各地逐渐建成孔庙。其中位于山东省曲阜市南门内的孔庙为本庙，另外，在福州、北京、衢州、德阳、武威等地都有孔庙。

第七章

文化圣苑

第七章
文化圣苑

    马衔山四季风光迷人。夏季的马衔山，林木交荫，郁郁葱葱，这正是登山野游的好时节。当你沿着山径攀登，两侧山坡上的林带里既有一片片高大挺拔的云杉林，也有一片片由杨、桦等树种混生的阔叶林，还有一片片密密匝匝难以行人的灌木林。在海拔3000米附近，呈现在人们面前的又是一个花的海洋。生长在灌木丛中的各种陇蜀杜鹃，争相吐艳，昂首怒放。游人身边到处是绽放的野花，像美丽的云锦那么绚丽，那样延绵……高山陇蜀杜鹃，它和一顶顶白色的帐篷，一群群牦牛散落在如茵的草坪上，在蓝天的映衬下，宛如一幅天然图画。美丽的陇蜀杜鹃，粉红色的花，白色的花，一团团，一簇簇，把整座山装点得如云似海，一派生机盎然。那飘飘洒洒的细雨更是把这座山抹上了一层朦胧而又神秘的色彩。近看，每簇花由十几朵小花组成，花冠上还有深红色的细小斑点。粉红的花像羞涩的少女，而白色花却白得如雪似玉，晶莹的水珠在花冠和叶子上滚动，宛如镶嵌的宝石，更显得光彩照人。它们任凭风霜雨雪，傲然挺立在高山上，年年岁岁，岁岁年年，为黄土高原奉献着最美丽的翠色，最甜的芳菲，再看阴山处，一丛丛、一片片的阔叶枇杷树，花挨着花，树干交叉着树干，整座山都像是花树堆起来的。这些英勇无畏，生长在高原也照样怒放的枇杷花，它的花不小，但不鲜艳，甚至不秀美。花瓣和枝叶都有被风雪蹂躏过的痕迹，它们因为高寒和生存环境的恶劣而没有花的妩媚，但它们拼尽全身气力开放着，别的花开放或许是为了昭示美丽，或许是为了展示青春，而这些绽放的枇杷花，都是在壮烈赴死。因此，整座大山都给人一种肃然起敬的感觉。（图63）

图 63　马衔山"一山四季"自然景观

　　当人们登上马衔山顶时，山巅景色更是新奇。山高天低，林绿云白，游人漫步其上如履平川，绿波草原，一望无垠，水草丰美，绿茵如毯。草原的周缘是起伏平缓的原野，常见于寒带或青藏高原上的冻土草丘，融冻泥流，冻胀石林，山顶"石海"及高山冻土等冰缘地貌，在此发育良好，比比皆是。尤其是那一个个经冻胀后，钻出地表，松散站立的"石笋"更为奇特。大的"石笋"有 80 厘米高，在"石笋"间散落着数以万计的草丘，大者近米，小者盈尺，抬眼望去，浑然一体，自成一景。人踩上去绵软似絮，如虔诚教徒摆放的蒲团，期待着每一位游客的光临。据说，这些隆起的草丘，原本是一块块坚硬的岩石，千万年后风化为泥土，清风把种子吹落在上面，繁衍生息而逐渐成了草甸的奇观。牦牛在"石笋"草甸间慢悠悠地啃食着牧草；羊群如流云飞絮，点缀其间，真是一派"天苍苍，野茫茫，风吹草低见牛羊"的草原绮丽风光。微风吹过，清凉的空气中夹杂着一股艾苦味，吸一口沁人心脾，令人心旷神怡。

　　在马衔山南坡的金龙池，周边数里，附近灌木丛生，野花绣地。农历六月初六，马衔山到处绿草茵茵，唯独金龙池一带的冰雪还没有消融，仅开一孔，称为后池，过去建有金龙大王庙。（图 64）池北另有一池，称为前池。夜晚，映着月光，那冰层衬得金龙池如同白昼一般。金龙池天气多变，诡

图 64　马衔山南坡的金龙池金龙大王庙遗址

异莫测。一时天气晴朗，一时"脸色"突变，云雾过来，雨也就来了。有时一阵寒风吹过，残雪飘落在朵朵繁花上面，远远望去，好像吐蕊的棉花一样，而嫩绿的树叶依然伸展着，与风雪抗争着。霎时间，阳光普照大地，那残雪顿时消融。雪水滋润着泥土，千万朵美丽的山花向着太阳，绽开了笑脸。仲夏时节，赤日炎炎，金龙池却银装素裹，如果人们有时间到这里来赏雪，那将是另一番情趣。

秋天的马衔山遍山尽染，在那高高的山上，有清新的空气，有葱绿的森林，有挂满枝头的黄澄澄的沙棘果和野党参、贝母、防风、柴胡、秦艽、羌活、甘草、赤芍、黄柏等珍贵药材，更有被人称为终年不化的皑皑积雪。每年初秋，兰州地区境内尚在雨季，而马衔山山顶一场接一场的降雪，使山上处处雪花飞舞，纷纷扬扬，封盖了整个山顶，旷野中的一草一木都被层层叠及的雪赋予了灵气，就像洁白秀美的姑娘……雪后的清晨，放眼望去，隐约可见马衔山山顶雪峰直插云天，云雪斗奇，壮丽异常。山上银海波澜，笼罩着山下萋萋芳草，森森林木。雪线的线条显得格外柔美，雪线以下林木苍翠，野花映红，牛羊游散，景色如画。山下竞相开放的野花，在阳光地照耀下，白雪与红花交相辉映，形成一幅色彩斑斓的画卷。到了冬天，马衔山就是雪的世界，雪的海洋，让人们充分领略苍松傲雪，畅游林海雪原的豪气和由冰峰、雪岭、冰雕构成的一派雪韵风情。

马衔山得天独厚，这里是盘古开天辟地"垂死化身"时留下的太极中心。盘古文化是中华史前文化，它以神话故事的形式流传古今，传播中外，反映了原始先民的思维发展和原始宇宙观。驰名中外的马家窑文化、寺洼文化和辛店文化均产生于马衔山地区，被誉为人类文明的曙光，是古文化遗存中最灿烂的代表之一。

一、马家窑文化中的凤文化

马家窑文化，1923 年首先发现于甘肃省临洮县的马家窑村。马家窑文化是仰韶文化向西发展的一种地方类型，出现于距今 5700 多年前新石器时代的晚期，历经了 3000 多年的发展，有石岭下、马家窑、半山、马厂等四个类型。主要分布于黄河上游地区及甘肃、青海境内的洮河、大夏河及湟水流域一带。马家窑遗址位于临洮县洮河西岸的马家窑村麻峪沟口，1924年，瑞典地质学家兼考古学家安特生，在甘肃临洮马家窑村发现一处远古文化遗址，定名为仰韶文化马家窑期，在当地发掘了大量的上古时代彩陶器皿。一个沉寂几千年的文化瑰宝第一次展现在世人面前。

马家窑遗址虽发现较早，但以其命名却是20世纪40年代的事。对马家窑文化的命名，以及是否将半山、马厂类型包括在内，考古界曾有过许多争议，到目前为止意见还没有完全统一。最早对马家窑遗址进行调查发掘的安特生，将临洮的马家窑遗存和广河的半山遗存合称为仰韶期或仰韶文化，为了与河南、陕西的仰韶文化相区别，也称之为甘肃仰韶文化。1944—1945年，中国考古研究所原所长夏鼐先生到甘肃进行考古工作，为了确定马家窑期与寺洼期墓葬的关系，发掘了临洮寺洼山遗址，认识到所谓甘肃仰韶文化与河南仰韶文化有颇多不同，认为应将临洮的马家窑遗址作为代表，称之为马家窑文化。此后马家窑文化在学术界得到承认，它以一种独立的文化形态向世人展示了图案精美、内涵丰富、数量众多、达到世界巅峰的彩陶文化。

马家窑文化制陶业非常发达，其彩陶继承了仰韶文化庙底沟类型爽朗的风格，但表现更为精细，形成了绚丽而又典雅的艺术风格，比仰韶文化有进一步的发展，艺术成就达到了登峰造极的高度。陶器大多以泥条盘筑法成型，陶质呈橙黄色，器表打磨得非常细腻。（图65）许多马家窑文化遗存中，还发现有窑场和陶窑、颜料以及研磨颜料的石板、调色陶碟等。马家窑文化的彩陶，早期以纯黑彩绘花纹为主；中期使用纯黑彩和黑、红二彩相间绘制花纹；晚期多以黑、红二彩并用绘

图65 马家窑文化彩陶器

制花纹。马家窑文化的制陶工艺已开始使用慢轮修坯，并利用转轮绘制同心圆纹、弦纹和平行线等纹饰，表现出了娴熟的绘画技巧。彩陶的大量生产，说明这一时期制陶的社会分工早已专业化，出现了专门的制陶工匠师。彩陶的发达是马家窑文化显著的特点，在中国所发现的所有彩陶文化中，马家窑文化彩陶比例是最高的，而且它的内彩也特别发达，图案的时代特点十分鲜明。从 20 世纪 50 年代末开始，随着大量新出土材料的积累，马家窑文化彩陶的研究越来越受学术界关注，逐渐成为史前文化研究中的一大热点。

中原地区仰韶文化的彩陶衰落以后，马家窑文化的彩陶又延续发展数百年，将彩陶文化推向前所未有的高度。马家窑文化以彩陶器为代表，它的器型丰富多姿，图案极富于变化，绚丽多彩，是世界彩陶发展史上无与伦比的奇观，是人类远古先民创造的最灿烂的文化，是彩陶艺术发展的顶峰。它不仅是工业文明、农业文明的源头，同时它源远流长地孕育了中国文化艺术的起源与发展，它神奇辉煌的艺术魅力至今还在震撼着我们的心灵。

文化是历史的缩影，时代的一面镜子。马家窑文化的高度发展，是新石器时期华夏文明晨曦中绚丽的霞光，折射着中华先民在远古时代所达到的多项文化成就，马家窑文化不仅包含着史前时期众多神秘的社会信息、文化信息，同时它创造了中国画最早的形式。马家窑文化彩陶的绘制中以毛笔作为绘画工具、以线条作为造型手段、以黑色（同于墨）作为主要基调，奠定了中国画发展的历史基础与以线描为特征的基本形式。彩陶是中国绘画的源，马家窑文化将史前文化的发展推向了登峰造极的高度，创造了绘画表现的许多新的形式，马家窑文化的彩陶图画，就是神奇丰富的史前"中国画"。

马家窑文化产生在遥远的史前时代。它的图案之多样，题材之丰富，花纹之精美，构思之灵妙，是史前任何一种远古文化所不可比拟的，它丰富多姿的图案构成了典丽、古朴、大器、浑厚的艺术风格；它神奇的动物图纹，恢宏的歌舞，对比的几何形状，强烈的动感姿态，像黄河奔流，生生不息，永世旋动；它像黄河浪尖上的水珠，引领着浪涛的起伏，臻成彩陶艺术的高峰；它留下的极其丰富的图案世界，是人类永远取之不尽的艺术宝库。

吉祥图案是中国传统艺术宝库中的瑰宝。它题材广泛、内涵丰富、形式多样、流传久远，是其他艺术形式难以替代的。吉祥图案是中华民族历史文化宝库中一笔珍贵的精神财富，也是我们民族文化的象征。吉祥观念起源于原始社会时期古人对生活中存在的不安定感，对人类自身的疾病、死亡的迷惑和畏惧感，需要借助某一物或者神，帮助他们驱鬼逐妖、消灭灾害、保佑平安。于是，象征吉祥平安的图腾出现了。而龙凤图案就是中国最具民族特色的图腾，凝聚了中华民族对祖先的崇拜和对大自然理解的心态。传统吉祥图案在经过漫长的历史凝练后，逐步形成各种具有典型文化内涵的图形和纹饰，它们包括人物、植物、动物、图腾等形式在内的图像。

凤凰是中国古代传说中的百鸟之王，和龙一样是华夏民族的图腾。它的羽毛一般被描述为赤红色，凤凰和麒麟一样，是雌雄统称，雄为凤，雌为凰，其总称为凤凰。就阴阳而论，凤凰有两个系统，一个是自身系统，一个是与龙对应的系统。自身系统是有阴有阳，所谓凤为阳，凰为阴；与龙对应时，其系统发生了一个转化，即由整体上呈阳转化为整体上为阴。凤凰具有强大的亲和力，它代表着美好事物，代表着喜庆、吉祥，惩恶扬善，还代表着高尚的人品，在中国人的心目中具有独特的魅力，是中华民族"和"文化的精神象征，也是华夏文化一次次走出毁灭危机的理念之源。"和"是中华文化的核心理念之一，也是凤凰文化的精髓之一。

仰韶文化中的凤凰纹有许多是做了变形处理的，有的变形幅度相当大。变形幅度大了，就和水流纹、旋涡纹甚至旋风纹接近了。学者严文明将见于马家窑文化陶器上的鸟纹和相关的几何纹，排了一个由接近具象而渐次抽象的图例，说明"开始是写实的、生动的、形象多样化的，后来都逐步走向图案化、规律化、规范化……鸟纹经过一个时期的发展，到马家窑时期即已开始旋涡化"。再往后，这些鸟纹（旋涡纹）又变成了"大圆圈纹，形象模拟太阳，可称之为拟日纹"。（《甘肃彩陶的源流》，《文物》1978年第10期）

马家窑文化是仰韶文化向西发展的一种地方类型，其中有一幅变形凤凰纹，其凤与凰头相对，身相盘；头呈黑圆，尖嘴凸出，身体用三道弯线表示，线条流畅，造型夸张，给人一种动态和谐的美感。（图 66）马家窑文化变形凤凰纹的设计者设计的"双凤图"，并未单纯从形象上追求逼真，而是把凤凰图案上的翅膀、爪子等细节统统去掉，仅余下呈黑色圆头部和三道弯线代表凤凰，以一正一反的结构形式，反映出一种深厚的文化底蕴。采用旋转的两只凤鸟组合图案加以表达，两对旋转的凤鸟极富动感，显得大气磅礴，这种旋转图案具有太极图结构的因素。

图 66　马家窑文化变形凤凰纹

马家窑文化变形凤凰纹，它是继黄河石林盘龙洞天然太极图中的龙凤图像之后，又一种对太极文化传承与发展的表达形式。8000 年前，龙龟由马衔山天池出发，送给华夏人文始祖伏羲的太极图，是由代表天龙和地龙的阴阳二龙图式组成，此图被称为"天书龙图"——阴阳二龙太极图；至黄河石林盘龙洞后，演变发展为由代表中华龙文化主体的龙凤图式组成，是中国目前发现最早的以龙凤为象征的"龙凤阴阳太极图"；两千多年后，马家窑文化的变形凤凰纹，是在前面两种阴阳太极图式的基础上，传承和发展演变为由代表阳（凤）和阴（凰）的"双凤图"——凤凰阴阳太极图。在"双凤图"中，呈黑圆形的两个头部相互对应，同处于圆形太极图中的同一中轴线，由三道弯线代表凤凰，如同两个黑白匀称且相互交感、涵容的阴阳二龙。两个黑圆形的头部，象征着阴阳二龙太极图中的黑色龙眼"●"与白色龙眼"○"。

5700 多年前的马家窑文化变形凤凰纹，充分体现了马衔山周边地区远古先民对龙神金龙的无限崇拜。因为，是金龙（风神翼龙）在历时 1700

万年，营造出华夏大地上的三大干龙汇聚于马衔山，从而形成了马衔山天池、金龙前池与后池。从此，金龙也就成为了太阳神鸟——凤凰。马衔山周边地区远古先民，为了永远缅怀金龙的这一丰功伟绩，从而创制了马家窑文化变形凤凰纹。图像中的三道弯线，象征着金龙营造出的三大干龙汇聚于马衔山——黑圆形的凤头，亦即太极的中心——大地的中心，又称为大地的轴心，它在太极图中的标识是黑色龙眼"●"。凤凰的尖嘴凸出，象征着昆仑山东大龙脉至祁连山脉乌鞘岭后，分为两条支脉，其中的一条支脉从乌鞘岭向东南方向行至今兰州市西固区达川乡，过黄河行经大章山，至燕子山连接中华龙脉宝山——马衔山。如果将马家窑文化变形凤凰纹中的三道弯线舒展开后，就展现出中国三大干龙和昆仑山的东大龙脉以马衔山为基点，构成了中国龙脉的大"个"字形脉络。马衔山天池的形成，成了太极文化的诞生地和传播地，由最初的"阴阳二龙太极图"，传承发展为"龙凤阴阳太极图"，后又演变为"凤凰阴阳太极图"。但其三者，同根同源，是传承和弘扬龙文化的载体，共同传播着中华龙文化的主体文化——龙凤文化。

凤凰具有自我更新的品性，能够焚毁掉旧我，产生新我，所谓"凤凰涅槃"。凤凰的形象，也总是与时俱进，新新不已。1996 年诞生的香港凤凰卫视，以其鲜明的形象和品牌成就了传媒奇迹。据说，凤凰卫视中文台的台标设计构想是凤凰卫视台长刘长乐提出的，由中央美院教授设计完成。台标的原型就是马家窑文化变形凤凰纹——双凤图，是一凤一凰盘旋飞舞、和谐互动的形象，并使用了中国特有的"喜相逢"结构形式，给人以巨大的形象吸引力和无限的想象空间，且成功运用华夏文明最推崇的黄色，符合该台为全球华人服务的定位。黄色之中又有热烈耀眼的红色，寓意着融合、开放和沟通，其核心是一个"和"字。凤凰卫视独特的台标，给每一个见过它的人都留下了深刻的印象，"小"台标有"大"含义。

一阴一阳谓之道，一凤一凰谓凤凰。凤凰卫视的台标设计上结合了阴阳太极图，凤代表阳，凰代表阴，它的直接寓意就是阴阳结合。刘长乐先生认为："中国人喜欢讲阴阳八卦，如果被什么东西框住了，事业就不会有更大发展。因此，设计上既突出交汇，更注意围绕一个'开'字做文章。"而设计者刘波教授说："优秀的标志特征就是适量、适意，且一凤一凰、一阴一阳的两个主题像两团燃烧的火，极富动感地共融在一个圆内，既具直观性又有象征意义。凤尾和凰尾突出开放的特点，必定会使设计作品更具文化性和社会性。"值得注意的是，台标的设计者对马家窑文化变形凤凰纹的借鉴和运用，不是简单地照抄照搬，而是立足于现代审美观念基础上的对传统造型的再创造，是对"双凤图"的改造、提炼和运用，因而更富有时代特色，同时也体现了民族个性。

凤凰不仅是中国传说中的神鸟，在西方基督教文化中，也有与中国凤凰相似的不死鸟 PHOENIX（与凤凰的英文译名相同），是一种神鸟。在西方文化中，也有不死鸟浴火重生的神话。凤凰卫视的诞生其实就是一个东西文化融合的产物，凤凰卫视与美国新闻中心作为独家股东香港卫视的合作，这个"联姻"借凤与凰的阴阳交汇，预示着东西方文化、传统和现代文化的一次历史性整合重组，更是对古老的中国太极文化的发扬光大。以凤凰及其图像作为电视台的名称和标识，象征着东西文化的完美结合。标识将富有旋转交融的形象和大众的幻想相结合，从某种程度上消除了意识形态领域坚硬的边界。在东方意识形态与西方意识形态之间，凤凰取得了微妙的平衡，凤凰卫视的台标在中国传统的、封闭的意识形态中找到了出口，由凤凰组成的台标中，所有的口都是开放而非封闭的。寓意其扎根中国，以传播中国文化为己任的目标，更帮助中华民族以更加开放的思维和开阔的视野去认识这个纷繁多姿的世界。

二、儒道佛三家文化的圣苑

马衔山的北麓，是兴隆山国家级自然森林保护区，起伏的山峦与敦厚的森林植被构成了兴隆山壮阔美丽的图景。马衔山的两条支脉形成了兴隆山的两大主峰兴龙山和栖云山，兴龙山峰峦起伏，势若飞龙；栖云山主峰如锥，直插云天。在兴龙山与栖云山两山间有座形似弥勒佛坦腹而坐的小山叫仙人峰。其雄，在于千嶂逶迤、势若奔腾；其险，在于峰巅路转、塔悬道奇；其幽，在于林木葱茏、四季常青。在一片绿海碧涛之中，著名的兴隆山景区，宛如玛瑙镶嵌在翠玉之上，光彩夺目。兴隆山坐落在甘肃中部干旱地区之一的榆中县境内，甘肃中部素来缺水少雨而且土地干旱，植被稀疏，但巍峨耸立于其中的兴隆山却森林覆盖，林秀常绿，雨水充沛，气候温润。这不能不说是一个奇迹。

兴隆山位于兰州市榆中县城西南五千米处，距兰州市 60 千米。主峰由东西二峰组成，东峰"兴龙峰"海拔 2400 米，西峰"栖云峰"海拔 2500 米，二峰间为兴隆峡，有云龙桥横空飞架峡谷。兴隆山两峰对峙，水从中流。东山被参天青松覆盖，宛如用整块线条柔缦、色彩碧绿的翡翠精雕而成，古人称坡急幽深，风格脱俗。西山气势雄伟，气度高拔，山间云遮雾绕，虚实掩映，缥缈如仙境，被誉为小蓬莱。两峰之间的山泉淙淙潺潺，春夏奔流。山泉水色如画，水质清澈，与两峰高低应对，遥相形成山映水活、水映山灵、高山流水的诗情画境。

唐宋时，兴隆山神殿甚多，香火旺盛，称"洞天福地"。现栖云峰有混元阁、（图67）朝云观、雷祖殿等殿阁；兴龙峰有二仙台、太白泉、大佛殿、喜松亭、滴泪亭等景点。古因"常有白云浩渺无际"而取名"栖云山"，向有"陇上名胜"之称。兴龙峰上的大佛殿，中间有大殿三间，两旁各有配殿两间。大佛殿斗拱重檐，雕梁画栋，均以蓝、绿、红三色相间彩绘，庄严肃穆。殿前三株云杉挺拔高大，院内有蒙古包五顶。大殿上方"大雄宝殿"四个字是赵朴初的手笔。正殿里供奉着三世佛，中间是娑婆世界释迦牟尼，左边是东方净琉璃世界药师佛，右边是西方极乐世界阿弥陀佛。释迦牟尼前面就是赫赫有名的马背天骄元太祖"成吉思汗"。"成吉思汗"是蒙古语，意思是"像大海一样伟大的领袖"。一代天骄成吉思汗，戎马一生的铁骑将军，英勇善战的民族英雄。史载，公元1227年，成吉思汗在攻打西夏时病逝，其衣冠和兵器用物安放于此。

图67　兴隆山栖云峰混元阁

马衔山龙文化与黄河文明

每年农历六月初六日是兴隆山的庙会，又称为"开山会"，这是因为山神庙里供奉的"兴隆山山神"是杨四将军，六月六日是杨四将军的成道日和祭祀日。

据说在汉平帝时期，在今江苏省镇江市一带的扬子江中，因蛟龙作怪，江水常常暴涨，大浪滔天，船只被掀翻，村庄被淹没，许多渔民和村民葬身江水中。在扬子江边的一个村庄里住着母子俩，儿子叫杨四，其父亲和三个哥哥都被蛟龙吞噬了。杨四九岁时，因斩除蛟龙，被潜伏水底的美人鱼冷箭射死，鲜血染红了扬子江。从此，杨四斩除孽龙，平定水患，舍身救万民的故事在扬子江边广为流传，杨四成为了百姓心目中的神，将其奉为水界神将。杨四被奉为水界神将后，处处显灵。相传，曾化身为八九岁的放羊娃，挥鞭断流，使扬子江瞬间闪开了一条道路，助汉光武帝刘秀穿江而过。刘秀得了天下做了皇帝后，访知当年挥鞭断流的恩人，原来就是水界神将杨四的化身，于是，刘秀钦封杨四为"杨四将军"，并为其建庙塑像。600多年前，明太祖朱元璋与陈友谅在鄱阳湖大战，幸得一位神童出手相救，朱元璋才得以脱险。后来朱元璋登基后，查得当年出手相救的那位神童，原来就是当年威镇扬子江，后被汉光武帝钦封的杨四将军。于是下诏扩建杨四将军庙，赐封"镇江王庙"。至清朝，民间就传有镇江王在白水江救康熙的故事。康熙三十七年（1698年）七月，康熙帝带着几位随从微服私访途经嘉陵江上游，当来到清澈见底的白水江（白龙江最大的支流）时，突然间惊涛骇浪，有两条蛟龙（一雌一雄）冲向康熙帝船舷底，猛烈攻击。这时，只见一仙童挥动斩妖降魔剑，刺向两蛟龙。霎时，孽龙钻入水底，潜逃无影，江面风平浪静。康熙帝得救，逃脱此劫，忙回头看时，那仙童早已不见了去向。康熙帝回朝后，下诏绘画师画影，亲视审验，祭拜还愿。大臣们一看画像，有人不禁惊呼，原来此仙童正是汉光武帝刘秀钦封的杨四将军，明朱洪武赐封的镇江王，急忙向康熙帝奏明原委。于是康熙敕封其为"翻江倒海镇江王菩萨"。

兴隆山庙会的道教活动始于宋代，兴盛于明清和民国时期，至今仍是榆中县域内乃至相邻地区较大的庙会。会中的道事活动设坛扬幡、弘法诵经，致祭各路神仙。届时，附近四乡八邻走出家门、扶老携幼、呼朋唤友、结伴出游云集山会。善男信女上山焚香敬神、求签问卦、祈子还愿；官员乡绅安神祈福、行善施斋、敬仙求雨。兴隆山庙会以传统的道教仪式和仪式音乐见长，喧而不哗、闹而不躁，文质彬彬，氛围儒雅。

当我们穿过两峰争翠，水从中流，一派龙腾虎跃之势的兴隆峡谷之后，便就到达华夏龙脉宝山马衔山脚下的哈班沟。在一片绿海波涛中，具有汉、藏、蒙、回各民族建筑艺术风格的金龙殿、佛殿、冥王府、白衣寺、白马殿、龙文化研究院、老子文化研究院等古建筑群，宛如玛瑙镶嵌在碧玉之上，绚丽多彩。相伴于这些古建筑群的还有星罗棋布的"休闲别墅"和"农家乐园"。这既是大自然赐予人世间的游览胜景，也反映了陇原儿女的智慧、才能和创造精神。哈班沟风景如画、气候宜人，这里奇峰叠翠、飞泉流湍、森林苍郁、风景旖旎。暖春翠峰耸立；盛夏白云缥缈；仲秋万紫千红；初冬苍翠如黛。优越的地理位置，独特的自然风光，使哈班沟成为人们理想的休身养性、避暑度假的龙文化旅游胜地。

金龙殿坐落在马衔山北麓下的哈班沟内，位于马衔山中轴线的北端。大殿前有一形如九州版图的荷花池，如同普陀山南海观音"普济寺"前的"海印池"。"海印"为佛的三昧之名，如大海能汇聚百川之水，金龙之智，能印现宇宙万法。荷花池面积6900平方米，三面环山，四周树木参天，池水为马衔山天池水所积，清莹如玉。每当盛夏之际，池中荷叶田田、莲花亭亭，映衬着古树、龙殿、宝塔倒影，构成一幅十分美妙的图画。夏季月夜到此，或静风天高，朗月映池；或清风徐徐，荷香袭人，恰似人间仙境，美轮美奂。金龙殿地处于如此圣境，就其地理风水价值，《金龙训言》曰：

真龙真地藏龙穴，文峰案笔右提起，
人人踏上科峰路，盘旋高顶路直径。
千万年来吾寻真，终将内幕揭开明，
丰硕成果人心齐，识得龙地变为真。
瀚海天边古刹地，天皇位中有巫令，
别看此口缺一口，真龙口中吐真气。

金龙殿高耸壮观，气势恢宏，整体设计理念和结构布局充分体现了中国龙文化的建筑风格。大殿总体结构以太极阴阳八卦为设计理念，即太极生两仪，两仪生四象，四象生八卦。金龙殿外观为三层，内观为一层。大殿总体结构外观为三层，代表天、地、人三界，寓示着《易经》文化"天地人三才之道"的伟大学说。因为，这个学说早就深入中华民族之心，贯穿于中华民族的人伦日用之中，牢固地培育了中华民族乐于与天地合一、与自然和谐的精神，对天地与自然持有极其虔诚的敬爱之心。从最古老的中国人的思维中，"天"即地上的宇宙为之天，而地为人脚下立足的，并赖以生活和繁衍的地方为之地。而人在天与地之中间。因此，在远古的认识论中，就有了表述天地"乾坤"的概念，天为乾，地为坤。而世间的一切事物的产生，都是由天地交融演化而来。

《易经》之所以广大而完备，博大而精深，就因为它专门系统地研究了天、地、人三才之道。《周易·说卦》云："昔者圣人之作《易》也。将以顺性命之理。是以立天之道曰阴与阳，立地之道曰柔与刚，立人之道曰仁与义。兼三才而两之，故《易》六画而成卦；分阴分阳，迭用柔刚，故《易》立位而成章。"为什么要立天、地、人三才之道呢？这乃是由于古代圣人作《易经》时，为了要"顺性命之理"。"性"，指人性而言。"命"，指天命而言，即自然界的必然性与规律性。这是说，圣人作《易经》时之所以立天、地、人三才之道，乃是为了顺从人的本性与自然现象的必然性。

随着天地人的交合，作为人的自我意识越来越强，强到鼎立于天地间，一分为三。人类的进步和智慧的提升，远古时期的先哲们又认识到在天、地、人的中间，存在着一个更大的东西，它广阔无形，独有而永恒不变，它循环往复，而又永不停息。古代的哲人老子将它称之为"道"，老子曰："人法地，地法天，天法道，道法自然。"（《道德经》第二十五章）这样就有了道、天、地、人四个重要的概念。这就说人是效法地，依赖于大地万物而生存；而地（万物）是效法于天，依赖于天（日月、四季、风雨）而生存；而天体是效法于道，即依照自然规律而运转；而这个"道"（自然规律）就是自然的本质，就是自然的本来面目。这就是说，天、地、人在"道"的大家庭里是一个共生体。至此，中华的古哲学基本建立了坚实的"天人合一、融和共生"的宇宙观。这也就是金龙殿为何要建成外观为三层内观为一层的深奥蕴涵。

金龙殿第一层为圆形九角型，正殿为正方形，象征两仪，即天圆地方；第二层为正方形，四角挑阁，寓意四方、四季、四时。第三层为八角形，代表伏羲八卦。三层顶内藻井绘制，镶嵌中华国宝——阴阳二龙太极图。金龙殿外观为三层，内观为一层的建筑结构和艺术，充分彰显了《周易》"是故易有太极，是生两仪，两仪生四象，四象生八卦。八卦定吉凶，吉凶生大业。"的宇宙生成理论和宇宙结构学说。一层圆廊上的九杆龙柱，每根上面都有一条金色巨龙盘绕蜿蜒而上，昂首腾空，形神兼备，生动逼真。集浮雕、镂空雕刻技艺于一身，象征金龙率领九龙要将龙文化传遍九州大地，通向全球之威势。

大殿两侧的配殿为一层，东西各有六宫，共合十二宫。儒家的核心思想——一阴一阳之谓道。因为，"一阴一阳之谓道"是讲关于生的，"天地有大德曰生"，生是天的本性，也是大自然的法则。东、西两殿是象征阴阳文化两仪的标志性建筑，分别代表"一阴"、"一阳"、"一文"、"一武"，这又是"一阴一阳之谓道"的进一步发展。《周易·系辞上》云："一阴一阳之谓道，继之者善也，成之者性也。仁者见之谓之仁，知者见之谓之知，百姓日用而不知，故君子之道鲜矣。"一阴一阳，被称为是《周易》之道，即"易"道，儒家认为它是自伏羲发明卦象以来，历代圣明帝王用以治理天下之道。被儒家定为道统之道即仁道。仁是儒家的核心思想，强调以仁为本，要求当政者推行仁政，施善于民。

在领略了金龙殿的外观建筑风采及其所蕴涵的龙文化之后，我们再登上马衔山山顶参观和拜谒天池、八卦文峰塔、老子坐像、弥勒佛阁、金龙池以及马衔山山顶的草原风光。登山的途径有两条：一条是从金龙殿左上方的佛殿后，穿过深含寓意的隧道进入"光明道"，即登上马衔山的盘山小道。沿着山势呈三台形，象征天阶"三台星"的陡岭梁，人们拾级而上。一路依次出现人工针叶林、次生阔叶混交林和高山灌木。乔、灌错落有致，季相色彩变化丰富。目光所处，绿雾氤氲，清幽绝俗，其间又有修竹穿插，山花点缀，蝉鸣伴随着泉鸣声。一座座画亭雕阁在翠林烟霭中沉浮，犹如玉宇天阙。另一条登山途径就是经过古朴典雅、恬静幽邃的龙文化研究院至哈班沟内，乘坐索道缆车登上马衔山山顶。一路仿佛骑在凤凰背上，腾云驾雾般伴着风声、松涛声，让您真正体验一下久违的潇洒与刺激，舒心和惬意，在秀美的景色中轻轻品味"飞"的感觉。

无论您以哪种途径登上马衔山山顶，首先看到的是让您感到惊奇诧异的老子坐像，高大雄伟，栩栩如生。老子坐像前为马衔山天池的天地八卦文峰塔，天池的北面树立着一杆辉煌明照的皇旗。在皇旗下有两条行走状的石雕龙，只见两条龙的龙首高高扬起，双角向头后翘起，炯炯有神的龙眼，经艺术点缀的眼珠，显得两条龙格外精神抖擞。龙的颈部偏细长，颈后有一束飘扬的长鬣，龙口微张，露出尖利的牙齿。再看龙的四肢，粗壮有力，前屈后伸，似正大步行进。这两条神态庄严的龙，象征着太极图中的阴阳二龙共扶着皇旗。

马衔山上的建筑物从南到北主要有弥勒佛阁、老子坐像、天地八卦文峰塔、金龙殿、九龙池等。这些建筑物有一个共同特点，它们都是坐南面北的午子坐向，与金龙前池、天池、皇旗同处在一条中轴线上（东经104°00′）。这就是说，马衔山的这些建筑物，表面上看似分别坐落于从山下至山上的哈班沟、陡岭梁和马衔山顶不同高度的区域内，但是，它们却都共同处在一条中轴线上。为何要将这些建筑物布置坐落在同一中轴线？其一，中轴线即同心，马衔山中轴线上的儒、道、佛三家建筑物及九龙池，代表着儒、道、佛等教派同心同德，同归于龙文化的旗帜下。其二，中轴即中央子午线，如果把马衔山的中轴向南及北无限延伸，它就是天下的中轴，从而形成使天下山川拱卫马衔山的格局。

三、伏羲文化的标识——天地八卦文峰塔

马衔山是中国三大干龙的汇聚地，它与昆仑山东大龙脉相连接。昆仑山东大龙脉又以马衔山为起点，通过中国的三大干龙使其龙脉贯行于华夏大地。所以说，马衔山既是中国三大干龙的汇聚地，也是昆仑山东大龙脉通向华夏九州的生发地。昆仑山的东大龙脉行至马衔山后，通过中国三大

干龙之一的中条干龙至鸟鼠山，依渭河，经朱圉入关中，太华，秦岭，崤山，熊耳山，嵩山。右抱淮水入山东，泰山，沂山，生崮山，兰陵和长岛，到此临海为止。其分支有：一、自嶓冢至武当山入荆山。二、自伏牛山至桐柏山入大别山。

华夏人文始祖伏羲，诞生于古龙山（今小陇山，也称陇山山脉南段）西麓的古成纪（今甘肃省天水市）。他教民结网，渔猎畜牧，发明八卦，带领龙（蛇）族部落先后征服了与之并存的其他九大部落。后徙治陈仓，都于陈宛丘（今河南淮阳），成为中国古籍中记载最早的王之一。而在中干龙的东端，出生于周朝春秋时期楚国苦县（今河南鹿邑县）的老子，他从东至西，先任周朝王室管理藏书的史官，后西出函谷关，留下了五千言辞的道德文化，飞升于马衔山南麓的"凤台"。因此，《金龙训言》曰："马衔山脉三条龙，盘踞一齐吐口水。一条龙身后山卧；一条龙身前山坐；一条龙身接崆峒，仰卧已久未动身，此条山脉分量沉，脊梁背着太祖文，腹中藏着伏羲门，口中含着暂不分……"由金龙训言可知，竖立在马衔山天池中的"天地八卦文峰塔"，就是为了弘扬中华龙文化的本源——伏羲文化。

马衔山的"天地八卦文峰塔"位于天池之中，是一座楼阁式杯形五层级的石雕宝塔。文峰塔第一层由立于天池外边的四根圆形石雕柱组成，呈正方形，似高脚杯的高脚；第二至五层为八角密檐式伞状形，每层的八个挑角上都有神韵不同的龙首，似高脚杯的杯身。塔身整体五层，布局精巧紧凑。第一层的四根圆形石雕柱，古朴典雅，造型优美，上浮雕镂空盘龙，绕着柱子盘旋而上，气势磅礴，生动流畅，真乃巧夺天工，实是十分罕见的石雕艺术珍品。从塔的第一层开始，一层比一层高大，从下向上望去，犹如一把张开的雨伞。天地八卦文峰塔以其奇特的造型、精美的建构艺术，殊为国内外罕见的建筑风格。

当人们陶醉其精美建筑之时，欣赏其栩栩如生的艺术之际，往往会提出一串串疑问，比如有人问："天地八卦文峰塔第一层的形状为什么是四方形？普通的塔都是下层大、上层逐渐变小，最上形成尖尖的塔刹。天地八卦文峰塔却完全相反，它是下层小而上层大，层层增大，形成上大下小的伞状！"既然是文峰塔，人们当然可以从人文方面理解，塔的层级既可以代表年代，又可以代表人才，既可以代表人才数量，又可以代表人才的质量。寓意是从古代到现在再到将来，人才一年比一年多，一代比一代增多，层级一级比一级高，人才越出越多，层面越来越广，级别越出越高。马衔山天池的"天地八卦文峰塔"，是彰显伏羲文化的标识性建筑。文峰塔的主体结构一层为正方形，二至五层为八角伞状形，代表天圆地方之意。因为，先天八卦是伏羲在渭水河畔，得到龙龟从马衔山天池送来的天书龙图——阴阳二龙太极图，而发明了八卦。太极图中的阳龙，代表太阳，为天，为阳；阴龙代表地球，为地，为阴，它们也就是天地二龙，自然形状均为圆形，在太极图中的象征标识，分别是白色龙眼"○"和黑色龙眼"●"。

《易经》的乾坤两卦是易学的门户，乾卦告诉我们"乾"的精神，刚强勇敢，一往直前，是中华民族的生命之源、文化之本。放眼宇宙，万事万物都在生命的长河中演化生息……这推动宇宙、转动地球、化生万物、演进人类、繁衍中华的伟大力量，究竟从何而来，又能否穷尽呢？易家用一个"乾"字对它做出了一个高度概括，那就是《象传》关于乾者"天行健，君子以自强不息。"的解说。如果说，世间万物都靠着这"天行健，自强不息"的生命原动力得以繁衍生息、万代不穷的话，那这也正是"易"中所倡导的每个正人君子、有为之士的最基本内在力量——孜孜不倦的原动力，自强不息的上进心，日新其德的完美志向。由于乾卦在《易经》中的总纲作用，是所有六十四卦各爻在演变时都要遵循的普遍规律，故此易家用了《彖》《象》《文言》诸"翼"篇幅，从不同的侧面对它的深刻含义一再阐发。

坤是地，乾是天。乾德高如天，坤德似地厚。乾德性豪壮，坤德品坚贞。乾德山难撼，坤德可海涵。坤德是中华民族的又一基本美德，其重要性绝不亚于乾德，甚至可以说是乾德得以实现的最基本条件。坤德为何如此重要？从宇宙演化、万物化生的全息观看，任何事物的发展都是相辅相成的。有正有反，有动有静，有白有黑，有主有次，有生有亡，有涨有消，有张有弛，有美有丑，有亏有盈，正是世界得以存在，万物得以生息的原因。天地八卦文峰塔第一层的四根龙柱立于厚德载物的大地，形成塔顶青天，足立大地，顶天立地，巍然屹立，沟通了天地之间的联系，形成天地人一体的格局，反映出《易经》的核心思想。《周易·系辞》："天地之大德曰生。"孤阴不生，孤阳不长，只有天地即阴阳结合，才能产生万物。天与地最大的德性是产生万物。人为万物之灵，是万物之中最重要的内容，因此，广生万物最主要的是广生各种各样的人才。

伏羲八卦中的乾为天，坤为地，坎为水，离为火，震为雷，巽为风，艮为山，兑为泽，本是宇宙间八种自然现象，它标志着人类对大自然的认识。从表层结构上看，伏羲八卦是标志着宇宙间八种自然现象，但是，在其深层结构中，却是以符号语言传递了远古各种不同类别形状龙的起源以及龙族生活环境地的信息。天地八卦文峰塔以其深邃的建筑理念和流畅生动的雕刻艺术，充分展现了伏羲八卦中所蕴含的龙文化，如第一层集圆雕、透空雕、深浅浮雕等多种雕刻技艺为一体的四根龙柱，以及二至五层每层八个挑角上雕工精良、气派非凡的龙。

天地八卦文峰塔第一层的四根龙柱，代表着伏羲八卦中的乾、坤、坎、离四卦。前已述及，伏羲八卦中的乾、坤、坎、离四卦，形象地展现了龙祖盘古开天辟地，创生天地万物的图式。离、乾、坎、坤四卦在太极图中形成的菱形正四方图形，正是龙祖盘古开天辟地创生天地万物的真实写照：首先由离卦分别产生了乾卦、坤卦，即离（龙祖，火龙）→乾（太阳，天龙，阳龙）、离（龙祖，火龙）→坤（地球，地龙、阴龙）；然后由乾卦和坤卦相互作用产生了坎卦（水，水龙）。水龙——水——江河，湖泊，海洋。水是生命的起源，大地上的生物地龙（恐龙、翼龙、龟、蛇、虎等）和人类（龙子龙孙）都是由水龙（海洋）中逐步衍生和繁衍而来。所以说，乾、坤、坎、离四卦，是伏羲在8000年前以符号语言讲述了宇宙和万物生成的过程。

那么，天地八卦文峰塔为什么构建五层呢？这里的含义十分深厚。首先，要弄清"五"字的含意。"五"字在甲骨文写作"Ｘ"，用一个叉号寓意天、地万物的交汇，以表示大于"四"的正整数。有的甲骨文Ｘ在字形Ｘ（万物交汇）基础上加二（天地之间），表示天地间交汇的万物。许慎在

《说文解字》中说："古文五如此。"段玉裁注："古文像阴阳午贯之形。""五"是特殊指事字，在《说文》中写作Ⅹ，许慎解释为"从二"。段玉裁又注："阴阳在天地间交午也。""二"也是特殊指事字，上面一横代表天，下面一横代表地。甲骨文在两横之间加一横表示"三"，代表天、地、人，万物之源。"二像天地"，所谓"从二"，即部首从二，五字上"一"为天，五字下"一"为地，中间为"Ⅹ"，为阴阳相交。一天一夜阴阳相交于中午和午夜。白天上午为阳，下午为阴，相交于中午；午夜前为阴，午夜之后为阳，阴阳相交于午夜。"Ⅹ"，在《周易》称"乂"，意为阴阳之交。刚柔相推，变在其中。"五"在《周易》之中为奇数，奇为阳，偶为阴。五为阳数。《系辞上》："天一，地二。天三，地四。天五，地六。天七，地八。天九，地十。"一三五七九为天之数，五居其中位，为天之中，可以理解为不早不晚，恰逢其时，为最好的天时，可谓得天之时，地之利。

在造字时期的远古时代，一，二，三，四，五，六，七，八，九，十，都曾是极限数。金文Ⅹ、篆文Ⅹ承续甲骨文字形。隶化后楷书"五"将篆文的Ⅹ写成甲骨文中的Ⅹ，代表伏羲根据太极图创造出河图、洛书中的中心五数，象征着构成宇宙的五大要素——木、金、火、水、土。《说文解字》："五，五行也。从二。阴阳在天地间交午也。凡五之属皆从五，古文五省。"五行中的木、金、火、水、土又与东、西、南、北、中的五方紧密地联系在一起，即东方为木，南方为火，西方为金，北方为水，中央为土。五方是我国古代对空间方位的一种划分，也是五行理论中重要的组成部分，五方的确立使得五行理论与空间有了相对应的关系，五行与时空配属关系的确立大致经历了三个阶段或过程：由生活尝试和理性思维归纳出木、火、金、水四者与四季的对应关系；从对北斗星斗柄所指方向在一年四季的变化的观察中，确认东、西、南、北四方位，并推导出四方与四季的对应关系，基于"土"与"中"在五行和五方中最为尊贵的中国古代哲学观念而将"土"和"中央"联系在一起。

《子平真诠》："天地之间，一气而已，惟有动静，遂分阴阳。有老少，遂分四象。老者极动极静之时，是为太阳太阴；少者初动初静之际，是为少阴少阳。有是四象，而五行具于其中矣。"说明五行由四象演化而来，而这四象又是从阴阳衍生出的。"土"位于四象中间，不包含在四象循环周期内，如何正确理解"土"的含义，是正确理解四象与五行的关键。东汉魏伯阳著《周易参同契》曰："日月为易，刚柔相当，土旺四季，罗络始终，青赤黑白，各居一方，皆秉中宫，戊己之功。"魏伯阳持"土主中宫"之说。在这里，"土"是太极，是可以分出阴阳的太极。古代有土生万物、土养万物、土载万物、土纳万物之说。这万物自然是指可以归类于"木火金水"四象的万物。实质就是土生木火金水，土养木火金水，土载木火金水，土纳木火金水。《金龙训言》曰："土生阴阳成万体。"

天地八卦文峰塔顶层的正中央竖立着三个圆形球，是太极文化的象征。从顶层圆形球的造型可以看出，它是一个火球，代表着大道的化身——龙祖盘古，为火龙。下面的两个圆形球代表着龙祖盘古开天辟地时，首先创造了天象龙中最大的两个龙——天龙和地龙，它们的形状同为圆形，在太极图中白色的圆点"〇"和黑色的圆点"●"便分别是天龙与地龙的标识。代表火龙和天龙的两个圆形球体都有一个共同的特征，即形似喷发着熊熊燃烧火焰的火球。在三个圆形球的下面，有来自不同方向的三条石雕龙汇聚于代表地龙的第三个圆球的周边，每条龙都昂首向上，姿态矫健，生气勃勃。这三条栩栩如生的龙，象征着金龙营造的中国三大干龙汇聚于马衔山，也预示着老子对宇宙的起源和发展做出的精辟论述："道生一，一生二，二生三，三生万物。万物负阴而抱阳，冲气以为和。"（《道德经》第四十二章）

自古以来，八卦被称为无字天书，是因为它神奇而奥秘的科学理论，在世界文化上是史无前例的。八卦的历史与发展是漫长的，也是复杂的。在时间上它经历了伏羲、神农、黄帝、夏、商、周、春秋。伏羲氏根据阴阳二龙太极图而创造了先天八卦，也叫先天易；神农氏创造了连山八卦，也叫连山易；轩辕氏创造了归藏八卦，也叫归藏易。《玉海》引《山海经》证之："伏羲得河图，夏人因之，曰《连山》；黄帝得河图，商人因之，曰《归藏》；列山氏得河图，周人因之，曰《周易》"。郑玄《易赞》、

《易论》有"夏曰《连山》，殷曰《归藏》，周曰《周易》。"

《周易》是由《易经》和《易传》两部分组成。《易经》形成于殷周之际，是中国一部最古老而深邃的经典，被誉为"群经之首，大道之源"。"易道广大，无所不包"就是《易经》的科学内涵。《易传》是一部哲学著作，它由《彖》上下、《象》上下、《系辞》上下、《文言》、《说卦》、《序卦》、《杂卦》共十篇文章构成。《易传》的成书年代，大体在战国时期，但是文章不是出自一人，是一些思想家借着读《易》、说《易》的机会撰写的一些注释或论文，主旨在于阐发他们所理解的《易经》原理及道德伦理、宇宙观念、人生哲理。其中包括我们的孔圣人在内，《汉书·儒林传》说孔子"盖晚而好《易》，读之韦编三绝，而为之传。"孔子为了便于向弟子们传授而将上述十篇文章汇集成册，称为《十翼》。《系辞》是《十翼》中总论易理的一篇文章，附在六十四卦的后面，分上下两篇，主要阐述"易有太极，是生两仪，两仪生四象，四象生八卦，八卦定吉凶。"的宇宙生成理论和"一阴一阳谓之道"的宇宙结构学说，它是中国古代思想史上最重要的文献之一。

孔子是中国历史上一位伟大的思想家和教育家，他缔造的儒学，自春秋起就开始书写其源远流长的历史。从先秦时期以孔子、孟子、荀子为代表的先秦原始儒学，到汉武帝时期"罢黜百家，独尊儒术"确立儒家正统地位，再到宋代的程朱理学以及清末康有为等近现代新儒学，至今已有2500余年的历史了。在这漫长的岁月里，随着社会的发展和历史的演进，儒家学说从内容到形式都得到了不断地丰富与发展，其社会功能也在与时俱进，并逐步形成了自己别具一格的文化内涵。

天地八卦文峰塔，既是伏羲文化的象征，更是中华龙文化的象征。弘扬伏羲文化具有深远的历史意义和重大的现实意义，从历史学的角度看，随着"夏商周断代工程"的完成和夏商周年表的正式公布，"三皇"文化的研究将日益突出，中华文明史的年代将会从公元前2070年推向更早的年代。而20世纪50年代末在甘肃天水境内发现的大地湾文化遗址，与有关伏羲氏族的传说及史料记载有着种种吻合，成为最终揭开中华文明本源之谜的有利条件。

伏羲文化从源流史的角度看，有利于进一步探究中华文明的源流发展过程，特别是龙文化的起源、传播和发展轨迹。伏羲文化所体现的哲学思维、科学走向、人文精神和创造精神，对于今天我们的自然和社会科学研究，对于破除迷信，揭露邪教异端等具有十分重要的现实意义。伏羲文化的民族本源性和传播的广泛性，对提高民族自信心、增强民族内聚力、团结海内外华人、积极支持参与国家建设、促进祖国和平统一、进一步扩大对外文化交流、维护世界的和平发展具有不可低估的重要作用。

四、马衔山的老子坐像与弥勒佛阁

马衔山天池的南面是老子坐像，与天地八卦文峰塔咫尺之近。老子坐像坐在直径 9.9 米、高 3.6 米的八卦形基座上，席地面积约 56 平方米。（图 68）老子坐像由天然大理石雕刻组装而成，像高 8.32 米，厚 6.85 米，宽 8.01 米。老子像额纹清晰，两眼平视，鼻梁高实，两耳垂肩，左手依膝，右手凭缨。姿势老成端庄，面目和蔼慈祥，神态超凡脱俗，形态道法自然，仿佛正在指引人们领悟天地之精气。基座平面呈八边形，平面八边处分别刻有八卦卦象。八个侧立面刻有老子五千言，并在北立面刻有先天八卦图，南立面刻有后天八卦图。《金龙训言》曰："方方正正九尺盘，坐地高度六尺观。四周八环五千言，前有八卦为先天，后有八卦后天连。文词中央五千言，团团围绕八卦言。"老子坐像和基座整体展现了以儒、道两家文化精华为主旨的设计理念，突出了儒、道两家文化大气、厚重的特质，体现了博大高雅的龙文化艺术内涵。

从老子坐像的整体布局，可见老子及其《道德经》与《易经》有着极为密切的关系。《易经》为中华文化群经之首，包罗万象、博大精深。中国古代各种学术支派，无不起源于此易经文化。清朝乾

图 68　马衔山老子坐像

隆钦定编纂的《四库全书总目提要》，盛赞其为："《易》道广大，无所不包，旁及天文、地理、乐律、兵法、韵学、算术；以逮方外之炉火，皆可援《易》以为说。"以往，学者们认为《道德经》是老子独创的思想体系。实际上，《道德经》的渊源是《易经》，更确切地说老子是依据《易经》的卦爻辞系统全面地建构了他的《道德经》，老子剥离了《易经》的卦象符号，只抽象了《易经》的哲学思想，来建构《道德经》。为什么老子要用《易经》来建构《道德经》呢？这要从《易经》的文化重要性以及老子所处的文化背景说起。

《易经》产生之前有夏朝的《连山易》、商朝的《归藏易》。《连山易》和《归藏易》主要的作用之一是对国家重大事件的占卜。但夏桀的道德颓败，致使以道德为感召的商汤兴盛从而灭了夏朝，建立了商朝。纣王的无道，又使商朝陷入了颓败的深渊。《周易·系辞下》曰："《易》之兴也，其当殷之末世，周之盛德邪？当文王与纣之事邪？是故其辞危。危者使平，易者使倾；其道甚大，百物不废。惧以终始，其要无咎，此之谓《易》之道也。"这是说《易》书的兴起，正当殷朝德衰的末世，周朝盛德光大而崛起的时期吧？它描述的是当时周文王与商纣王之间的事情吧？所以它的爻辞具有危机感。什么是易理？能够使危难深重者平安，使离道改易者倾覆。道理内涵非常深广，万事万物都不偏废，对其发展自始至终保持警戒忧患心态，并以言行毫无过错为要旨，这就叫作《易》的道理。

正在兴起的周文王要面对和思虑的是如何用道德归顺民心，推翻商朝的暴政，建立周朝；建立周朝之后，怎样才能确保江山社稷长久永固。于是周文王演易，周公作辞，产生了周朝最高的意识形态《易经》，完成了由人祈求"神"指示事态发展的结果向由人自己理性掌控事态发展的哲学升华。通过自始至终地追求道德的完善而达成大吉大利的结果，是贯穿《易经》的主旨。《易经》分《经文》和《易象》。经文即卦辞、爻辞，《易象》包括《彖传》、《象传》等，是演绎《易经》的核心，蕴含了天道、地道、人道，是修身治国平天下的最高准则，是周朝的政治哲学，所以一直为周王室所秘传。《左传·鲁昭公二年》记载："二年春，晋侯使韩宣子来聘，且告为政而来见，礼也。观书于大史氏，见《易象》与《鲁春秋），曰：'周礼尽在鲁矣。吾乃今知周公之德与周之所以王也。'"

《易象》是周文王、周公演《易经》的核心秘本，《易经》的经文在春秋时期已经流传，《易象》不传诸侯，只藏于周王室与鲁大史氏。韩宣子看到的《易象》，是周王室一直以来秘不外传的国家文档典籍，它蕴含了周公贯彻于《易经》中的崇高道德以及周朝的帝王之术，所以韩宣子惊叹《易象》"周公之德与周之所以王也"。老子作为周室柱下史必然见过《易象》，老子的弟子文子记录了老子叙述《易象》的内容，这些有关《易象》的内容就反映在《文子·上德》。《汉书·艺文志》注云，文子为"老子弟子，与孔子并时而称"。《文子·上德》引"老子曰"强调是老子传承，这说明老子叙述的《上德》源于周室的《易象》。

老子自幼聪明好学，年长后因博学多才而进入周朝守藏室，管理周朝的国家典籍，有机会看到秘不外传的《易象》。春秋是个动荡的时代，诸侯称霸，周王室衰微。公元前516年，周王室发生内乱，王子朝劫掠周王室典籍逃亡楚国，周文化几乎招致灭顶之灾。老子丢官失职，西出函谷关，出于对《易经》哲学思想的敬仰，为绵延其文化，老子根据《易经》经文和《易象》建构了《道德经》的开篇总论，又根据《易经》六十四卦中四千九百多字的经文依次建构了五千多字的《道德经》。对照《易经》与《道德经》可以发现，老子对《易经》理解深刻，了然于胸，在写作《道德经》时，对《易经》思想驾轻就熟，思想隽永又浑然天成，为现代的人们把握久远深奥的《易经》哲学思想提供了绝无仅有的最好解读。

《道德经》虽没有直接引用《易经》，但《道德经》中所讲的"道生一，一生二，二生三，三生万物。"揭秘了伏羲根据"天书龙图（太极图）"创生八卦的历程，这一历程被老子认为是伏羲发现宇宙万物生成的过程。八卦分别代表天、地、雷、风、水、火、山、泽八种自然现象，八卦又演变为六十四卦，即天、地、雷、风、水、火、山、泽八种自然现象化生了万物。用八卦可以推演出许多事物的变化，预测事物的发展，用八卦解释天地万物的演化规律和人伦秩序。故八卦有文能定国、武能安邦、上能救国、下能救民的作用，八卦蕴涵了太极图的全部信息。因此，老子把太极八卦提高到了他整个思想中的最高范畴——道，认为八卦是道的载体。《易经》中的阴阳符号、八卦构架，以及富有哲理意味的卦爻辞，都是构成老子哲学思想的基本因素。

"道"是《道德经》的核心观念。《道德经》曰："道可道，非常道。名可名，非常名。无，名天地之始。有，名万物之母。故常无欲以观其妙。常有欲以观其徼。此两者同出而异名，同谓之玄。玄之又玄，众妙之门。"（《道德经》第一章）道的本体是"无"，"名天地之始"；"有"，"名万物之母"，即"太极"。"有"并非生成具体的事物，"天下万物生于有，有生于无。"（《道德经》第四十章）在老子看来，"道"是产生天地万物的根源，它普遍存在于一切事物中，却无形可见，玄妙深奥，更无法用语言来说明。老子认为，"道"超越万物而存在，"有物混成，先天地生。寂兮寥兮，独立而不改，周行而不殆，可以为天地母。吾不知其名，强字之曰'道'，强为之名曰'大'。"（《道德经》第二十五章）在中国思想文化发展史上，老子第一个提出了"道"这一哲学范畴，它是老子哲学思想体系的核心，也是中国文化思想的基石。

老子坐像背屏南山，坐南面北。老子坐像在马衔山中轴线为何坐南面北？这里面深含着道家文化的玄奥，也就反映出龙文化的理念，即追求天人关系的和谐，人际关系的和谐，阴阳矛盾关系的和谐，多元文化关系的和谐。《金龙训言》曰："南方水官连连起，稳压南方面北方。"这就是说老子坐南面北能够减少南方连年不断的暴雨洪灾，从而增加北方的降雨量，改变其干旱缺水的环境面貌。老子早在《道德经》第七十七章中就讲道："天之道，其犹张弓欤？高者抑下，下者举之；有余者损之，不足者补之。天之道，损有余而补不足；人之道，则不然，损不足以奉有余，孰能有余以奉天下？唯有道者。是以圣人为而不恃，功成而不处。其不欲见贤。"

当我们离开老子坐像，缓步向南山之巅攀登时，远远望见被金龙赞曰为"南山升起太阳宫，三界通道大团圆"的弥勒佛阁，挺拔轩昂，色彩斑斓。当人们踏进佛阁大门后，殿内弥勒佛足着草履、身披袈裟、盘腿打坐、双耳垂肩，满脸笑容，笑口大张，袒胸露腹，一手按着一个大口袋，一手持着一串佛珠，乐呵呵地看着前来游玩进香的人们。人们看见此像，往往被他那坦荡的笑容感染，忘却了一路的疲乏和一身的烦恼。

弥勒佛是中国民间普遍信奉、广为流行的一尊佛。依据弥勒下生经，说他将由兜率天下到人世间，接替释迦牟尼佛进行教化，由菩萨变为未来佛，解救众生。每月农历十八日，或者特别大事来临前需要祈福许愿时，在弥勒佛阁用"御宇宣"写上愿望之后，放在香炉上焚化。"御宇宣"是一种符咒纸，在符咒纸上写上愿望焚化后，可以很好地和神灵沟通，这样经常和神交流才能更好地得福。

弥勒佛全名弥勒阿逸多，在菩萨的名字中已经体现了教导我们如何修学。充分流露出弥勒佛菩萨的大慈大悲，以达到我们学习的榜样。

一、弥勒，慈氏也。慈能济喜，菩萨教授我们要在财物和精神上施与众生，令大家快乐、欢喜、富贵。我们就会感到慈的力量和荣华富贵安乐的果报。2500年前，老子在《道德经》第六十七章中说道："我有三宝，持而保之：一曰慈，二曰俭，三曰不敢为天下先。慈，故能勇；俭，故能广；不敢为天下先，故能成器长。今舍慈且勇，舍俭且广，舍后且先，死矣！夫慈，以战则胜，以守则固。天将救之，以慈卫之。"从老子对"慈"的论述，由此就可想而知"慈"德的广大。

二、阿，无量，广大也。菩萨教导我们要有广大心量，有包容的心，宽恕大家的过去，有容忍的力量，我们就会得到相貌圆满的果报。正如老子在《道德经》第八章所言："上善若水，水善利万物而不争，处众人之所恶。故几于道。居善地，心善渊，与善仁，言善信，政善治，事善能，动善时。夫唯不争，故无忧。"老子在《道德经》第六十六章中又进一步阐述到："江海之所以能为百谷王者，以其善下之，故能为百谷王。是以圣人欲上民，必以言下之；欲先民，必以身后之。是以圣人处上而民不重，处前而民不害。是以天下乐推而不厌。以其不争，故天下莫能与之争。"

三、阿逸多，无能胜。菩萨教授我们学习最殊胜的智慧，用智慧去办事，用智慧去利益人民。从心底远离贪、嗔、痴等烦恼，学习如来自觉、觉他、觉行圆满。要做到有头有尾，才会圆满无能胜。要说服苦难人，度生死苦海，到涅槃彼岸。从苦难此岸到达快乐彼岸。要有观机说法的最胜方便，使大家都得益安乐，我们就会得到最胜尊贵的果报。老子在《道德经》第十二章中提醒人们要摒弃外界物欲的诱惑，保持内心的安定清静，确保固有的天性。文中指出："五色令人目盲，五音令人耳聋，五味令人口爽，驰骋田猎令人心发狂；难得之货令人行妨。是以圣人为腹不为目。故去彼取此。"佛是一个自觉觉他、觉行圆满的人。老子在《道德经》第二十七章里是这样讲述的："善行，无辙迹；善言，无瑕谪；善数，不用筹策；善闭，无关楗而不可开；善结，无绳约而不可解。是以圣人常善救人，故无弃人；常善救物，故无弃物。是谓'袭明'，故善人者不善人之师，不善人者善人之资。不贵其师，不爱其资，虽智大迷，是谓'要妙'。"

弥勒佛将来是一尊福佛。他降世的那个时期，地球经过了许多变化。山河石壁，皆自消灭，多是平原，海水平静，土地肥沃，多有自然乐园。一年四季，风调雨顺，百花开放，万类和谐，产物丰收，果实甘美，产自天然粳米，没有糠皮，滋味香美，水果成熟，不饮可食，人食长寿，毫无痛疾。又无任何灾难，人心皆为大善，没有贪、嗔、痴、慢、疑……更无杀、盗、淫、妄、酒……等一切不良的思想言行。人人皆知修习身、口、意三业清静的妙行，人心平等，不起分别，无有争执，相见欢悦，多以善言互相勉励。人行万善，无诸恶业，饮食无忧。其衣裳，无须人工纺织，地长天衣树，树上会生各式各样的细软衣裳，任人拿取穿着，房屋宫殿，亦多以法化而成，地上没有少许污浊不净，人欲大小便溺，地厕自开，便后自合。地上多产各类宝物，随手可得，人捡拾宝石于手中玩赏时会说："听说过去劫时（大概是我们现在劫）人为财宝，互相伤害，系闭牢狱，受诸苦恼，如今此宝，如同瓦砾，无人守护……真是一个清平世界。"对于一个充满真、善、美的理想世界，老子在《道德经》第八十章中是这样描述的："小国寡民。使有什伯之器而不用，使民重死而不远徙。虽有舟舆，无所乘之；虽有甲兵，无所陈之。使民复结绳而用之。甘美食，美其服，安其居，乐其俗。邻国相望，鸡犬之声相闻，民至老死，不相往来。"

在拜谒完弥勒佛、游览了马衔山山顶草原风情后，我们依着西山小路下到了山脚下的九龙池。只见九条金色巨龙盘踞一起屹立于九龙池中央，在阳光地照射下金光璀璨、熠熠生辉。九条形态各异、生气勃勃的巨龙，昂首腾空，口吐禅水。龙口喷出的水流直射天空，然后就像自天而降的银色水幕，形成了一个巨大的球形瀑布落入九龙池内。九龙池为圆形，直径99米，深度2米，面积7963平方米。池呈圆形寓意为天，池中央的九龙代表天下的九大教派，蕴含天下的九大教派的思想文化融为一体。天下人民和谐相处为一家。这也充分体现了龙文化的基本精神——多元一体、综合创新。

　　九龙池堤面宽33米，堤上绿树成荫，百鸟鸣喧。九龙池的建筑风格充分体现了将中西建筑文化集于一体的设计理念，即表现宇宙的中心。以池中央的九龙为中心，整个建筑呈同心圆圈状，从池中央放射出若干轴线。即第一圆圈建筑是建有中国古建筑风格的环池长廊，飞燕挑角。第二层圆圈建筑是凉亭、假山、花园、草坪。第三层圆圈建有不同风格的建筑，如蒙古包、藏族毡房、侗寨鼓楼等民族风格的建筑，显示出这些建筑的多样化、自由化、丰富性的特色。第四层圆圈上建筑就等于放射到哈班沟底，远至西北方的西番沟藏族民居和下滩寺的藏传佛寺，上庄的千佛洞；北面的基督教堂；东面的清真寺、白马殿、伊斯兰拱北；南面的白衣寺、冥王府、金龙殿、佛殿、龙文化研究院、老子文化研究院以及星罗棋布的度假别墅和农家山庄。风格各异，独具特色。

　　春秋之季，当您来到哈班岔顶的九龙池时，这里气候宜人，清风徐来。举目远望，马衔山苍翠欲滴、山花烂漫、翠峰耸立，俯视四周，梯田层层，高原夏菜，浓绿晶莹，一片秀美的田园风光。酷暑盛夏，九龙池是消暑纳凉的天堂，池内碧波荡漾，圆球形的瀑布涛声阵阵。人们可以在池内欢快地畅游，尽情享受九龙瀑布的沐浴，令人醉意难抑。冬季来临，马衔山白雪皑皑，九龙池结成了一个巨大的冰池，池面银白光滑，是冬季滑冰翱翔的最佳之地。位于马衔山中轴线北端的九龙池，它与金龙殿前的荷花池，既是金龙殿的朱雀神，也是金龙殿枕山襟水、负阴抱阳完美格局的彰显；它也是马衔山的"聚财"、"聚星"之地。以达实现孔子所说的"为政以德，居其所而众星共之"的理想。

第八章

丝绸古道

第八章

丝绸古道

两千多年前，亚欧大陆上勤劳勇敢的人民，探索出多条连接亚欧非几大文明的贸易和人文交流通路，后人将其统称为"丝绸之路"。千百年来，"和平合作、开放包容、互学互鉴、互利共赢"的丝绸之路精神薪火相传，推进了人类文明进步，是促进沿线各国繁荣发展的重要纽带，是东西方交流合作的象征，是世界各国共有的历史文化遗产。

丝绸之路，按照目前学术界通行的提法，在中国境内分为三段：长安——凉州为东段；凉州——敦煌、玉门关、阳关为中段；玉门——阳关——葱岭为西段。甘肃、宁夏、陕西的地理位置正处在丝绸之路的东段；而东段又分为南、中、北三道。（图69）

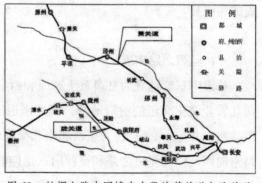

图69　丝绸之路中国境内东段的萧关道与陇关道

丝绸之路东段南道从长安到陇县，出大震关翻越陇山（小陇山），在张家川马鹿折南经清水，过天水（汉代曰上邽，唐时曰秦州），沿渭河西行经甘谷、武山、陇西（古襄武）、渭源、临洮（古狄道，陇西郡治），再经永靖渡黄河，出积石关，经乐都至青海西宁，然后穿过扁都口（大都拔谷）到张掖。

丝绸之路东段中道这条线路，是沿汧河谷道至陇县，西北行经"回中道"到达平凉，再由崆峒山东峡入泾源，穿制胜关西出六盘山，经隆德、静宁、会宁、定西、榆中，在兰州（金城）过黄河，再经永登（汉令居），越乌鞘岭达武威。

丝绸之路东段北道从长安临皋（今西安市西北）经咸阳县驿出发西北行，经醴泉、奉天（今乾县东）到邠州治所新平县（今邠县），沿泾水河谷北进，过长武、泾川、平凉进入固原南境弹筝峡（三关口），过瓦亭关，北上原州（今固原），沿清水河谷，再向北经石门关（须弥山沟谷）折向西北海原，抵黄河东岸的靖远渡河，由景泰直抵河西武威（凉州）。这是在丝绸之路东段南、中、北三道中，由长安抵达河西凉州（武威）最捷的线路。

丝绸之路的开辟，是璀璨的中华文明历史长河中熠熠生辉的一笔，也是整个人类文明史上的一个伟大创举。是丝绸之路，让我们在拥有曾经自我满足，自认为天下唯一的文化形态的同时，明白了世界上还有别的文化、别的文明。由此开始，中华文化进入了采百家之长而丰富自身的吸纳、包容、交流、融合时期。被誉为"人类文明第一通道"的丝绸之路，在中国境内东段的南道和中道，分别经过马衔山南麓的临洮县和马衔山北麓的榆中县。

一、丝绸之路南道

甘肃中东部地貌为甘肃黄土高原和西秦岭山地，处于中原农业文化和西北牧业文化交汇的前沿地带，其"南通巴蜀，北控朝那"，"东走宝凤，西入甘凉"，自古为东西和南北交往的咽喉要道。马家窑文化时期，自东向西延伸的海贝之路和自西向东延伸的玉石之路在甘肃汇合，孕育了丝绸之路的雏形。齐家文化时期（距今 4500—3500 年）黄河农业文化和西北草原文化在甘肃地区接触、交融。青铜时代，甘青地区的辛店文化、寺洼文化、齐家文化、卡约文化、沙井文化，与北方草原、中亚和西亚地区都有频繁的文化交流。

（一）丝绸之路东段南道述论

西汉武帝时期，经营河西与西域成为中央政府战略重点。丝绸之路东段的南道是由长安沿渭河西行，经武功、宝鸡溯千河，走千阳、陇县，向西至固关，亦即古代曾设大震关之处翻越陇山。

大震关，原址在陕西省陇县固关镇西龙山之巅的分水岭上，因其修筑于陇山之上，故汉代亦称为陇关。566 年，北周在今固关设立大震关，以为军事防守和稽查商贾行旅。陇关之名最早见于《后汉书·顺帝传》：永和五年九月"且冻羌寇武都，烧陇关"。李贤注云："陇山之关也，今名大震关，在今陇州汧源县西也。"（《后汉书》第 270 页）《元和郡县图志》卷二陇州汧源县条则详细地记载了大震关名称的由来演变："陇山，在县西六十二里，大震关，在州西六十一里，后周置，汉武至此遇雷震，因名。"（李吉甫《元和郡县图志》第 45 页）唐宋时陇州的治所均在汧源县，亦即今陕西之陇县。

丝绸之路东段的南道在通过大震关后，向西南行即进入甘肃省的天水（汉代曰上邽，唐时曰秦州）境内，继续逆渭河西行，经甘谷（伏羌）、武山（宁远）、陇西（古襄武）、渭源、临洮（狄道）、临夏（河州、枹罕），在永靖县炳灵寺附近的临津关（积石关、安乡关）渡过黄河。由此前行进入青海省境内之后，自西宁西北行走大通，翻越达坂山，过青石口、俄博，然后穿过祁连山的扁都口（大都拔谷）进入河西走廊，到达张掖（甘州）与丝绸之路在甘肃省境内的河西段会合。至今我们仍然可以看到自临夏自治州的莲花、杨塔、王台、肖岭、川城经由青海省境内民和县的马营至固鄐等地区，在那一带有序排列着大量的汉代烽燧。另外在扁都口以北的民乐县的永固、霍城等地也可以看到逶迤散布的烽火墩台。这些烽火墩的修筑，旨在隔绝当年生活在青藏高原上的羌族与北部匈奴的交通往来。它们的存在，显示了两千多年前汉朝政府为了隔绝羌胡、断绝匈奴臂掖的军事目的。同时也十分生动地向人们指明了早自西汉时期，丝绸之路东段的南道就经由青藏高原通往河西走廊的基本走向。由于这条道路经过大震关，亦即陇关，因此人们也将这条道路称为"陇关道"；另外这条道路要经过历史上陇西郡的大部分辖区，故人们也将这条道路称为"陇西道"。

在这条道路沿线分布有天水的麦积山石窟（图 70）、仙人崖石窟、罗汉崖；甘谷的华盖寺石窟、大象山石窟；武山的木梯寺石窟、禅殿寺石窟、拉梢寺石窟；永靖县炳灵寺石窟、罗家寺石窟等古迹。另外东晋义熙年间（405—418 年），西秦曾在炳灵寺附近建造了黄河历史上的第一座固

定式桥梁，规模宏伟，工程
浩大，史称"桥高五十丈，
三年乃就"。（杨守敬《水
经注疏》）东晋的高僧法显、
隋炀帝、唐朝崔琳率领的赴
蕃使团在当年西去求法、巡
视、访问的行程中经过甘肃
省境内时，走的也都是这条
线路。炳灵寺石窟中，至今

图 70　天水麦积山石窟

仍保存着法显经过这里留下的供养图画像与题记，以及雕镌于唐开元十九
年（731 年）叙述崔琳率领的大型赴蕃使团事迹的《灵岩寺记》摩崖石刻
等。（王万春《炳灵寺石窟摩崖碑刻提记考释》）

　　丝绸之路东段的南道出土有大量与丝绸之路贸易及中西文化交流的相
关文物。像秦安县叶家堡出土的骑马、牵驼、牵马唐三彩胡商陶俑，他们
头戴软幞头，足蹬黑皮靴、身穿束腰大衣，翻领窄袖，个个深目高鼻，或
是鬓须旋颊及耳，或是两撇八字胡高高翘起，造型十分生动。（甘肃省博
物馆《甘肃省博物馆文物精品图集》）在甘谷县出土的三彩凤首壶，其三
彩釉工艺和凤鸟形象体现了唐文化的特征，而凤首壶身、细长提手的造型
又明显受到了波斯萨珊王朝器型的影响。（杨守敬《水经注疏》）所有这
些文物的出土，显然是西域客商当年在这条线路上频繁往来的证明。

　　自这条线路上的天水附近向南行，则可通往四川等地，与丝绸之路的
"西南道"、"河南道"相连。周孝王时，嬴姓国的首领名大骆，骆者，白
马黑鬃之谓也。古代部族首领的名称常与他们所擅长的技能有关，嬴姓部
族善于养马或驯马，大骆之名或与此相关。嬴姓部族在陇右的落脚地，也
就是今天的礼县，在其东南部有一条建安河谷（今俗称西和峡），古称
"骆谷"，这里一直是南通汉中与巴蜀的主要通道。（祝中熹《甘肃通史·
先秦卷》）三国时期诸葛亮伐魏、邓艾攻蜀，都是走的这条道路。其后杜
甫入蜀，也是从这里经同谷（成县）、徽州（徽县）过青泥岭，顺嘉陵江
进入四川境内的。1971 年在礼县爷池村出土铅饼 2 枚，1976 年又在礼县

鸭嘴村红旗山出土铅饼 3 枚，1982 年西和县文化馆也征集到 1 枚铅饼。（康柳硕《甘肃出土的丝路外国钱币述略》）据文物工作者考证，这些铅饼当是中亚希腊化时期城邦国家的货币，这也就为丝绸之路东段的南道，自天水向南延伸通往蜀地的立论提供了考古学方面的依据。

隋唐时期，丝绸之路东段南道不仅是西入河西通西域、中亚的重要通道，亦为唐蕃古道所经，交通盛极一时。隋炀帝大业五年（609 年）西征，贞观八年（634 年）唐朝征讨吐谷浑，贞观十五年（641 年）文成公主下嫁吐蕃，唐穆宗长庆元年（821 年）刘元鼎出使吐蕃等等，他们都经过丝绸之路东段南道。该道上的秦州（治今天水市）处于西北通安西、北庭，西通河、鄯，西南通洮、岷、松州的交通枢纽上，使臣驿骑繁忙，驿馆规模宏大壮丽。杜甫《秦州杂诗》之十"今日明人眼，临池好驿亭。丛篁低地碧，高柳半天青。稠叠多幽事，喧呼阅使星。"就是对当时秦州城交通盛况的形象描写。

宋代，丝绸之路东段北道因西夏占领河西走廊而受阻后，东段南道成为宋朝与西域沟通最重要的通道，再度趋于繁荣。宋初，在河湟地区形成以唃厮啰为首的地方政权，宋人称为青唐羌，因此，又将经过甘肃东部及青海河湟地区的丝绸之路东段南道称为青唐道。陈守忠先生将其划分为三段，东段为传统的关陇道，中段为汉代的湟中道，青唐城（今西宁）以西为西海道。大中祥符八年（1015 年）唃厮啰遣使入贡后，此后双方信使往来不断，于阗、龟兹、高昌、回纥商人和东罗马帝国（拂棘）使臣多走青唐道。青唐道东段的秦州路，为宋政府指定的唯一朝贡路线，秦州城（天水）为唯一的检验关卡。据《续资治通鉴长编》卷 135 庆历二年二月庚辰条，庆历三年（1043 年），宋王朝诏令："秦州至今嘉勒斯赉及外国进奉人约定人数令赴阙，其所带方物以本城传送之，勿令自雇庸人。"这道诏书明确指令河湟吐蕃和西域各国贡使团必须在秦州城接受检验，约定赴京人数，所带贡品由秦州城负责派差役转运，番使团不得擅自雇佣人手。西域各国及河西部落供奉使团往往由商团兼充，故而朝贡频繁，人数众多。如于阗自宋神宗元丰元年（1078 年）以后，几乎每年三番五次地遣使入贡，每次使者多达七八十人，而朝廷则给予丰厚的回报。秦州城守臣奉命代表朝廷回赐，"引伴出番界"，以减轻朝廷压力。不仅西域商供取秦州路，河西商供亦取秦州路。据《宋会要》蕃夷四之八记载："天禧元年……四月，秦州曹玮请自今甘州进奉，止于秦州……不烦朝廷遣使伴送。从之。……四年三月……二十一日，令甘州回纥进奉，自今并于秦州出入。"据统计，大中祥符三年（1010年）以前50年内，甘州回纥入贡11次，平均每四年半一次；自大中祥符三年迄天圣六年（1028年）的29年间，甘州回纥入贡次数达17次之多，平均每三年就有两次还多，甚至有一年之内入贡三次的。因此，秦州城一时成为商贾云集之地。

（二）丝绸之路东段南道是黄河文明的第一通道

丝绸之路不仅仅是一条商业贸易之路，更是一条文明之路。几千年来，恰恰是东方和西方之间的这个地区，把欧洲和太平洋联系在一起，构成地球运转的轴心。丝绸之路打破了民族与民族、国家与国家的界限，将人类四大文明——埃及文明、巴比伦文明、印度文明、中华文明串联在一起，商路连接了市场，连通了心灵，联结了文明。因此，余秋雨先生将丝绸之路称之为"人类文明第一通道"。

美国学者威廉·麦克高希在《世界文明史》中说："古巴比伦、古埃及、古印度、中国、古希腊是世界上的五大文明发源地。"《全球通史》："中东、印度、中国和欧洲这四块地区肥沃的大河流域和平原，孕育了历史上最伟大的文明。这些文明使欧亚大陆成为起重大作用的世界历史中心地区。"（美国 L·S·斯塔夫里阿诺斯《全球通史》）日本 NHK 电视台的大型纪录片《世界四大文明》也认为中国、古埃及、美索不达米亚、古印度为世界四大古文明。英国 BBC 广播公司的大型纪录片《文明的轨迹》里，将黄河、尼罗河、幼发拉底河、印度河称作世界四大古文明。

由上可知大约在 5000 年以前，中国、印度、埃及、两河流域以及地中海的克里特岛几乎同时进入文明社会。古埃及、古巴比伦、印度和中国四大文明古国都是在适合农业耕作的大河流域诞生的，其各具特色的文明发展史，构成了灿烂辉煌的大河文明，对整个人类进步做出了伟大贡献。四大文明古国之外的希腊文明和罗马文明共同构成了地中海文明，希腊文明是地中海文明的发祥地，罗马则是希腊文明的继承者和古代西方世界的统治者。地中海文明是西方文明的摇篮。

丝绸之路东段南道不仅是"人类文明第一通道"的重要组成部分，而且更是"黄河文明的第一通道"。前已述及，中华远古黄河文明的正式兴起，是源于神秘的太极图。相传，伏羲在渭水河畔得到了龙龟从马衔山（古空同山）天池历尽艰辛，沿着奔腾湍急的渭河而下送来的"天生神物"——太极图，此图又被称为"天书龙图"。经过长期地观察研究，伏羲根据太极图而创制了先天八卦，开启了中华民族的灿烂文明历史。从太极图的产生过程来分析，发现龙祖盘古创造"天书龙图"是一个有目的有计划的行为——开启人类的文明。因为，当年龙龟驮着太极图从马衔山至陇山（古龙山，龙首之山），是从马衔山天池出发，经过丝绸之路东段南道的临洮、渭源，沿着渭水河谷一路抵达陇山之西的天水。所以说丝绸之路东段南道是"黄河文明的第一通道"。

中华文明的起源与形成是一个被广泛关注的课题，这为我们提出了必须为"龙"文化的起源与发展给出一个历史的、科学的、文化的、令中国乃至世界都能为之信服的重大课题。龙文化是中华文明的重要象征，全世界凡有华人的社区，都有龙文化在传承。龙文化几乎是伴随着中华文明的起源而同时诞生的。秦安大地湾新石器时代遗址的发现有力地证实，在8000—5000年前，这里存在着中国新石器时代一个相当丰厚、相当进步的文明，即大地湾文化。在大地湾出土的大量彩陶中，有着早期龙的形象。《左传·昭公十七年》："大暤氏以龙纪，故为龙师而龙名。"伏羲在初创社会管理形态时，"立九部，设六佐"就以龙师命名九部，每个龙师都有独特的龙图腾。

几千年来，中国一直流传着肇始中华文明的是伏羲氏。伏羲早于炎帝、黄帝约2000年，大约在8000年前，伏羲（或者说是若干代伏羲）正是母系社会结束、父系社会形成过程中，一个始创灿烂文明时代的历史代表人物，他诞生并成业在今天陇山之西的大地湾一带。许多古籍中关于伏羲的记载与民间传说，形成了丰厚的伏羲文化。"伏羲文化"与"大地湾文化"在时间和空间上都是重叠的。这种时间与空间的重叠，不是巧合，而是历史的必然，它预示着"伏羲文明"与"大地湾文明"可能是同一个远古文明的两种不同的表象与形态。大地湾遗址位于甘肃省东部秦安县五营乡，经过考古专家近30年的发掘、整理和研究，大地湾遗址考古取得的一系列重大成果，对研究黄河流域新石器时代文明的历史进程，乃至华夏文明起源归属都具有十分重要的意义，它的显现可能会把中国的文明史在5000年的基础上，再往前推3000年左右。

大地湾遗址遗存基本涵盖了中国新石器时代早、中、晚期，遗址可分为五个文化类型，延续性强，文化发展脉络清晰，在中国史前聚落研究方面具有独一无二的价值。同时，大地湾遗址为中国泾、渭流域乃至黄河流域史前文化的考古分期建立了坐标，其聚落文化的演变为中国文明起源的研究提供了珍贵的资料。大地湾遗址史前遗存包含五个文化期，根据碳14年代测定时代约为距今7800—4800年，上下跨越3000年左右。

第一期即大地湾文化，距今约7800—7300年，它是迄今为止渭河流域最早的新石器文化，是中国新石器考古的重大发现。它的发现不仅改写了甘肃史前史，确立了渭河流域的前仰韶文化，为新石器时代文化的产生、发展提供了一批弥足珍贵的科学资料，而且为西北地区考古研究取得了突破性进展，一直被学术界公认为黄河流域考古研究的重大突破。

第二期即仰韶文化早期，距今约6500—5900年。这一时期出现了以广场为中心、房址呈扇形分布，周围壕沟环绕，平面为向心式封闭格局的氏族村落，出土了一批绚丽夺目的彩陶。这一期遗存发掘面积大，遗存涵盖内容丰富，学术研究价值高。

第三期即仰韶文化中期，距今约5900—5600年。这一期发现的考古资料与泾渭流域同期考古发现相比最为全面和系统。它的发现初步确立了甘肃仰韶文化中期的界定标准，拓展了仰韶文化的研究空间，为研究仰韶文化早、中、晚期的演变过程以及西北地区各史前文化的关系等提供了准确可靠的依据。

第四期即仰韶文化晚期，距今约5500—4900年。这一时期由于农业的发展、人口的剧增，聚落迅速扩大到整个遗址，山坡中轴线分布着数座大型会堂式建筑，周围为密集的部落或氏族。大地湾仰韶文化晚期聚落已成为当时清水河沿岸各部落的中心，这是中国目前考古发现中绝无仅有的聚落。

第五期即常山下层文化，距今约 4900—4800 年。这是仰韶文化向齐家文化过渡性质的遗存。这类遗存在渭河流域是首次发现，在清水河沿岸和秦安县陆续发现了一批同类遗址。它的发现对探讨渭河流域仰韶文化的发展方向以及齐家文化的渊源提供了重要的启示和新鲜资料。

研究表明：大地湾一期遗存与北首岭下层、老官台、元君庙下层遗存具有共同的文化特征，应归属同一个考古学文化。大地湾一期同磁山、裴李岗文化有交流和影响，大地湾一期同仰韶文化半坡类型存在着一脉相承的渊源关系。（程晓钟《大地湾考古相关问题研究》）

大地湾考古发掘证明在距今约 8000—5000 年前，有一批中华先民生活在甘肃东南部的天水地区和陇南地区的礼县、西和等地，他们创造了辉煌的文明。它早于仰韶、庙底沟和半坡村文化时代，而且前后又有类型上的相似性，这可能就是活动于陇山地区伏羲时代的文化遗存。这些先民创造了古老的大地湾文化，接着他们中的一部分迁入现在的陕西，形成了李家村文化、老官台文化和北首岭文化。大约 1000 年之后，大地湾文化、李家村文化、老官台文化和北首岭文化先后转化为仰韶文化极重要的分支——半坡文化。

半坡文化从陕西的关中地区向四面八方扩展，当它到达陕西、山西、河南的三省交界处时，在半坡文化地刺激下，仰韶文化的另一个重要分支——庙底沟文化兴起，并取代了先前的半坡文化占了统治地位。另外，根据考古发现，裴李岗文化和大地湾文化之间似乎有一定的联系，它们都发现了三足钵和彩陶，只是裴李岗系统把三足钵发扬光大，形成了鼎文化圈（以大汶口文化为代表），而大地湾文化把彩陶发扬光大，形成了彩陶文化圈（即仰韶文化）。

在甘肃省东南部的大地湾文化兴起 2000 多年之后，甘肃省中部地区和青海省的一部分地区出现了马家窑文化。它继承了仰韶文化彩陶的制作技艺，并推陈出新，造就了彩陶文化的另一个高峰。马家窑文化在黄河上游地区新石器时代晚期，是仰韶文化晚期在甘肃的继承和发展，以至于有些人将它叫作甘肃的仰韶文化。简单地说，马家窑文化是仰韶文化向西发展的一种地方类型，在时间顺序上，马家窑文化上承仰韶文化的庙底沟类型，下接齐家文化，是齐家文化的源头和发展过渡期。

2014年6月22日，在位于西亚波斯湾西南岸的卡塔尔首都多哈举行的联合国教科文组织第38届世界遗产大会上宣布，来自韩国、中国、印度的4项文化遗产，以及由吉尔吉斯斯坦、中国和哈萨克斯坦联合申报的"丝绸之路：起始段和天山廊道的路网"被正式列入世界文化遗产名录。丝绸之路起始段这一占地五千千米的路网属于整个丝绸之路的一部分，起于汉唐古都长安/洛阳（东汉首都），止于中亚七河地区。在丝绸之路东段南道上，如果以大地湾文化为中心，向东延伸则有仰韶文化、裴李岗文化、磁山文化等；向西延伸则有马家窑文化、寺洼文化、辛店文化、齐家文化，直至卡约文化、沙井文化，这充分说明丝绸之路东段南道是黄河文明的第一通道，也是人类文明的重要通道之一。

（三）老子是丝绸之路东段南道的第一探行者

丝绸之路起始段起于汉唐古都长安、洛阳（东汉首都）。东汉时，汉明帝派遣使臣班超出使西域，打通了西汉时期荒废已久的丝绸之路，且首次将丝绸之路延伸打通到了欧洲当时的罗马帝国。这是完整的丝绸之路的路线，即从东汉首都洛阳出发，最西端到达当时的欧洲罗马帝国。罗马帝国也首次派遣使臣顺着班超打通的丝绸之路来到东汉，在京师洛阳觐见了大汉皇帝。这是历史上罗马和中国的首次交往，丝绸之路首次将罗马帝国和中国联结在了一起。此后的曹魏、西晋、北魏及隋唐时期丝绸之路的东方起点均在都城洛阳。

如果说近年来，科学界已逐渐承认宇宙的起源与中国老子提出的"道生一，一生二，二生三，三生万物。"的论说极为相近，老子在两千多年前的伟大学说竟和今天科学研究的理论相吻合，可以说是一个奇迹。那么，2500年前的老子沿着今天甘肃华夏文明传承创新区的"一带"、"三区"寻"远祖根"、访"圣迹"，探秘昆仑山至敦煌，这不能不说又是一个奇迹。

老子是古丝绸之路起始段河南、陕西、甘肃三省境内的最早探索者和开拓者。洛阳，古称斟鄩、西亳、洛邑、雒阳等。周平王元年（前770

年），周平王东迁洛邑，是为东周。前已述及，老子出生于一个小贵族家庭，自幼聪明好学，年长后因博学多才而进入周朝守藏室，管理周朝的国家典籍，成为周朝王室管理藏书的史官。老子可能因参与秘藏周室典籍之事辞职隐居。然后，老子决定西出函谷关，一是其要寻"远祖根"；二是要访"圣迹"。老子在尹喜地伴随下进入秦地，过陇山，至陇西郡治狄道县，遂带领一行人前往空同山（马衔山）天池拜谒龙祖盘古化身——混元老祖。在征得尹喜等人的同意后，决定又西行流沙（今居延海），探秘昆仑。老子一行从狄道出发，过金城关，经令居（今永登）、至凉州（今武威）抵达流沙之后，又经艰难跋涉来到流沙西南的昆仑山（今祁连山，古称东昆仑山）脚下的敦煌。至此，老子一行返回狄道。

　　2500 年前，老子能从丝绸之路起始段的起点——洛邑（今洛阳）出发，抵达丝绸之路中国境内中段的敦煌。由此可知，丝绸之路东段南道及河西段形成于春秋时期。甘肃境内出土的春秋、战国时期车马饰和马具，其种类和数量要超过中原和东部其他地区，就充分说明了这一点。先秦时期甘肃地区养马业十分兴盛，春秋战国时期甘肃东部一带养马业的进一步发展，促使了丝绸之路甘肃东段的形成。而以铁器等为代表的丝路文物的出现成为丝绸之路东段南道形成的重要标志。甘肃是中国早期冶铁业的重要地区之一，距今 3095—2630 年的甘肃永昌县三角城沙井文化遗址中，就有铁雷、铁犁等农具出土，与中亚早期铁器时代（距今 3000 千年左右）开始的年代相当。在甘肃东部还陆续发现了一些春秋早期的铁兵器，如灵台县春秋早期墓铜柄铁剑（图 71）、环县包金双兽首柄铁剑、礼县圆顶山先秦墓葬铜柄铁剑和甘谷毛家坪春秋早期秦墓铁镰等。甘肃铁器发现地点呈现出西早东晚的特点，证明可能存在着一条起自中亚、经河西走廊至甘肃中东部的冶铁技术的传播路线。通过这条路线，阿尔泰地区的黄金、中亚特有形制的青铜四轮马车、玻璃技术传入甘肃东部，中原的丝绸也由此传入中亚等地。

图 71 灵台春秋铁剑

战国晚期至西汉初，丝绸之路东段南道得到初步发展。2006年，考古工作者在张家川县木河乡桃园村抢救性发掘了3座战国晚期西戎墓葬，出土金、银、铜、陶、骨、玛瑙、玻璃、锡质等文物2200余件，马器占绝大多数。随葬品中包含有北方草原文化、西方文化、秦文化、西戎文化等多种文化因素：铜鼎、铜壶、铜茧形壶以及茧形壶底部的大篆铭文"鞅"应属于秦文化的因素；2号墓中发现的子母口双耳罐、铲足鬲及单耳夹砂罐是西戎文化的因素；虎形和大角羊形的车饰件应属于北方草原文化的因素；玻璃杯和大量使用金银器的传统当是来自西方的文化因素，说明战国后期，当地已与河西地区、西方和北方草原地区都有广泛的经济、文化交流。

20世纪40至90年代，相继在甘肃临夏、灵台、礼县、西和、天水出土了一批中亚国家巴克特利亚打造的希腊铭文铜、铅饼。其中铅饼共计282枚、铜饼一枚，此外，陕西西安和扶风、安徽、湖南等省亦有数枚铜饼出土。这些希腊铭文铜、铅饼打造于公元前3世纪中期至前1世纪初，即相当于中国战国晚期至西汉初期。希腊铭文铜、铅饼的大量出土，为甘肃东部与中亚密切的商业往来提供了重要的文物证据。临夏与青海河湟地区相邻，历史上一直为由陇右西出河湟的必经之地，因此，临夏乃至甘肃东南部战国晚期至西汉初期的希腊铭文铜、铅饼，可能是由北方草原之路经河湟地区流入的。《史记·货殖列传》云："天水、陇西、北地、上郡与关中同俗；然西有羌中之利，北有戎翟之畜，畜牧为天下饶。"汉代羌中指祁连山以南，金城以西，婼羌以东地区；天水、陇西指今甘肃黄河以东、陇山以西地区。结合战国晚期至西汉初期希腊铭文、铜、铅饼分析，"羌中之利"可能不仅仅是我们一般理解的畜牧产品，还包括国际贸易，即陇东南经青海与西域等地的商贸往来。公元前3世纪末，匈奴人赶跑大月氏人占据河西走廊，并控制长城以北地区，中国内地和西域的联系主要通过甘肃东部和青海河湟地区进行。如张骞第一次出使西域时，曾与堂邑父被匈奴抓获，十一年后返回时，"并南山，欲从羌中归，复为匈奴所得。"陇西郡相当于今甘肃黄河以东和陇山以西的绝大部分地方，为秦、西汉初年西北大郡；南山一般指祁连山，也有人认为广义上南山是一个大的地理概念，包括西域、河西走廊、陇右及长安之南的昆仑山、阿尔金山、祁连山和秦岭，狭义上指西域诸国以南的山脉。张骞返回的路线选择表明，由河湟地区经甘肃东南进入关中的路线是畅通的，这正好说明丝绸之路东段南道的运营情况。丝绸之路东段南道沿途自然条件优越、经济发达，且有稳定的政治和强大的军事保障，而丝绸之路东段北道所经地区自然条件较差，且受到匈奴的干扰和控制，这可能是战国晚期至西汉初年丝绸之路东段南道较为畅通的原因所在。

老子探秘天下龙脉祖山昆仑山，出金城关，过凉州，至流沙，折向西南，到达敦煌而返，回归狄道，隐居于马衔山南麓的岳麓山凤台讲经修道，并飞升于凤台。古狄道的先民们敬重老子，在他住过的地方建了老子庙，把"飞升"的地方建了"凤台（后又称超然台）"，在"凤台"之上更留有"老子说经台"。到三国时，道教信徒更在狄道老子"飞升"处的北面修建了宏伟的"太平观"供奉老子。老子"飞升"狄道"凤台"，后人多有记述。东汉时，古陇西人封衡，崇慕骑青牛出关后"飞升"于狄道东山凤台的老子，自号"青牛道士"，承袭老子炼气养生术，进入鸟鼠山采药修炼多年，为民治病，药到病除。

明朝初期，临洮府狄道县人李弼，字士佐，任过工部员外郎。永乐中，为楚雄知府和南康知府。历任有善政，致仕回家时，"囊橐萧然"，是位清官。在他作的《超然台》诗中，有这么几句："此台曾以凤凰台，至今风云台益旷。老君曾此炼金丹，遁老于斯排仙杖。超然之号自谁传，古往今来徒想象。幽谷野草尚依然，多少英雄成孟浪。"诗中提到的"凤台"、"超然台"二名，今日依然。

明朝嘉靖年间，兵部侍郎杨椒山贬官狄道后，在凤台上建立书院，命名为"超然书院"，意切道学，是对老子的尊崇。作为典史有考究当地史迹之责，他在《自序年谱》中写到建超然书院时说："此台，相传以老子飞升之处。盖过函而来，而传或不谬云。"杨椒山《自序年谱》被载入清乾隆时的《狄道州志》中。因老子隐居于马衔山南麓凤台，以及至唐中叶金龙化身"西平郡王"——李晟诞生于陇西狄道（张彧《忠武先庙碑记》），马衔山又成为当今中华李氏后裔寻根访祖的朝拜圣地。

二、丝绸之路中道

丝绸之路东段从长安出发，分为陇关道和萧关道向西、北两个方向行进。萧关道作为历史上丝绸之路东段北道从长安临皋（今西安市西北）出发，在咸阳渡渭河，向西北行经醴泉、奉天（今乾县东），沿泾河到邠州治所新平县（今彬县），过长武，到达甘肃的泾川、平凉。进入宁夏境内的萧关道，即入弹筝峡（三关口），过瓦亭关、开城到达原州（固原），沿清水河谷，再向北经三营过石门关（须弥山沟谷）到达海原，再向西过西安州、干盐池，然后抵黄河东岸的甘肃靖远，西渡黄河，经景泰县到达河西凉州（武威）。

陇关道初称陇坂道，是沿渭水北侧经咸阳到兴平、武功、扶风、岐山、凤翔，从凤翔走柳林道循汧水过千阳县、陇县，从陇县的固关、安戎关、大震关、付汗坪分岔上老爷岭，下山直通甘肃张家川县的马鹿乡，再经恭门直指秦安县的陇城；或由马鹿向南经长宁驿至清水、天水，从而形成了丝绸之路过境天水的南北两线。西汉建陇关后，后世习称陇关道。汉武帝通使西域后，成为长安通往西域的主干驿路之一，至唐代达于极盛。宋、元、明、清时期，主干驿路地位为经过邠州的萧关道所取代。

陇坂道的开辟与秦人的活动紧密相连。秦人的不少首领，在殷商时为殷王的大臣。西周灭殷后，因秦人参与反周叛乱，被周人赶往西陲，约在今甘肃东南部礼县一带。秦人西去，途经陇坂。至周孝王时，由于秦人首领非子善于养马，被召至汧渭之间，负责给周孝王养马，并封为"附庸"，且准许在汧渭之间建筑城邑。这时，陇山东、西侧的秦人，靠陇坂道互相交往联系。

周宣王三年（前825年），秦仲奉周宣王之命伐西戎，六年（前822年）死于战争中。之后，秦仲之长子庄公昆弟5人又奉周宣王之命领兵7000与西戎作战，取得胜利，庄公因之被封为"西陲大夫"。周幽王五年（前777年）秦襄公即位，将其都城迁于汧邑，节节向东逼近。周平王元年（前770年）周幽王被戎、狄围攻，秦襄公曾派兵救助。周幽王死后，秦襄公又派兵参加护送周平王迁都洛阳，因护送有功，被封为"诸侯"，并赐"岐以西之地"。从此，建立了秦国。后经长期与戎、狄争战，

马衔山龙文化与黄河文明

先在平阳、后在雍城建都（今凤翔县南）。至秦穆公时，伐西戎得胜，"开地千里，遂霸西戎"。秦的统治地域，西达甘肃中部甚至更远的地方，陇坂道遂成为雍都通往西戎故地的交通干道。

陇山东西两侧气候迥异，陇山以西土地广阔，居住着众多游牧部族，周秦时期即与建都于关中的王朝有密切往来，但所经的陇坂道并未辟为驿路。秦及西汉初期，走陇山经由"回中道"。秦始皇二十七年（前220年）第一次西巡，"巡陇西、北地，出鸡头山，过回中"。汉武帝元封四年（前107年）出巡北地郡，"通回中道，遂北出萧关"。汉之回中道，约为由今陇县西北向，循峡口河谷地而行，经甘肃华亭县至平凉，即秦始皇过回中宫的道路。

汉王朝出于安全考虑，于陇坂置大震关，以控制东西交通往来。《通典·陇州汧源县》记："陇山，一曰陇坻，汉陇关。王莽命右关将王福曰：汧陇之阻，西当戎狄。今（唐）名大震关，在县西。"王莽时设"四关将军"，陇关为其一，是关中西侧的屏蔽。陇关所控制的汧河谷道被称为陇关道。

西汉武帝时期，经营河西与西域成为中央政府战略重点。官方在开通沿泾水西行，经平凉、固原、海原、靖远、河西走廊抵达西域的丝绸之路东段北道驿路的同时，还沿历史上早就存在的畜牧民族迁徙通道，开通了一条溯汧水西北行，至陇县西北行，经"回中道"至平凉，再由崆峒山东峡入泾源，穿制胜关西出六盘山，经隆德、静宁（成纪，阿阳）、安定（定西）、榆中至兰州西固渡黄河，再经永登（汉令居），越乌鞘岭达武威（凉州）与丝绸之路在甘肃省境内的河西段会合。因为该线路在丝绸之路东段北道与南道之间，因此，称为丝绸之路东段中道。

从张家川马家塬战国晚期西戎墓看，丝绸之路东段中道开辟时间不会晚于战国晚期。丝绸之路东段中道这条线路是西汉由陇右西入河西的主干道之一。从长安出发到达陇右地区的政治中心金城，这条线路距离较短，西征将士曾频繁往来其间，因此历史记载较多。西汉宣帝时，赵充国曾率领一万多骑兵征讨羌人，就是经这条线路在金城渡过的黄河："充国至金城，须兵满万骑，欲渡河，恐为虏所遮，即夜遣三校衔枚先渡，渡辄营

陈，会明，毕，遂以次尽渡。"（《汉书·赵充国传》）

西晋至十六国后秦时期，随着丝绸之路东段中道所经地区农业人口的大量减少和畜牧经济比重的日益增加，陇县、成纪、平襄等县相继废止，意味着十六国以后，丝绸之路东段中道地位进一步下降，丝绸之路东段南道地位日益加强。丝绸之路东段中道地位的衰落，除政治中心迁移、人口减少等因素外，还与沿线生态环境的劣化不无关系。如相传为教民结网渔猎的伏羲氏出生的成纪水（今治平河），北魏时东流出破石峡后逐渐断流，至成纪县故城以东时，已经完全断流了；流经曾为西汉天水郡、东汉初汉阳郡郡治的平襄县的温谷水（今散渡河）至北魏时期已经成为一条"冬则辍流，春夏水盛则通川注渭"的季节性河流。干旱缺水可能是导致这些古城废弃的根本原因，而古城的兴废也必然会引起交通路线的变化。

唐代安史之乱后，陇右地区被吐蕃占领，丝绸之路东段南道衰落。自唐末、五代至宋初，河西往长安朝贡，往返均取萧关道。唐代，由于受区域政治形势变化的影响，丝绸之路东段中道与南道的走向都发生了一些变化。据《新唐书·吐蕃传》记载，长庆元年（821年）刘元鼎出使吐蕃时："逾成纪、武川，抵河广武梁。故时城郭未坠，兰州地皆杭稻，桃、李、榆、柳岑蔚，户皆唐人。见使者麾盖，夹道观。至龙支城，耆老千人拜且泣，问天子安否……过石堡城。"成纪原在静宁县南，开元二十二年迁至今天水秦安县叶堡；武川即秦安郭嘉川；广武梁在今庄浪河入黄河处附近；龙支在青海民和隆治沟与湟水交汇处；石堡城在今湟源县大、小方台城。刘元鼎当年应该是沿着丝绸之路东段中道，即经张家川、秦安、通渭、定西、榆中、兰州（渡黄河）至青海的，不过由于成纪县由静宁南迁至秦安，秦安至通渭段绕开静宁，改由陇城、叶堡、郭嘉川至通渭。隋唐以来，由于枹罕、乐都以西被吐蕃所陷，同时，由于祁连山扁都口一带山势险峻，气候多变，行旅困难，因而丝绸之路东段南道由临夏→扁都口→张掖线路，逐渐被丝绸之路东段中道兰州→永登→乌鞘岭→古浪线路所代替。

宋元时期，丝绸之路东段中道经会宁、定西、榆中至兰州的线路已经取代了南道秦州路，成为中原通往兰州的重要驿路。兰州附近的黄河渡口，一直是东西行旅的必经之处，自唐代起这里就建有浮桥。明洪武五年（1372年）宋国公冯胜又在金城附近的黄河渡口修建浮桥，当年建桥所用的"将军柱"铁柱至今尚存。洪武八年（1385年）再将浮桥移至城西北二里的金城关附近的黄河渡口上。（吴景山《丝绸之路交通碑铭》）

由波斯人火者·盖耶速丁撰写的《沙哈鲁遣使中国记》一书中，详细地记载了来自撒马尔汗的沙哈鲁使节于明朝永乐十八年（1420年）四月路过兰州时的一些情况。当时黄河上"由二十三艘船搭成的浮桥"，连接拴系船只的粗大的"铁链"和"铁桩"，"船上铺有大木板，坚固平坦，所有牲口毫无困难地从桥上面通过，……河的对面是一座大城市……其中有很多美丽的姑娘。"因而"此城仍以美城而知名"的兰州城等，都给这些远道而来的使节留下了极为深刻的印象。（火者·盖耶速丁著、何高济译《沙哈鲁遣使中国记》第115页）另据清代乾隆四十三年（1778年）编修的《皋兰县志》卷四《建置·桥津》记载："镇远桥，即黄河浮桥。西北出镇远门有万国梯航坊。"（吴鼎新、黄建中《皋兰县志》）

从这些记载中可知，明清时代的兰州，就已经成为西北物资贸易的集散地，中外客商使节也多从此渡过黄河，这里还仍然是丝绸之路在甘肃省内经过的重要交通要冲。清代末年，人们又在原浮桥处请德国商人设计、修筑黄河铁桥，这可以说是黄河上的第一座现代标准的公路桥梁。此桥原名"镇远桥"，后改名为"中山桥"，至今仍然屹立在黄河上，供往来人员车辆使用。（吴景山《丝绸之路交通碑铭》）

清代，丝绸之路东段中道更是经常使用。据统计，清代西行陇右的13篇游记中，有12篇记述平凉→隆德→静宁→会宁→安定→金县至兰州这条路，记述秦州路的只有一篇。清代，兰州至西安的道路上共设13个驿站，起点自兰州城内的兰泉驿，向东依次经过金县定远驿、清水驿至巩昌府所辖安定县秤钩驿、严守驿、西巩驿，会宁县保宁驿、平凉县高平驿、华亭县瓦亭驿，最后经"回中道"向东南入陕西。至此，秦州路的地位进一步下降。

马衔山北麓的榆中县，地处兰州的东大门。较为有名的苑川河由东南向西北，流经榆中的中部，在桑园子峡拐弯处流入黄河。尽管该条河已断流近 30 年了，但由于水土流失十分严重的倒淌河河畔曾是丝绸之路东段中道定西至兰州的必经路段，因而在苑川河流域，也就留下了千百年的商贾、僧侣的足迹。

后秦姚兴弘始元年（399 年），高僧法显与慧景、道整、慧应、慧嵬等人，从后秦国都长安（今西安西北）出发，沿着丝绸之路东段中道西行取经，经过一个多月的长途跋涉来到榆中，然后至兰州，过南凉国都至张掖镇。在法显所著的《佛国记》中有这样一段记载："初发迹长安，度陇至乾归国，夏坐。"这是法显对自己取经历程中见闻的记载，又名《法显传》，而其中所提及的"乾归国"，正是当时在榆中苑川一带建立国都的西秦。"夏坐"则是佛教徒每年雨季在寺庙里安居三个月的一种佛事行为。

东来的丝绸之路，在定西的巉口爬上车道岭，峰回路转，艰难曲折盘旋几十千米后，向西而行，到达苑川河中游河谷地段的交通要冲重镇甘草店。据《榆中县志》记载：明代，陕西驿道自西安、平凉、隆德、会宁、安定（今定西市安定区）过金县（今榆中）甘草店、清水驿、定远驿，进入兰州。据清人祁韵士《万里行程记》、林则徐《荷戈纪程》载：陕甘驿道自西安西去，过平凉、隆德、静宁、会宁、安定县称沟驿、皋兰县车道岭（今属榆中县）……清代还有一条新驿道，即自车道岭至甘草店，过夏官营、买子堡（来紫堡）、响水河（小水子）至皋兰县东岗镇。

甘草店为何能成为丝绸之路东段中道的一个交通要道？主要是因为这里水源充足、食物丰盛、街市繁华、客栈齐全、补给无忧。无论是商队，还是过客，都要在此休整一天或数日，才继续沿平缓的苑川河畔西行，经稠泥河、清水驿、接驾嘴。至此，丝绸之路东段中道又分为南北二条线路。如果苑川河不发洪水，就走北线，到苑川河北岸的东古城歇脚，第二天在苑川河北岸经红柳沟、夏官营、太平堡、过店子、岳家巷、金崖，穿过七岘沟，经古汉长城（苑川河入河口东侧），过苑川河入河口到响水子（现西坪），休宿补给，然后沿黄河南岸西行，经桑园子、方家泉，绕道十里山北麓、古城坪，到达东岗镇。

如果苑川河发洪水，就得走南线。由于苑川河从东南向西北，流经榆中中部的黄土高原沟壑地带，水土流失十分严重，下暴雨发洪水时，洪水携带大量泥沙，冲毁桥梁，淤塞河道，淤泥数日，甚至一两个月都难以清除，致使夏官营、太平堡至响水子段的道路中断。因此，苑川河中游至下游的北线就被阻隔，商队客旅只能走南线，在苑川河中游的接驾嘴折向西南方向，经双店子、三角城，翻过白虎山，蹚过石头沟，绕到朱家沟、麻家寺然后北下，经接驾嘴，到定远镇，稍作休整、补给后继续北下，取道桑园子或方家泉，与北线汇合，绕道十里山北麓、古城坪，到达东岗镇，进入平缓的兰州盆地。

三、汉武大帝西巡

汉武帝一生功高盖世。两千多年的时光，在历史的长河中并不算短。今天，当我们透过史书中那些尘封的文字来追忆他的时候，才猛然发现，他并不像历史上的多数帝王那样，留给后世的仅仅是一个背影。他继位后共计出巡 39 次，如果把他振兵释旅、祭后土、泰山封禅、东海寻仙访道途中的出巡算在内，令人难以想象的是：一生政务繁忙、百事缠身的他，竟然来过甘肃和宁夏九次。汉武帝到甘肃和宁夏的比例之高，可谓首屈一指，这位西汉最富神秘色彩的天子之旅，朝野闻名，记述甚多。

汉武帝时，随着国力的逐步强盛，抗击匈奴取得了初步胜利，于元鼎三年（前114年）以北地郡西北部析置安定郡，郡治高平（即今固原城）。安定郡的设置，奠定了萧关道的历史地位，使其成为抗击匈奴向西北运兵的重要通道。且汉武帝多次途经萧关古道巡视安定郡，《汉书·武帝纪》作了记载：元封四年（前107年），"冬十月，行幸雍，祠五畤，通回中道，遂北出萧关"。师古曰："回中在安定高平，有险阻，萧关在其北，此盖自回中道以出萧关。"太初元年（前104年），"秋，八月，上行幸安定"。太初四年（前93年），"十二月，上行幸雍，祠五畤，西至安定、北地"。征和三年（前90年），"春，正月，行幸雍，至安定、北地"。后元年（前88年），"春，正月，行幸甘泉，郊泰畤，遂幸安定"。从公元前112年到公元前88年先后多次到达安定郡，不仅巡视边陲，检阅军队，向匈奴炫耀军威，显示威力，且对安定郡的交通创造了有利条件，修通了长安到达安定郡的回中道和萧关道，为陇山区域的交通建设发展树立了

"里程碑"。

《汉书·武帝纪》："五年冬十月，行幸雍，祀五畤。遂逾陇，登空同，西临祖厉河而还。"《史记·封禅书》载："上遂郊雍，至陇西，西登空同，幸甘泉。"司马迁也说："余尝西至空同。"据考，司马迁于元鼎五年（前112年）跟随汉武帝西巡登临了空同山。"至陇西"，就是汉武帝西巡到达了陇西郡。《隋书》："炀帝大业间，西征吐谷浑至狄道（今临洮）登空同。"

陇西郡，是中国古代的郡级行政区划。秦始皇二十六年（前221年）置三十六郡时，陇西郡是其中之一，治狄道（今临洮县）7县：狄道，獂道（今陇西县东南），下辨（今成县西），临洮（今岷县），西县（今天水市西南），上邽（今天水市区），冀县（今甘谷县）。

汉高祖二年（前205年），刘邦占有陇西郡。汉武帝时，分16县置天水郡，陇西郡有11县：狄道，临洮（今岷县），西县（今礼县盐官镇），上邽（今天水市西南），故安（今临洮县南），襄武（今陇西县东南），首阳（今渭源县东北），大夏（今广河县西北），羌道（今宕昌县西南），氐道（今礼县西北），予道（今岷县西南白龙江上游）。

东汉陇西郡，治狄道县，仍领11县，原领狄道，临洮，襄武，首阳，故安，大夏，氐道7县。新置障县（今漳县西南），枹罕，白石，河关县（今积石山县）。至三国魏时，陇西郡治迁到襄武县。

汉武帝"至陇西，西登空同"，是说汉武西巡至陇西郡治狄道（今临洮县）后，御驾亲自登上了位于狄道西北的空同山（今马衔山）。当时的空同山就是今天位于临洮县与榆中县交界的马衔山，（图72）而并不是指现今平凉的崆峒山。因为，其一，秦汉两代时期的陇西郡治均在狄道（今临洮县），空同山在陇山之西，而崆峒山在陇山之东。其二，古之马衔山的别称为"空头山"，与"空同山"谐音。其三，《隋书》："炀帝大业间，西征吐谷浑至狄道（今临洮）登空同。"其四，唐高宗咸亨元年，高宗派薛仁贵督师讨伐吐蕃，在大非川一带被吐蕃击溃，从此引起吐蕃人连年兴兵进犯大唐边境，致使唐太宗、文成公主与孙赞干布结成的大唐王朝与吐蕃三十年的水乳交融关系毁于一旦。至唐代宗宝应元年，马衔山周边

马衔山龙文化与黄河文明

地沦陷于吐蕃，吐蕃将原空同山（今马衔山）更名为"热薄寒山"。唐王朝将平凉的鸡头山改称为"崆峒山"（因平凉的鸡头山与庆阳镇原的鸡头山重名），为了与古时的空同山相区分，

图 72　华夏龙脉宝山——马衔山

便在"空同"二字之前加了"山"部首。由此充分说明先秦之前，以及汉唐（唐初）时期的空同山就是今天的马衔山，所以《庄子·在宥》中记载的"空同之山"就是今天的马衔山。

汉武帝为何要"至陇西，西登空同？"《金龙训言》"藏族人子朝拜过"，一语道出了其中里奥：据汉文史籍记载，藏族属于两汉时期西羌人的一支。《括地志》一书中说"陇右、岷、洮以西，羌也"。《后汉书·西羌传》曰："河关之西南羌地是也。"河关之西南应包括兰州西南部及青海东部地区，即黄河上游的洮河、大夏河、湟水流域。这些地区恰好是辛店文化分布最密集的地区。辛店文化彩陶经碳 14 测定其年代为公元前1400—公元前 700 年。这一时期正是古代羌人在黄河上游活动最重要的时期。古代羌人的经济生活以畜牧和狩猎为主，羌人即为游牧人之意，从寺洼文化遗存发现的陶罐罐口均为马鞍形，有学者因此初步断定其为羌文化遗存。

西羌部落繁多，诸羌之中，最初以先零为最强大，居住在大榆谷（今青海贵德县，尖扎县之间），水草丰美，自然条件比较优越。对外向汉朝边境用兵，对内吞并弱小，后被烧当羌等联合击败。烧当羌传说是研的十三世子孙，本来居住在大元谷（今青海贵德县西），人少势弱，后击败先零，卑浦羌，迁居到大榆谷后日趋强大起来。此外，中羌也很强大，号称有兵力十万，至于其他羌部，大者万余人，小者数千人，一时都很活跃。

汉初兴时，这些羌族部落都臣服匈奴。汉景帝时，羌族一支研的后代

留何率种人请求归附。为了汉朝守卫陇西要塞，汉景帝欢迎远方来降，把留何及其研种羌族部落一起迁居到陇西郡中，安排在狄道（今临洮县）、故安（今临洮县南）、临洮（今岷县）、氐道（今武山县东南）、羌道（今舟曲北），与汉人杂居，共同守卫西北边防。至今在马衔山南麓临洮改河乡留有"西蕃庙"，榆中县马坡乡留有"西蕃沟"等羌族部落居住、生活的痕迹。

到汉武帝时，对匈奴人采取了疾风暴雨式的军事行动，与匈奴勾结的羌人也受到了冲击。汉武帝派兵在河西驱逐匈奴的时候，也同时对诸羌施加了军事压力，逼迫他们向西迁移。元鼎五年（前112年）九月，分布在今甘肃临夏以西和青海东北一带的先零羌与封、牢种羌尽释前仇，结成同盟，再次与匈奴勾结，合兵十余万人，会攻汉朝的边境令居县（今甘肃永登西北）和故安县，包围了枹罕（今甘肃临夏县东北），边关告急。《汉书·武帝纪》载："西羌众十万人反，与匈奴通使，攻故安，围枹罕。"

为了安抚汉景帝时安排在陇西郡的研种羌族部落和稳定边关军民之心、激励将士斗志，汉武大帝于元鼎五年（前112年）十月西巡陇西郡，并亲登与枹罕近隔咫尺的狄道空同山。后又巡视位于今靖远县（古祖厉县、郭阴县）境内的黄河五大古渡口后，沿萧关古道返回长安。这段历史记载于《汉书·武帝纪》："五年冬十月，行幸雍，祀五畤，遂逾陇，登空同，西临祖厉河而还。"《金龙训言》对于这段历史是这样叙述的：

> 步涉长途出咸阳，苦果充饥马衔地，
> 遇仙指道过金城，龙马出面顺河行。
> 神龟渡口媪滩口，信口传信来一骑，
> 游演传道寻真地，五龙洞中得真文。
> 传颂人间八百载，原文还世待吉辰。

《金龙训言》的大意是：汉武帝的这次出巡不同于以往"从数万骑"，而是带着人数不多的随从人员从长安出发，沿着老子当年寻"远祖根"、访"圣迹"的路线，出大震关翻越陇山，经清水，过天水，沿渭河西行至甘谷、武山、陇西（古襄武）、渭源、临洮（古陇西郡治，又称狄道），一路风餐露宿，历经艰难险阻，最困难时徒步跋山涉水，苦果充饥。抵达陇西郡治狄道后，在听取完军事形势和其他各方面的情况汇报后，汉武帝又亲自登上位于狄道县城西北的空同山。

在空同山（马衔山）天池拜谒了龙祖盘古的化身——混元老祖，并在混元老祖地指点下，从阿干河谷抵达金城（今兰州）。正是《金龙训言》所曰："苦果充饥马衔地，遇仙指道过金城。"当汉武帝站在金城河边，面对波涛汹涌的大河，不由心潮澎湃地仰天叹曰："神鸟不至，河不出图，久矣！"话音刚落，忽然，河水大涨，波浪滔天，只听"哗啦"一声，从河水中冲出一外形非常奇特的巨兽，似龙非龙，似马非马，浪里飞腾。汉武帝与随行人员立即至河边近前观看，只见河中洪涛巨浪，波浪中的这一巨兽似骆而有翅，高八九尺，大体像马，却身有龙鳞，故后称为"龙马"。《汉书·孔安国传》载："龙马者，天地之精，其为形也，马身而龙鳞，故谓之龙马。龙马赤纹绿色，高八尺五寸，类骆有翼，蹈水不没，圣人在位，负图出于孟河之中焉。"这里的"孟河"即黄河，因为，"孟"字旧时是指在次序里代表最大的，黄河是中国北方最大的河流，又称"大河"。从黄河中跃出的龙马，踏水不没，如登平地，直奔岸边来到众人面前。身负形似"河图"黑白点数图像的龙马对武帝说，它是奉龙祖盘古之命，将引领汉武帝寻访"天书龙图"显于大地的"真地"——黄河石林。

在赤纹绿色龙马地带领下，汉武帝一行沿黄河顺流而下，一路跋山涉水，进入黄河小三峡。在古人眼里，这从天上而来的黄河，从来都是处处风急浪大；处处激流险滩。在黄河小三峡之大峡的一些险要河段，事实也确实如此。大峡是从兰州到包头途中最危险的一段，这一段的险境有：将军柱、煮人锅、大撞崖、小撞崖、锅底石、棺材石、大照壁、月亮石等，真是三步一险，五步一礁，稍不留神，就会筏散人亡。正是金龙训言所曰："信口传信来一骑，龙马出面顺河行。"

在经过黄河小三峡的激流险滩后，汉武帝一行来到了元鼎三年（前114年）设置的祖厉县（今靖远），在沿河视察了祖厉五大渡口之一的虎豹口渡口（在靖远县城西4千米处）。虎豹口渡口是黄河上游一处闻名遐迩的古渡口。（图73）位于靖远县乌兰镇河靖村南上坝湾，距县城约7.5千米。秦始皇时派大将蒙恬北击匈奴，收复了黄河以南的土地，沿黄河筑了44座城池，祖厉城就是其中的一座，它就建在虎豹口旁边，是为防守这个重要渡口而建的。

图73　靖远虎豹口古渡口

虎豹口为丝绸古道上的交通要道。丝绸之路东段中道至静宁后分出一支线，即静宁界石铺经青江驿进入会宁界，经会宁城、甘沟驿、郭城驿沿祖厉河至靖远暗门红山寺到达虎豹口古渡，然后到达刘川乡的吴家川。再到脑泉、兴泉堡、宽沟，最后进入河西走廊。唐末宋初，由于吐蕃、西夏先后占领了景泰及靖远东北境地，萧关古道从打拉池（地名）分出一线，经杨稍沟、红沟、靖远县城，从虎豹口渡过黄河。从而形成杨稍沟→打拉池→双铺→狼山→海原的宋、夏边界线，边界线以东归宋管辖，以西为西夏属地。

在视察完虎豹口古渡和祖厉县后，汉武帝一行沿河向东又折向北来到鹯阴古渡口。鹯阴古渡口位于今天平川区境内的黄湾中村，距古鹯阴城10千米，处于红山峡的上口。"鹯阴"一词最早见于《后汉书·西羌传》"赵冲复追叛羌到建威鹯阴河"。李贤注《续汉书》中"建威"作"武威"。"鹯阴"是县名属安定郡。据史书记载古代西部少数民族扰内，多由此渡过黄河进入内地。黄河西岸有多处以军事名称命名的村名和地名。六十多里处有一村庄名西番窑，遗窑上下数层，颇似军事堡垒，疑为西域少数民族驻兵之地。

西夏神宗光定十二年（1222年）在此建立索桥，在桥头修建迭烈逊堡驻兵。据记载此处古代曾经数次建造索桥。今天在塔儿山峭壁上"香炉台"处有一宽约尺、长约尺的石坑，疑为当年建造索桥的桥桩穴。如果下游索桥渡口发生索桥被黄河冲淹时，萧关古道则从打拉池（地名）经毛卜拉、大湾、吊沟、响泉、黄湾从鹯阴口渡过黄河。另一线路则是由苦水堡经莲台山沿石碑子沟抵达鹯阴古渡。

明太祖洪武三年（1370年），迭烈逊设立巡检司，戍卫"建置船只索桥，通凉庄路"。明宣宗宣德七年（1432年）五月，陕西布政司为迭烈逊巡检司"造船八艘，每艘十一人持之"。同年复开平凉府开成县（今固原开城乡）南迭烈逊道路时记载："昔西安诸府州岁运粮饷赴河西诸卫。均经六盘山蝎蚤岭。山洞徒绝人力艰难。开城旧有路经迭烈逊渡过黄河直抵甘州诸卫可近五百里。"由此可见这条经迭烈逊渡口到达河西的丝绸之路，与黄河西岸有条较为平坦、便捷的古道有很大关系。

汉武帝一行在结束了对鹯阴古渡和鹯阴（郭阴）的视察后，在龙马的带领下沿黄河红山峡北岸，一路经历了水急浪大、险石丛生、危险重重的地带，来到老龙湾。由今天坝滩村的神龟渡口渡过黄河，来到南岸的五龙洞，得到由五位龙神守护了三千年的真文"天书龙图"——太极图。当得知"天书龙图"是龙龟当年历经艰辛"六盘出头缠龙洞"而又传送至龙洞时，遂率部属前往龙湾西边的黄河石林祭拜"天下第一大神龟"。武帝又在龙马地带领下，进入石林区，实地勘察传说中的"洛书"。武帝一边行走，一边命随从将所经之地的地形地貌都绘制下来。历经多日的艰苦攀爬，风餐露宿，终于将巨大的黄河石林区勘察完毕，返回到了黄河石林大峡谷内。武帝命随从将绘制的全部地形地貌图拼接在一起，经过认真研究惊奇地发现整个黄河石林区就像一个巨大龟甲，它上面布满甲纹脉络，突出的山丘峰岭组成了九大花点图案。武帝十分兴奋地说："吾又得天书洛书矣。"正是《金龙训言》："游演传道寻真地，五龙洞中得真文。"

正当大家欢呼雀跃庆贺武帝幸获"龙图洛书"之时，龙马也十分喜悦，高兴的是这次它跋山涉水，虽然经历了黄河小三峡、红山峡的水急浪大、危险重重的激流险滩地带，却也光荣地完成了龙祖盘古交给的使命，使汉武帝得到了华夏龙文化的瑰宝——河图、洛书。可是，这时的龙马因多日长途负载过重，尤其是在巨大的黄河石林区内，既要引领武帝一行翻山攀岭，又要轮番驮负武帝及其随从人员。至此时，龙马已疲惫不堪、饥渴难耐，此刻的龙马，最想要的就是"开怀畅饮"。但是这里离龙湾黄河岸边还相距甚远，峡谷内又无水可饮。忽然，龙马仰首张口，只见龙马口内飞出一条七彩长虹落入远方龙湾的黄河，源源不断的河水通过彩虹的输送供龙马酣饮。眼前的情景，再现了甲骨卜辞中记录的"虹饮于河"（图74）及《山海经·海外东经》记载的"虹虹在其北，各有两首"精彩一幕，

武帝为之感叹不已。就在众人惊愕未定之时，龙马与彩虹一起瞬间消失得无影无踪。汉武帝为了让世人永远缅怀龙马的功绩，便将这个大峡谷赐名为"饮马谷"，也就是流传至今的黄河石林"饮马沟"。

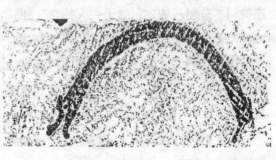

图74 河南唐河县出土的西汉画像石"龙形虹图"

《金龙训言》："神龟渡口媪滩口"是指汉武帝一行从黄河石林返回后，便又前往古媪围城（今景泰县芦阳镇）视察。古老悠久的媪围古城就是丝绸之路东段北道上的一个重要驿站，是当时通往西域河西的第一个重镇，也是管辖和护卫古黄河渡口，保障丝绸之路安全畅通的一个重要军事要冲。为了确保丝绸之路的安全畅通，汉武帝在视察完媪围古城返回后，于元鼎六年设立了媪围县（今景泰县）。关于媪围县，史书亦有确凿的记载。《汉书·地理志》记：西汉时武威郡辖十县中有媪围县。《后汉书·郡国志》记：东汉时武威郡辖十三县，媪围县是其中之一。在已经出土的居延汉简中，所列述的从长安到西域驿站名称里，西过黄河的第一个重镇就是媪围县。媪围古城遗址在今天景泰县城东约三十里的吊沟村，古城占地面积460多亩，由山城和川城两部分组成。山城沿山形板筑而成，北墙有明显削山制寨的痕迹，城东依山势象形而筑雍城，依自然山沟地形开东、南拱门，上筑墩台，至今还能看到宽约5米、长255米之夯筑墙遗址。南墙紧靠山峦崖沿，中间自然沟谷处有门，与川城相连；川城地势开阔，平面呈长方形。

《水经注》："媪围县西南有泉沅，东迳县南，又东北入河也。"这便

是发源于寿鹿山的媪围河。明朝又有各种资料、文字证明，媪围县与媪围河并名。景泰境内的43条沙河，分别从寿鹿山的不同山涧流出，由西向东，在一条山的大梁头下相聚，经媪围县城的南缘东泻，在索桥渡口处汇入黄河。那时的媪围河，有寿鹿山脉的涵养，四季有水，流域内野花幽香，河床由鹅卵石衬托，清澈而晶莹，既浇灌着两岸田园的庄稼，又荡漾着媪围古城的隽秀，源源泊泊。

1982年，兰州大学历史系魏晋贤教授、冯绳武教授和省考古研究所张学正所长考察后，认为吊沟古城就是西汉时期的媪围县，遗址符合《水经注》中所指媪围县的位置，更与《明史·地理志》中有关媪围县的记载相吻合。西北师范大学文学院教授、知名的西北历史地理专家李并成认为："吊沟古城的面积不仅在其周边高居榜首，是芦塘古城的2.5倍，是永泰古城的2.1倍，而且在丝绸之路沿线的其他汉代县城遗址中也是最大的。"民国以来，附近发现的西林汉墓群、吊沟汉墓群、教场梁汉墓群和城北墩汉墓群，先后出土了大量的陶片、汉砖和古币，足以表明古媪围当年的繁华与辉煌。景泰县志《概述》中说："东汉、三国时，媪围境内安定富庶。西晋及南北朝时期，社会也相当安定，经济持续发展，佛教日益盛行。"

《汉书·武帝纪》："五年冬十月，行幸雍，祀五畤，遂逾陇，登空同，西临祖厉河而还。"这里的祖厉河不是指从会宁来的那个祖厉川河，靖远人叫苦水河。而是指汉代流经祖厉县的这一段黄河。"西临祖厉河而还"，也就是说当年汉武帝至黄河西岸的媪围城后，折向东开始返回，因为黄河祖厉段在这里是由南向北而流，古媪围城在河的西面。汉武帝视察媪围城后，便沿着媪围河向东前往黄河五大古渡口之一的索桥渡。据金塔县破城子出土的汉简记载，从媪围城（今景泰芦阳镇）沿芦阳砂河东行12.5千米过黄河索桥渡口。

索桥古渡在靖远西北石门川的崇山峻岭中，是萧关古道渡过黄河的首选渡口。（图75）据康熙《靖远卫志》记载："索桥前后建置处所不一。据考证哈思古堡西南六七里至黄河又三四里至大小口子即昔初所建索桥也。明隆庆初创船桥以通往来，因河水泛滥淹没无存仍以船渡。"当时靖远处于西北部边关地区，明朝时因军事边防的需要建芦沟堡屯戍卒抵御外

敌侵扰，为了贯通甘
肃中部的交通要道，
加强东西往来贸易。

图 75　索桥古渡

汉武帝一行从古
索桥渡口过河后，又
向北来到黄河祖厉段
的另一古渡口会宁关，
又称乌兰关、乌兰津。
据敦煌发现的《水部
式·鸣沙石室书》记载："在会宁关有渡口，有渡船五十只，宜令所管差
强、官校、检藩兵防守，勿令此岸停泊。"另据《大唐六典》记载，会宁
关是当时全国 13 个边塞关津中最大的渡口之一，其河对面有乌兰关。
"会宁关"即双龙乡北城滩的黄河古渡口南岸，一日可渡千人以上。可以
看出丝绸之路东段北道在唐中叶时的商旅往来盛况。

在乌兰关下游处有个白卜渡，现在被称为金坪渡。白卜渡是隋唐时期
的大型古渡口，也是丝绸之路东段北道的渡口之一，其路线为从海原县经
过苍龙山古堡或苦水堡、芦沟堡、论古堡、永安堡等处由白卜渡过黄河然
后到景泰的上沙窝，再到达古浪的大靖镇进入河西走廊。乌兰关在红山峡
的下口处而白卜渡在黑山峡的上口处。地理位置非常重要。乌兰关与白卜
渡都很重要，两个渡口相辅相成，至今仍很繁忙。

在巡视完乌兰关后，汉武帝从北城滩至石门川，过裴家堡、水泉堡，
经莲台山、苦水堡、苍龙山后，沿萧关古道返回长安。从《汉书·武帝纪》
中的"西临祖厉河而还"和《史记·封禅书》中的"西登空同，幸甘泉"
的记载中可以看出，汉武帝这次西巡返回时是沿着萧关古道返回长安的。
因为，"幸甘泉"是指汉武帝沿着萧关古道返回时临幸了甘泉宫。甘泉宫
遗址位于咸阳城北 75 千米处的淳化县铁王乡凉武帝村，秦、汉两朝在此
营建宫室，是因为甘泉一带在古代以地势险要闻名。范睢《战国策》中记
述："大王之国，北有甘泉，谷口。"甘泉山是屏障咸阳的前哨。汉武帝
返回长安的次年（元鼎六年）十月，派将军李息、郎中令徐自为率兵十万

人出兵讨伐与匈奴勾结的羌人。经过强硬的军事行动，解开枹罕之围，汉军平定了诸羌的叛乱。汉武帝为了强化对羌人的管理与监视，在公元前111年开始在羌人居住的地区设置护羌校尉，持节统领内附汉朝的诸羌部落。从此，青海东部开始成为中国的行政管理区域。

第九章

西平郡王

第九章

西平郡王

马衔山地区及周边广大民众因为金龙赐雨除旱、驱雹镇水、解危济难、百求百应，所以，信奉的人越来越多。后来，由于遍及黄河、淮河、大运河沿岸广大流域和大江南北等众多地区的"金龙四大王"信仰传播至马衔山地区，所以大家又将金龙尊称为"金龙大王"。另外，还尊称为"西平王"或"西平王总统"。民众为何又将金龙尊称为"西平郡王"？这主要源于金龙的一位化身——唐代名将李晟。关于这段历史，《金龙训言》曰："观观宁夏灵武县，助皇唐连封官衔。八次封吾九次升，平王总统落衔山。在国朝轮传文史，潼关月下走走看。"为了更进一步阐述金龙化身"西平王总统"，明确这位唐朝中期名将的身份，《金龙训言》又曰："长唐有关朝中将，门中生之李悍将。吾当应龙档史记，名曰三彰同儒题。此段历史隐藏深，蠱唐时日太和铭。"训言阐明了李晟为唐德宗时期的大将。

图76　李晟

一、灵州解围与平叛藩镇

李晟，字良器，出生于洮州临潭（今甘肃省临潭县）军营。（图76）洮州又称临洮郡，秦朝长城的西端就在这里。李晟从小习武，练就一身好武艺，善于骑射。十八岁时，李晟投身河西节度使王忠嗣的帐下。王忠嗣是唐玄宗时期的名将，他在镇守河西的时候，曾与吐蕃屡次交战。玄宗天宝五年（746年），唐军攻打吐蕃的一个城堡，其中有个吐蕃猛将率军守城，射术精良。将进攻的唐军射杀无数，唐军伤亡很大。王忠嗣见状大怒，于是在军中发布召集令，让善射的将士来对付他。这时，刚入伍一年的李晟应声站了出来。只见他弯弓搭箭，一声霹雳，箭已离弦。再看那边，原来还气势汹汹的吐蕃将领，一头栽倒。李晟一箭中的！三军为之沸腾欢呼，顿时，士气大增，随后一鼓作气攻下了城堡。王忠嗣眼见这一幕，也不由感慨，他拍着李晟的肩膀说："后生可畏，你可真是万人敌啊！"《金龙训言》曰："西凉路中吾开城，参合古文得真面。"五代后晋时官修的《旧唐书》载："李晟，字良器，陇右临洮人。祖思恭，父钦，代居陇右为裨将。晟生数岁而孤，事母孝谨，性雄烈，有才，善骑射。年十八从军，身长六尺，勇敢绝伦。时河西节度使王忠嗣击吐蕃，有骁将乘城拒斗，颇伤士卒，忠嗣募军中能射者射之。晟引弓一发而毙，三军皆大呼，忠嗣厚赏之，因抚其背曰：'此万人敌也！'"（《旧唐书》列传第八十三·李晟）

李晟自投身唐军后，屡立战功，不断受到唐朝皇帝的多次赐封，且官衔逐次上升。唐玄宗天宝十四年（755年）石破天惊，安禄山叛乱，史称"安史之乱"，唐朝西北的大批精兵都东赴前线，参加平息叛乱的战斗。最初，晟留守在部队。在失去大部主力的情况下，吐蕃伺机而动，开始大军向唐朝西境的河西等地发动进攻。陇右、河西留守的军队根本抵挡不住吐蕃的进攻。所以，不久之后，李晟随河西、陇右的留守军队，撤出了河西走廊，归到了凤翔节度使高升雅的辖区凤翔地盘。安史之乱导致天下大乱，唐朝失去统治力，唐朝西线除了吐蕃大军进攻外，夹在唐朝与吐蕃之间的羌人和党项人也趁机四处进犯，对唐朝西线的骚扰相当严重，一度曾攻入了凤翔境内。

凤翔节度使高升雅慧眼识人，擢升李晟为将领，率兵平叛羌人、党项人的叛乱。李晟先后击叠州（今甘肃迭部县）叛羌于高当川，又击宕州（今甘肃宕昌县南阳）连狂羌于罕山，皆获全胜。这次战役结束后，李晟被升至左羽林大将军。后继凤翔节度使李抱玉也是平定安史之乱的一员名将，战功显赫，忠心耿耿。所以，唐代宗让他坐镇在长安西边这个关键的战略要地上。李抱玉刚上任，就任命李晟为右将军，随之成为军中的主要将领。据《旧唐书列传第八十三·李晟》载："凤翔节度使高升雅闻其名，召补列将。尝击叠州叛羌于高当川，又击宕州连狂羌于罕山，皆破之，累迁左羽林大将军同正。广德初，凤翔节度使孙志直署晟总游兵，击破党项羌高玉等，以功授特进、试光禄卿，转试太常卿。大历初，李抱玉镇凤翔，署晟为右军都将。"《金龙训言》曰："长唐有关朝中将，门中生之李悍将。"

李晟被擢升为唐军的将领后。指挥作战最精彩的战役就是解灵州（今宁夏灵武县西南）之围。唐代宗大历三年（768 年），吐蕃再次发起大规模进攻，这次主攻的方向是北面的灵州，有十万之众。另外，还有两万人马进攻邠州（今陕西彬县），来势汹汹，形势严峻，京师一度戒严。作为凤翔节度使，李抱玉自然要出兵协防。于是，李抱玉派李晟带兵五千前往救援，李晟却回答说："这次任务，如果要靠人数来力取的话，那五千人就不够了；如果用计谋巧夺，那五千人就太多了。"随后，李晟向李抱玉汇报了自己的作战方案，即用"围魏救赵"的巧计，长途奔袭吐蕃的大本营——定秦堡（今甘肃临洮境内），用"斩首行动"来解灵州之围。李抱玉同意了李晟的方案，李晟只带了一千人，出大震关（今陕西、甘肃的交界），便是清水县，再向西南一百二十里，就到了天水。然后沿着渭河河谷一路向上，渭河的源头离洮河咫尺之遥。这一路上所经路线，都是唐蕃古道，但可能是因为吐蕃大军倾巢出动，留守力量非常有限，而且吐蕃没有料到在大兵压境的情况下，唐朝还能出奇兵突袭，所以李晟得以一路顺利地行军，成功到达了定秦堡。

在经过激烈而短暂的交战之后，李晟很快攻克了定秦堡，并俘获了吐蕃首领慕容谷种。另外，更为重要的是，李晟一把火将吐蕃军的军需物资统统焚烧得干干净净。定秦堡是吐蕃从后方向前方运输军需物资的储存站和转运中心，其作用非常重要。一旦这些积聚物资被焚烧，吐蕃前线的后勤供给就无法得到保障。因此，当进攻灵州的吐蕃军听到这个消息后，非常害怕，当即从灵州撤兵。灵州之危随即解除，唐朝又渡过了一次危机。这一战，可以说是打得非常精彩。孤军深入敌后，打击战略目标，是一次极为成功的突袭之作。这一役之后，李晟又升为开府仪同三司。不久，李晟从凤翔节度使调到了泾原节度使，以左金吾卫大将军的身份，担任泾原、四镇北庭兵马使。《旧唐书》列传第八十三·李晟载："四年，吐蕃围灵州，抱玉遣晟将兵五千以击吐蕃，晟辞曰：'以众则不足，以谋则太多。'乃请将兵千人疾出大震关，至临洮，屠定秦堡，焚其积聚，虏堡帅慕容谷钟而还，吐蕃因解灵州之围而去。拜开府仪同三司。无几，兼左金吾卫大将军、泾原四镇北庭都知兵马使，并总游兵。无何，节度使马璘与吐蕃战于盐仓，兵败，晟率所部横击之，拔璘出乱兵之中，以功封合。璘忌晟威名，又遇之不以礼，令朝京师，代宗留居宿卫，为右神策都将。"正如《金龙训言》所曰："名越三章通如梯。"

唐代宗大历十四年（799年），吐蕃继续进攻唐朝，不过改变了策略，不去北伐，改从剑南道入手，而且是和南诏（中国西南部唐时的一个奴隶政权）联手进攻，合兵十万，分别从两个方向进攻。唐代宗派两支军队分头迎击吐蕃和南诏两路敌军：一是由禁军将领曲环率军从北边的茂州（今四川茂汶）、扶州、文州（今甘肃文县西）迎敌；南方一路则由李晟率神策军迎敌。其中南方一路的雅州（今四川雅县）、黎州，位于今天的川西高原甘孜一带，路途遥远不说，而且地势险要，行军难度极大，李晟率四千神策军精兵，进军神速，很快越过"漏天"，即雅州地区，再越过邛崃山，山上有三座城堡，分别叫飞越城、三碉城、和孤城，合成"飞越三城"。经过激战，拿下了黎州的飞越三城。随后跨越大渡河，继续往南追击。直至巂州（即今西昌地区），至此，大破吐蕃南诏联军，南诏伤亡惨重，李晟胜利地完成了任务。《旧唐书·列传第八十三·李晟》载："德宗即位，吐蕃寇剑南，时节度使崔宁朝京师，三川震恐，乃诏晟将神策兵救之，授太子宾客。晟乃逾漏天，拔飞越，廓清肃宁三城，绝大渡河，获首虏千余级，虏乃引退，因留成都数月而还。"《资治通鉴》中所记同一事件较《旧唐书》更详细一些："（大历14年）冬10月丁酉朔，吐蕃与南诏合兵10万，三道入寇，一出茂州，一出扶、文，一出黎、雅，曰：吾欲取蜀以为东府。崔宁在京师，所留诸将不能御，虏连陷州、县，刺史弃城走，土民窜匿山谷。上忧之，趋宁归镇，宁已辞。上发禁兵四千人使李晟将之，发范阳兵五千人，使金吾大将军安邑曲环将之，以救蜀。东川出军，自江油趋白坝，与山南兵合击吐蕃、南诏，破之。范阳兵追及于七盘又破之，遂克维、茂二州。李晟追击于大渡河外，又破之……"

李晟对唐朝最大的功绩就是平藩镇、奉天（今陕西省乾县）救难、收复长安。唐德宗继位后把第一个年号叫"建中"，显示出强大的政治愿望——他要"重建中兴"，再现大唐盛世的辉煌。唐德宗继位的时候三十七岁，可谓年富力强。而且他还当过天下兵马大元帅，几乎是在战争中成长起来的，比较有武人气质。因此，他一上台，就对藩镇采取了强硬的姿态。（图77）但是，有雄心有毅力是件好事，但在付

图77　唐代藩镇分布图

诸行动时则要审时度势，谨慎谋划，尤其在国家大事上，更要懂得量力而行。如果力量差一点点，靠努力也是可能成功的；但如果力量悬殊太大，光靠毅力硬干，那就是蛮干，结果会适得其反。德宗把削藩这件事考虑得太简单了，最终引发建中年间轰轰烈烈的"削藩"战争最后酿成一场又一场的大祸，差点不可收拾。

建中二年（781年），魏博节度使田悦、范阳节度使朱滔、淮南节度使李希烈等先后叛唐，各自为王。李晟毅然奉命平叛，与河东节度使马燧、昭义节度使李抱真一起联手围攻田悦。李晟与马燧、李抱真合兵攻击，田悦大败，正在大好形势之下，赵州被围，危及邢州，李抱真分兵两千到邢州防守，引起了马燧的误会。马燧以为李抱真不肯全力破敌、只图保存实力，准备带领手下士兵离去，李晟赶紧为两人消除了误会，保持了唐军阵营的精诚团结。《旧唐书列传第八十三·李晟》载："建中二年，魏博田悦反，将兵围临洺、邢州，诏以晟为神策先锋都知兵马使，与河东节度使马燧、昭义节度使李抱真合兵救临洺。寻加兼御史中丞。河东、昭义军攻杨朝光于临洺南，晟与河东骑将李自良、李奉国击悦于双冈，悦兵却，遂斩朝光。战于临洺，诸军皆却。晟引兵渡洺水，乘冰而济，横击悦军，王

师复振，击悦，大破之。三年正月，复以诸道军击败悦军于洹水，遂进攻魏州，以功加检校左散骑常侍，实封百户。无几，兼魏府左司马。时朱滔、王武俊联兵在深、赵，怒朝廷赏功薄，田悦知其可间，遣使求援，滔与武俊应之，遂以兵围康日知于赵州。李抱真分兵两千人守邢州，马燧大怒，欲班师。晟谓燧曰：'初奉诏进讨，三帅齐进。李尚书以邢州与赵州接壤，分兵守之，诚未为害，其精卒锐将皆在于此，令公遽自引去，奈王事何？'燧释然谢晟，燧乃自造抱真垒，与之交欢如初。"正当唐军节节胜利的时候，长安发生了惊天变故，唐德宗出奔奉天，急诏李晟等人救援平叛。

二、奉天救难与收复长安

建中四年（783 年），泾原节度使朱泚叛唐，占领京都长安，唐德宗出逃奉天（今陕西省乾县），德宗命李晟赴奉天救难，收复长安。说起这次灭顶之灾的起因，竟然源自对五千泾原士兵的赏赐。其实，唐德宗的皇库储备充足，对于即将开赴前线的士兵给予丰厚赏赐完全不是问题。在这以前，他亲自为十一位出嫁的皇族女子（岳阳公主等人）操办了丰厚的嫁妆，照说他也不能算小气。泾原士兵眼见自己即将上阵拼命，唐德宗却用粗茶淡饭打发自己，怒不可遏，遂成哗变，冲进府库抢东西，唐德宗猝不及防，只带了妻妾儿女逃命，路上才陆续有大臣赶来护驾。

李晟得知皇帝蒙难，心急如焚，但节度使张孝忠因为强敌环伺，几次阻止他带兵出行。李晟为了取信张孝忠，留下了一个儿子充当张孝忠的女婿。张孝忠的亲信拜见他的时候，他解下玉带相赠，终于得到了张孝忠的首肯。《旧唐书·列传第八十三·李晟》载："晟承诏泣下，即日欲赴关辅。义武军间于朱滔、王武俊，倚晟为轻重，不欲晟去，数谋阻止晟军。晟谓将吏曰：'天子播越于外，人臣当百舍一息，死而后已。张义武欲阻吾行，吾当以爱子为质，选良马以喉其意。'乃留子凭以为婚。义武军有大将为孝忠委信者谒晟，晟乃解玉带以遗之，因曰：'吾欲西行，愿以为别。'陈赴难之意，受带者果德晟，乃谏孝忠勿止晟。"当李晟带兵到达代州的时候，成为神策行营节度使。他们很快赶赴渭北，驻军东渭桥，所过秋毫无犯。时值大将刘德信败退渭南，所部大肆劫掠，李晟斩杀了刘德信，接管了刘德信的部队。这时的长安城已经天翻地覆，太尉朱泚被泾原兵拥戴为首领，悍然称帝。为了灭绝众望，竟然杀害了七十七位李姓皇子皇孙。各路援军纷纷奔向唐德宗避难的奉天（今陕西乾县），叛军加紧攻打，用上了巨型云梯攻城，浑瑊等人挖地道堆柴木，使云梯塌陷着火，浴血杀敌，才躲过了城破之难。朔方节度使李怀光率军赶到，大破朱泚军，唐德宗这才转危为安。

朱泚军退回长安，唐德宗要求李怀光乘胜破敌。李怀光率军赴难，竟然连面见皇帝的机会都没有，顿时大为不满，产生了"养寇自重"的想法（敌人消灭了，自己也失去了利用的价值），朝廷前门驱虎，后门又进狼。

朔方军驻兵咸阳，与李晟合兵一处。李晟催促李怀光，"叛军盘踞京城，天子避难在外，现在应该赶快进兵。我愿充当前锋攻击叛军，赴汤蹈火，万死不辞"。李怀光敷衍塞责，就是不肯进兵。

朔方军在长安城外肆意抢劫，而李晟的部队则军纪严明，朔方军要把抢来的东西分给李晟的手下，将士们都不敢接受。"晟军于朔方军北，每晟与怀光同至城下，怀光军辄虏驱牛马，百姓苦之；晟军无所犯。怀光军恶其独善，乃分所获与之，晟军不敢受。"（《旧唐书》列传第八十三·李晟）李晟向唐德宗请求移师，以防意外，唐德宗派翰林学士陆贽到李怀光军中见机行事。李怀光向陆贽大吐苦水，"神策军赏赐丰厚，朔方军赏赐微薄，叫朔方军如何作战"。李晟明白他话中有话，很爽快地回答："你是元帅，统领军政，我们但听你的命令，如何增减用度，你安排就是了。"李怀光没想到李晟如此圆滑，又不愿承担克扣神策军用度的罪名，只好把满腹怨气咽进肚子里。

李怀光屯兵咸阳很长时间，唐德宗数次催促他出战，都被他以各种理由挡了回去。李怀光暗中与朱泚联络，反迹渐露。李晟担心为其吞并，上书唐德宗，要求架空李怀光。当时吐蕃也打算助朱泚一臂之力，唐德宗担心之下，准备亲赴咸阳督战。李怀光得知消息，大惊失色，他怀疑皇帝要夺其兵权，"图反益急"。李晟的部队移至东渭桥，未及移师的李建徽、杨惠元都被李怀光袭杀。《旧唐书·列传第八十三·李晟》载到："怀光屯咸阳，坚壁八十余日，不肯出军，德宗忧之，屡降中使，促以收复之期。

怀光托以卒疲，更请休息，以伺其便，然阴与朱泚交通，其迹渐露。晟惧为所并，乃密疏请移军东渭桥，以分贼势。上初未之许。晟以怀光反状已明，缓急宜有所备。蜀、汉之路，不可壅也，请以裨将赵光铣为扬州刺史，唐良臣为利州刺史，晟子婿张彧为剑州刺史，各将兵五百以防未然。上初纳之，未果行。无何，吐蕃请以兵佐朱泚，上欲亲总六师，移幸咸阳，以促诸军进讨。怀光闻之大骇，疑上夺其军，谋乱益急。时鄜坊节度李建徽、神策将杨惠元及晟，并与怀光联营，晟以事迫，会有中使过晟军，晟乃宣令云：'奉诏徙屯渭桥。'乃结阵而行，至渭桥。不数日，怀光果劫建徽、惠元而并其兵，建徽遁免，惠元为怀光所害。"

唐德宗逃到梁州（今陕西汉中），"储供不豫，从官乏食"。不禁后悔没有听从李晟的建议。现在李晟陷于朱泚和李怀光的威胁当中，皇帝担心他无法掌控大局，浑瑊安慰皇帝："李晟一向忠于大唐，对朝廷绝无二心，我激励他，他一定能大破敌军。"唐德宗任命李晟为尚书左仆射、同中书门下平章事，大唐帝国的安危就此交到李晟手中。李晟整顿军队，修缮武器，厉兵秣马，准备收复长安。当时骆元光守潼关，尚可孤保七盘，接受李晟的节制，戴休颜守奉天，韩游环率领邠宁军听从李晟的指挥。

李怀光开始害怕了，李晟写信责备他，要他"破贼自赎"，李怀光不听，担心李晟的军队会发动袭击，奔往河中。他的部下数千人投奔李晟，要为大唐效力，"晟皆表以要官"，此时的李晟，权倾天下，位列京畿、渭北、鄜坊、商华兵马副元帅，唐军万事俱备，只待一战。

神策军和李晟的家属都居住长安，这时成了朱泚的人质，将士们颇有不安，李晟激励大家："天子蒙难，我们不能只顾自己。"朱泚派人告诉李晟："你们的家人都安然无恙。"李晟不给来人动摇军心的机会，大声呼喝立斩之，朱泚的计谋没有得逞。《旧唐书·列传第八十三·李晟》载："神策军家族多陷于泚，晟家亦百口在贼中，左右或有言及家者，晟因泣下曰：'乘舆何在，而敢恤家乎！'泚又使晟小吏王无忌之婿诣晟军，且曰：'公家无恙，城中有书闻。'晟曰：'尔敢与贼为间！'遽命斩之。"当时，神策军的后勤供应很不通畅，时值盛夏，士兵还有人仍穿裘衣，李晟也身穿裘衣，以示与士兵同甘共苦。李晟以身作则，身先士卒，将士们也不敢抱怨，一心一意，准备光复长安。当时，有不少朱泚的间谍被神策军抓获，李晟饭食款待，将他们遣返，告诉他们："好好为朱泚守城，不要背叛主子。"

众人商议进兵计划，李晟提出了自己的真知灼见，"如果先破外城，然后进攻皇宫，极易遭到伏击，还会殃及百姓。叛军的重兵都在皇宫禁苑，直接重拳出击，力求速胜"。诸将纷纷表示赞同，于是神策军从东渭桥移至光泰门外，很快破门而入，双方激战，"僵尸相藉"，叛军逃入长安白华门，闭门之后，放声大哭，他们已经看到了自己的末日。这时唐军中有人提议，等其他部队到齐之后再发起总攻，李晟认为兵贵神速，机会稍纵即逝，等叛军缓过气来，唐军就要蒙受更大的损失。唐军乘胜前进，很快到达了禁苑院墙之外。夜里，李晟派兵凿开了一段院墙，预备第二天从这里发动攻击。叛军也是训练有素的队伍，当即砍伐树木，围成栅栏，阻挡唐军的攻势，天亮之后，栅栏后射出很多冷箭，唐军攻势受阻。李晟大怒："你们要是放跑了敌人，我先杀了你们。"大将万顷亲自跃马冲锋，推开栅栏，唐军鱼贯而入。叛军殊死抵抗，仅仅支持了十个回合，就向白华门逃窜。这时候，数千泾原叛军从李晟背后杀将过来，李晟率领麾下百骑直冲过去，泾原兵素来畏惧李晟，顿时心胆俱裂，溃不成军。朱泚带领一万残兵离开长安，唐军紧追不舍，"余党悉降"。长安光复了，李晟下令："神策军将士五天之内不得与家人联系，违者斩首。"派遣京兆尹等一众官员慰问长安居民，长安百姓再见王师，都激动不已。神策军纪律严明，有人私用叛军的马匹和官妓，都依军法处死。李晟将叛军头目斩首示众，表彰威武不屈的忠臣义士，恢复行政机构的正常运转，准备迎接唐德宗回返长安。

报捷书送到梁州时，唐德宗哭了，他已经经历过九死一生，终于凭借大唐将士的忠勇，得以扶正摇摇欲坠的江山，这个代价实在太过惨重，多少龙子凤孙，做了朱泚的刀下鬼魂。皇帝说道："天生李晟，是为了大唐社稷，不单单是为了我呀。"《旧唐书·列传第八十三·李晟》载："六月四日，晟破贼露布至梁州，上览之感泣，群臣无不陨涕，因上寿称万岁，奏曰：'李晟虔奉圣谟，荡涤凶丑。然古之树勋，力复都邑者，往往有之；至于不惊宗庙，不易市肆，长安人不识旗鼓，安堵如初，自三代以来，未之有也。'上曰：'天生李晟，为社稷万人，不为朕也。'百官拜贺而退。"

朱泚被亲信杀死，人头被当作投降的进献礼。如何处置李怀光，则成了朝廷争议的话题。唐德宗顾念李怀光的救驾之功，希望宽恕李怀光的罪过。李晟坚决反对，提出了五条不能宽恕的理由，其中最重要的是不能向藩镇示弱，纵容他们的窥视之心，再则国库空虚，已经捉襟见肘，如果赏赐不能让李怀光满意，又会激起叛乱，危害国家。唐德宗委派马燧、浑瑊讨伐李怀光，短短的几十天，李怀光众叛亲离，绝望中自杀身亡。

三、代有名迹与西平郡王

泾州位于边境，当地守军几次擅杀主帅，不把朝廷的威严放在眼里。李晟自请前往，整顿军务，"羁制西戎"。唐德宗册封李晟为"西平郡王"，拜凤翔、陇右、泾原节度使。李晟来到凤翔，将作乱将领王斌等十余人依军法处死，又到泾州处死了田希鉴、石奇等人，桀骜不驯的将领们深自畏惧，从此不敢藐视朝廷的权威和律令。《旧唐书·列传第八十三·李晟》记："晟以泾州倚边，屡害戎帅，数为乱阶，乃上书请理不用命者，兼备耕以积粟，攘却西蕃，上皆从之。诏以晟兼凤翔尹、凤翔陇右节度使，仍充陇右泾原节度，兼管内诸军及四镇、北庭行营兵马副元帅，改封西平郡王。初，帝在奉天，凤翔军乱，杀其帅张镒，立小将李楚琳。至是楚琳在朝，晟请以楚琳俱往凤翔，将诛之，上以初复京师，方安反侧，不许。八月，晟至凤翔，理杀张镒之罪，斩王斌等十余人。初，朱泚乱时，泾州亦杀其帅冯河清，立别将田希鉴，方属播迁，不遑讨伐，以泾帅授之。至是，晟奏曰：'近者中原兵祸，皆起泾州，且其地逼西戎，易为反覆。希鉴凶徒，将校骄逆，若不惩革，终为后患。'从之。晟至凤翔，托以巡边，至泾州，希鉴迎谒，于坐执而诛之，并诛害河清者石奇等三十余人，具事以闻。上曰：'泾州乱逆泉数，非晟莫能理之。'"

李晟几次出兵大败吐蕃，吐蕃君臣大惧，想出一个鸿门宴的计策，"大唐的名将不过就是李晟、马燧和浑瑊三人，不除掉他们，终为吐蕃的心腹大患"。吐蕃尚结赞几次向大唐乞和，要求与大唐会盟。李晟劝说唐德宗："戎狄无信，不能答应他们。"当时的宰相张延赏与李晟不和，屡次中伤李晟，终于在贞元三年，皇帝剥夺了李晟的兵权，进封李晟为太尉、中书令。《旧唐书·列传第八十三·李晟》载："蕃相尚结赞颇多诈谋，尤恶晟，乃相与议云：'唐之名将，李晟与马燧、浑瑊耳。不去三人，必为我忧。'乃行反间，遣使因马燧以请和，既和，即请盟，复因盟以虏瑊，因以卖燧。贞元二年九月，吐蕃用尚结赞之计，乃大兴兵入陇州，抵凤翔，无所掳掠，且曰：'召我来，何不以牛酒犒劳？'徐乃引去，持是间晟也。是役也，晟先令衙将王佖选锐兵三千，设伏于汧阳，诫之曰：'蕃军过城下，勿击首尾，首尾纵败，中军力全，若合势攻汝，必受其弊。但俟其前军已过，见五方旗、武豹衣，则其中军也，突其不意，可建奇功。'佖如晟节度，果遇结赞。及出奋击，贼皆披靡，佖军不识结赞，故结赞仅而获免。十月，晟出师袭吐蕃摧沙堡，拔之，斩其堡使扈屈律悉蒙等，自是结赞数遣使乞和。十二月，晟朝京师，奏曰：'戎狄无信，不可许。'宰相韩滉又扶晟议，请调军食以给晟，命将击之。上方厌兵，疑将帅生事邀功。会滉卒，张延赏秉政，与晟有隙，屡于上前间晟，言不可久令典兵。延赏欲用刘玄佐、李抱真，委以西北边事，俾立功以压晟，德宗竟纳延赏之言，罢晟兵柄。三年三月，册拜晟为太尉、中书令，奉朝请而已。其年闰五月，浑瑊与尚结赞同盟于平凉，果为番兵所劫，瑊单马仅免，将吏皆陷。六月，罢河东节度使马燧为司徒，尽中尚结赞之谋。"

张延赏是个文人，不似武将飒爽磊落，但把私人恩怨贯注到国家事务中，就严重偏离了为人臣子的准心。他与李晟唱起了对台戏，主张大唐与吐蕃会盟。会盟中，吐蕃的数万伏兵冲出，数千唐军全军覆没。大将浑瑊因为武功超绝，夺得一马逃走，仅以身免。一场"结盟"变成了"劫盟"，张延赏被罢免了宰相，为自己的私心付出了沉重的代价。

李晟是个武将，性格直爽坦荡。贞元三年，虽遭吐蕃尚结赞施反间计，唐德宗罢了李晟兵权，委之为太尉，他泰然处之，毫不介意。有人挑动他叛唐，晟严厉拒斥，并将说客擒获上报。《旧唐书·列传第八十三·李晟》载："晟既罢兵权，朝谒之外，罕所过从。有通王府长史丁琼者，亦为张延赏所排，心怀怨望，乃求见晟言事，且曰：'太尉功业至大，犹罢兵权，自古功高，无有保全者。国家倘有变故，琼愿备左右，狡兔三穴，盍早图之。'晟怒曰：'尔安得不祥之言！'遽执琼以闻。"有望气之人说道，李晟的深宅大院中树木葱茏，蕴藏帝王之气，李晟赶紧叫家人把树木砍光，搞得宅院中光秃秃，以免引起唐德宗的疑心，人臣心胸如此，真是唐德宗莫大的福气。皇帝将李晟的画像放在凌烟阁太宗旧臣之侧，彰显他再造大唐的功绩。贞元四年三月，德宗下诏书，在李晟家乡和李晟第一次建立奇功的定秦堡（甘肃省临洮县）等五地为李晟立庙。并追谥李晟高祖芝赠陇州刺史，曾祖嵩赠泽州刺史，祖思恭赠幽州大都督。正是《金龙训言》所曰："八次封吾九次升，平王总统落衔山。"

唐德宗贞元五年九月，李晟与侍中马燧相见延英殿，德宗感其再生唐室之勋力，下诏书曰：

昔我列祖，乘乾坤之荡涤，扫隋季之荒屯，体元御极，作人父母；则亦有熊罴之士，不二心之臣，左右经纶，参翊缔构，昭文德，恢武功，威不若，康不乂，用端命于上帝，付畀四方。宇宙既清，日月既贞，王业既成，太阶既平；乃图厥容，列于斯阁，懋昭绩效，式表仪形，一以不忘于朝夕，一以永垂乎来裔，君臣之义，厚莫重焉。贞元己巳岁秋九月，我行西宫，瞻宏阁崇构，见老臣遗像，颙然肃然，和敬在色，想云龙之叶应，感致来之艰难。睹往思今，取类非远。且功与时并，才为代生，苟蕴其才，遇其时，尊主庇人，何代不有？在中宗，则桓彦范等著其辅戴之绩；在玄宗，则刘幽求等申翼奉之勋；在肃宗，则郭子仪扫珍氛昆；今则李晟等保宁朕躬，咸宣力肆勤，光复宗社。订之前烈，夫岂多谢，阙而未录，孰谓雄贤。况念功纪德，文祖所为也，在予曷其敢怠！有司宜叙年代先后，各图其像于旧臣之次，仍令皇太子书朕是命，纪于壁焉。庶播嘉庸，式昭于下，俾后来者尚揖清颜，知元勋之不朽。

　　(《旧唐书》列传第八十三·李晟) 德宗又复命皇太子,亲书其文以赐李晟。李晟将赐文刻石树碑,立于大门之左。

　　唐德宗贞元九年 (793 年),李晟病逝,享年六十七岁,谥号忠武,赠太师。唐德宗用诏书的形式立下誓言,要为李晟"存保世嗣",申告枢前。据《旧唐书·列传第八十三·李晟》载:"皇帝遣宫闱令第五守进致旨于故太尉、中书令、西平郡王、赠太师之灵曰:'天祚我邦,是生才杰,禀阴阳之粹气,实山岳之降灵。弘济患难,保佐王室;扫荡氛昆,廓清上京。忠诚感于人神,功业施于社稷;匡时定乱,实赖元勋。洎领上台,克谐中外,讦谟帝道,叶赞皇猷。常竭嘉言,以匡不逮,情所亲重,义无间然。方期与国同休,永为邦翰。比婴疾恙,虽历旬时,日冀痊除,重期相见,弼予在位,终致和平。岂图药饵无征,奄至薨逝,丧我贤哲,亏我股肱,天不慭遗,痛惜何极,呜呼!大厦方构,旋失栋梁;巨川未济,遂亡舟楫。君臣之义,追恸益深,循省遗章,倍增感切。卿一门胤嗣,朕必终始保持。况愿等弟兄,承卿教训,朕之志义,岂忘平生?纵卿不言,朕亦存信。比者卿在之日,却未见朕深心,今卿与朕长乖,方冀知朕诚志。无以为念,发言涕零,是用躬述数行,贵写所怀得尽。临纸遣使,不能饰词,魂而有知,当体朕意。'"

　　至唐宪宗元和四年,宪宗又下诏书:"夫能定社稷,济生人,存不朽之名,垂可久之业者,必报以殊常之宠,待以亲比之恩,与国无穷,时惟茂典。故奉天定难功臣、太尉、兼中书令、上柱国、西平郡王、食实封一千五百户、赠太师李晟。间代英贤,自天忠义,迈济时之宏算,抱经武之长材,贯以至诚,协于一德,尝遭屯难之际,实著戡定之功。鲸鲵既歼,宫庙斯复,眷兹勋伐,则既褒崇。永言天步之夷,载怀邦杰之功,思加崇于往烈,爰协比于后昆,睦以宗亲,将予厚意。其家宜令编附属籍。晟飨德宗庙庭。"(《旧唐书》列传第八十三·李晟) 唐僖宗避难四川的时候,朝廷编辑《兴元圣功录》,记载李晟匡扶大唐的丰功伟绩,"遍赐诸将",希望他们都以李晟为榜样,无私无畏,效忠大唐。

　　李晟的儿子当中,有几人颇有名望,他们是李愿、李宪、李愬、李听。李愬可算是当之无愧的名将,他的成名之战是"雪夜袭蔡州",曾被收入了中学语文课本，这也是中国历史上为数不多的经典战例；李宪曾担任太和公主的送亲副使，回来后向朝廷献上了《回鹘道里记》，他和李愬都以仁孝著称，可见李晟治家的严谨。《旧唐书·列传第八十三·李晟》载："晟十五子：侗、仙、偕，无禄早世；次愿、聪、总、憩、凭、刷宪、愬、懿、听、慇、（愻）、聪、总官卑而卒，而愿、愬、听最知名。"

一个能走出李晟、李愬这样的名将世家，究竟是怎样的一个家庭。出临洮县城，往西而行，走不远就过洮河大桥了。过河后，沿着乡间公路，直奔马家窑镇。著名的马家窑文化遗址就在距离镇子不远的山沟中。继续前往走入另一个山洼中，即钦王湾，这里埋葬着一位卷入大唐皇家内乱时的名将。他就是李晟的父亲埋骨之地——李钦之墓。（图78）墓地前面有一块石碑上书："唐右金吾卫大将军李公讳钦之墓"。金吾卫在唐代是负责掌管皇帝禁卫、扈从等事的亲军，大将军则是掌管金吾卫的重要职务。而李钦曾担任了这一非

图78　马家窑镇钦王湾李钦之墓

常重要的职务，也正是由于这个职务，使他不可避免地卷入了大唐皇室内乱中，并因此而贬到陇右。

公元705年，武则天去世，唐王朝随即陷入了动荡不安之中。主要根源是太平公主，她先同韦后争权，后来又和太子李隆基争权。而太子李隆基也是雄心勃勃之辈，两人之间的冲突不断，最后图穷匕见。李隆基抢先一步下手，击败了太平公主。在这场牵扯到大唐王朝皇室的内乱中，负责守卫皇宫、护卫皇帝的金吾卫，自然是双方重点拉拢的对象。李钦加入了太平公主阵营，成为太平公主依仗的一支重要力量。结果李隆基抢先动手，太平公主阵营惨遭清洗。《资治通鉴》记载，李钦等人被诛。

翻开史书，人们找到了一些蛛丝马迹。原来，李隆基在动手前，曾经私下约见了一批太平公主的骨干，无非要他们不要支持太平公主或者保持

中立，掌握兵权的李钦自然也在约见之列。人们推测，这个时候，李钦选择了保持中立，这样才躲过了李隆基的诛杀。事后，李隆基自然要大肆宣扬太平公主余党被清扫一空。而在政变前夜保持中立的李钦等人自然免于追究，但也被列入不可靠人物之列。

开元二年，唐王朝设立陇右节度使，首任节度大使为右骁卫将军、陇右防御副使郭知运，这也是一位出生今酒泉境内的陇上名将。陇右节度使衙驻鄯州 (今乐都县城)，管辖着鄯、兰、洮、岷等 12 州，先后统临洮、河源、威武、振威等军，拥有军队 75 000 人，马 10 600 匹，主要任务是防御吐蕃东侵，这是一支非常强悍的军队。也就在此时，李钦到陇右任陇右节度副使，这就是李晟传中说他父亲是裨将的缘故。

开元初年，整个洮水流域战乱不断。吐蕃人一度进攻到渭源、兰州一带，李钦到洮河流域的经历曲折而复杂，然而他到陇右的日子也不好过，至少太平余党的身份就让周围的人对他敬而远之。但是，李钦有着过人的武功和军事谋略，深受军中将士的拥戴。他也屡次参加对吐蕃的战斗，直到开元十五年。人们推测，李钦的职务一直停留在节度副使或某处军使的位置上，没有什么变化。距离惨烈的太平公主之乱已过去十五年，李隆基彻底掌握了政权，唐王朝走入了极盛时期。

开元十五年，陇右节度使王君㚟战死，李钦的命运再次发生转折。王君㚟是唐代有名的猛将，多次击败吐蕃人的进犯。这年闰九月，王君㚟及其护卫被回鹘人伏击，王君㚟力战而死，玄宗为王君㚟书写碑文。可见，这件事情的影响之大。节度使战死，自然节度使所属部属难辞其咎。李钦因此而免职，几年后去世。这里曾经是临洮军的防区，故而李钦死后，就被埋葬在了这里。

《金龙训言》："在国朝轮传文史"是指李晟有再造唐室之功，凭其满腔忠诚和绝伦武功而彪炳史册，享受历代统治者的祭祀和历代文人志士的讴歌。李晟的地位，随着时间的流逝而不断提升。《旧唐书》也夸赞李晟是："一清官掖，德比伊、周；再殄凶渠，功超卫、霍。"

北宋徽宗宣和五年（1123 年），礼部的官员提出要调整武庙的陪祀武将，大概是希望本朝将领要以这些前辈武将为榜样，奋勇杀敌，建立功勋。这次主要是增加了很多陪祀武将，模仿文庙，除了十哲之外，还有七十二贤——都是唐以前的人物。李晟列为七十二贤之一。时至南宋孝宗乾道六年（1170年），皇帝下诏，武庙中陪祀武将，李晟从七十二贤升格入十哲，立于堂上。从此，李晟在武庙的地位就这样一直传承历代。

历代文人志士对李晟这位忠心无比的将领更是赞誉有加，晚唐文学家、散文家皮日休诗曰："吾爱李太尉，崛起定中原。骁雄十万兵，四面围国门。一战取王畿，一叱散妖氛。"晚唐诗人杜牧经过李晟故宅也发出了"半夜龙骧去，中原虎穴空。"的感慨！南宋诗人陆游《长歌行》："人生不作安期生，醉入东海骑长鲸。犹当出作李西平，手枭逆贼清旧京。"

苏轼《李西平画赞》曰："以吾观，西平王。提孤军，自北方，赴行在，走怀光。斩朱泚，如反掌。及其后，帅凤翔。与陇右，瞰河隍。兵益振，谋既臧。终不能，取寻常。堕贼计，困平凉。卒罢兵，仆三将。谁之咎，在庙堂。斩马剑，诛延赏。为菹醢，不足偿。览遗像，涕泗滂。"（《东坡全集》）

四、金龙后池与金龙大王

李晟因数次征西平蕃，屡立战功，被唐德宗敕封为"西平郡王"。李晟逝后，在其第一次建立奇功的定秦堡也就是现今的甘肃省临洮县，唐德宗为了激励将士们以李晟为榜样，建立功勋，效忠大唐。在临洮县城西北的马衔山金龙后池为李晟建庙塑像以供奉祀。庙成，官给牲牢、祭器、床帐，礼官相仪以衬焉。"苍皇赐匾额为"西平王总统"。此庙后毁于历代兵燹，现已无存。西平王总统的帅印现保存在临洮县改河乡陆家沟龙泉寺，至今"衔山西平王总统帅印"九个宝印大字金光闪闪（图79）。关于这座金龙庙的历史，《金龙训言》

图79 临洮县陆家沟龙泉寺
珍藏西平王总统帅印

马衔山龙文化与黄河文明

曰：

　　谈往年，吾伸手观指。吾龙池，毁于一旦，追根由，马仓出患。追凶人，动荡年间。一〇二七年（宋仁宗天圣五年）前尾，寻根者可证一言，抱金砖，立香案，贼人反叛。蒙浩古，孤独行，持刀刚断。从时起，吾有祠，重圆长白。千年来，望古迹，落于愚谈。（一〇）三〇秋，古迹兴，王焕家人，名号：正同，再兴殿容。肩扛石，背扛沙，寻木炼瓦。建起殿，上殿观，吾原神，西王总统。右旋廊，黑虎二将；左旋阁，哈银地王。接菩尊，接韦呈，土地关联；兴沙丘，土接木，动波音，连水道，法王尊根。王母灵，二次游，来到光尊；大驾身，赐吾曰：荒山青岱，翠柏成荫。遂于殿容，劫难降临。吾脱身，四〇八年，同轿体，面容跟，姓康门人，迁于韩庄。岁子月，风云平淡，百秋皓，望古迹，石成碎，木未见，荒凉一片。国民当头，立三石为屋，高烟重案，百里之遥，敬香者，隐隐可见。行中华，五灵观，落旧新添。民聊生，木水旱，反多灾荒。众盼黎，呼动寻游。吾哀矣，朝华夏，人世观，伟而兴起。众黎民，尊孝道，重立山，为吾建殿。求近得，望远至，不成连片。土坯墙，寻砖基，粪迹沾院。荒凉时，不荒凉，古土生情。百笑间，吾出动，显感一方。当今弟，缘分深，与吾会约。龙池眼，吾古迹，马衔龙脉，坤艮龙川，山脉威严。说不迟，刹时分，就在眼前。长规划，庙庙相看；谁能顾，路途远兮。当今众，衣食民，饥饱肚，忘祖恩，谁能顾，千金驮，脊梁受挫。谁能明，巨石填穴，起动难，实叹间，寅年再说。

　　马衔山周边民众当得知李晟是金龙的化身时，对其更是顶礼膜拜。至今保留的岷县十八湫神祭典，就是其中的一例。岷县人崇拜水神，俗祀十八位湫神（龙神）。每逢农历五月十七日二郎山花儿会街头泼水迎神，他们都送礼、送锦袍。每年正月十五日至十七日，是祀湫神的鼎盛日期。

（图 80）诸"湫神"皆坐八抬大轿，鸣炮起身，鸣锣开道，其仪仗有旗、牌、伞等，类似古代官吏出衙礼仪。十八湫神其中男身十位，女身八位，男身湫神十位都是历代忠臣良将，被称为龙王，女身八位湫神有神话传说人物和地方传说人物，李晟列为第十位，尊称为"金龙四大王"。无独有偶，第九位为雷万春，是唐朝张巡所部偏将。安史之乱，从张巡守雍丘（今河南杞县），抵抗安禄山军，据守城头，面中六箭，仍坚立不动。后随张巡守睢阳（今河南商丘南），城陷后遭杀害。至此，使人不由联想起清代梁章钜《楹联续话》中的一副对联："志节慕睢阳，忧国读书，尚记金龙山在；英灵同伍相，飞刍

图 80　岷县城南二郎山

挽粟，正须白马潮来。"这副对联概括了金龙的又一位化身南宋谢绪（金龙四大王）的事迹和神力。上联赞谢绪当年以张巡、雷万春为榜样，忧国读书，至今人们尚记得金龙山读书处。下联赞其英灵同伍子胥，希望像当年骑白马率潮水助朱元璋一样协助漕运，使河道通畅。

今甘肃宕昌县阿坞乡各奄村（原属岷县管辖）有一座初建于明代的"金龙大王庙"，仍保存完好，供奉主神即李晟。每年正月十八，香客云集。现今的金龙大王庙经地方人士重建显得分外壮观，在岷县南路寺儿沟、麻子川、阿坞河、哈达铺一代享有盛誉，深受地方信众的高度崇敬，当地人通称"金龙大王"或"大王爷"。作为一方神祇佑护一方人民，"大王爷"李晟在岷县十八位湫神（龙神）中名列第十。过去，岷县十八位湫神在岷县二郎山上均有各自的行宫，每年农历五月十七日，各路"佛爷"会聚于此，旧时称"上高庙"。"佛爷"此处指龙神，当地乡民将一切神灵均称为"佛爷"，把迎神赛会上众人抬龙神抢先上庙、上山叫"扭佛爷"即是一例。

在岷县有两座李晟庙，一座坐落在寺儿沟乡八步川的山嘴上，坐南向北，另一座坐落在阿坞乡各楞庄，俗称"各楞庙"。两庙相对而言，寺儿

沟的庙久远，各楞庙较迟。据古人言，不知何故，阿坞乡各楞庄人一夜偷走了寺儿沟八步川山嘴上庙里的"佛爷"——金龙大王。从此寺儿沟乡的庙里没有了李晟的神像，寺儿沟人追讨，双方各执一词，互不相让，后经地方头人牵线调节，每年农历八月十三日，是寺儿沟乡人祭祀"金龙大王"的日子，由阿坞河人送佛爷来。为了双方避免械斗，在祭祀这一天，即八月十三日天亮之前，由阿坞河人把"大王爷"雕像，用八台轿子送回寺儿沟乡，路线逆阿坞河河水而上入沟，经西沟祠上山，到达亚力山梁为止，放下八抬大轿后，阿坞河人便原路返回。寺儿沟乡人在天刚亮之时，来到亚力山，抬上佛爷李晟雕像经寺儿沟羊圈（地名）、张马路、坞玛沟出沟到扎地村寺儿沟一带，沿途群众自发迎接佛爷。在寺儿沟祭祀三日满后，在天黑之前，寺儿沟人又将"佛爷"八抬大轿经原路送到亚力山梁，再由阿坞河人接回到各楞庙。

进入中国农历年春节，辛劳了一年的岷县人民都要利用这个盛大的传统节日开展一些富有家乡特色的民俗庆典活动，尤以正月十五元宵节与"接佛爷"热闹非凡。岷县信众的"接佛爷"，也就是临潭民间信仰中的十八位龙神，又俗称"龙王"或"福神"，岷县四路八乡的群众都敬奉着地方的"福神"，民间称其为"龙神"。相传十八位龙神能职司雨（祈雨、驱雹）水（镇水），乡民又敬称为"佛爷"。元宵节前后，十八位龙神都有各自的巡域范围，龙神所巡域的路线定时、定点，祭祀活动都有很强的程序性和定式性，人们俗称"佛爷走马路"。巡域时，十八位龙神各自单独出动巡行。龙神出巡大多在晚上，出巡及起驾、驻足都要鸣铁炮（三筒火铳）三响，锣鼓喧嚣开道。除相关祭祀之外，全部表现为游神活动。群众根据龙神出巡路线依次迎接，门口摆设祭祀品，燃大红蜡及柏枝（俗称木香）放鞭炮和烟花爆竹。当龙神来临时，万火齐燃，鞭炮声噼里啪啦，礼花升空奔放。这时，街道上人声鼎沸，长街灯火通明，游人的欢闹声、锣鼓声和鸣放的烟花爆竹喧腾不息，抬着龙神的伙计们吆喝跳跃，呼声动地，真乃遇泥水、鞭炮毫不畏惧。龙神巡行一段后则停轿、止舆坐、观烟花，神气十足，享受人间瓜果之供。

流传于岷县地区的龙神崇拜历史悠久，信奉形式丰富。这十八位龙神的形象各有特点。其中，男神戴金冠或纱帽，着龙袍，蹬朝靴，脸谱为红、白二型（红脸六位着绿袍，白脸四位着红袍）。胡须皆五络，其须型结构为须一髭二髯三，颇为潇洒。女神八位戴凤冠，着红色锦袍，饰凤冠霞帔、云肩，脚穿凤头绣鞋，一律粉脸，蛾眉杏眼，盈盈欲笑，表情慈善俊俏。龙神造像过程也具有非常严格的礼仪形式，其中的"装藏"过程颇具神秘性，龙神的"脑、胸、腹"分别用"燕子、喜鹊、青蛇"活体装入。十八位龙神的职司范围广泛，以驱雹、赐雨、镇水为主，凡吉凶、祸福、盈亏、半歉之事都在祈祝范围，因此被视为"福神"。十八位龙神赐福与保平安是基本功能，属区域性守护神。

龙神崇拜的形式主要有发愿与祈求、祭祀与巡域等祈祭活动。发愿多为个体行为，先许愿后还愿，也有群体发愿。岷县属高寒阴冷的山区，每年在春播和长苗最为关键的三至五月份多遇旱情。如遇大旱，各村群众便集体祭祀龙神，祈求降雨，进行专门的"攒神"活动。平时，十八位龙神分别被供奉在岷县的村庙中，一到每年的农历五月，十八位龙神便全驾出巡，自月初相继开始，中旬形成高潮，下旬先后结束。辖域较大的龙神巡行三十余村，较小者亦有十数村。一系列祭神赛会是五月巡域过程中的一大特点。龙神巡行路线所辖村庄、分会定点祭祀，祈祝丰收。在祭祀地点形成赛会，近域群众纷纷赶会，形同节庆。

五月十五至十七日，是祀龙神的鼎盛日期。诸"龙神"皆坐八抬大轿，鸣炮起身，鸣锣开道，其仪仗有旗、牌、幡、伞等，类似封建官吏出衙礼仪，十八位龙神各有固定的街区和路线，民间灯火也按龙神出巡路线开展。凡龙神所至街区，各住户均燃鞭炮相迎，以致炮屑布满街道。在十二个固定的街端路口，还布置有大型的"架花"和"斗花"（由众多花炮编制而成的排花），供龙神出巡时同时燃放。出巡龙神分头向县城集中，在城南古刹聚会三日，五月十七日午后，十八位龙神依次登上城南二郎山接受官祭。依俗各龙神均领受官羊一只，地方长吏或乡绅致祭。到夜晚部分龙神在城区走马路，部分返回农村继续巡域活动，也有部分回本庙司雨看田。

十八位"龙神"信仰是岷县、临潭地区影响十分广泛的民间信仰。在

马衔山龙文化与黄河文明

这一地区，各地龙神庙宇林立，有一村或几村群众供奉一位"龙神"的，也有一个乡甚至几个乡群众同时供奉一位"龙神"的。各地"龙神"庙里大都有该"龙神"的木雕刻像。"龙神"像平时供在庙内，群众有病或遇灾祸时，到"龙神"庙内烧香，请"龙神"禳治。各地"龙神"都有一个固定的祭祀日子，届时信众到"龙神"庙进香还愿，形成规模盛大的庙会。主持庙会的是当地的一个群众性组织"青苗会"。由他们负责向信众征收祭祀用品、香钱等。每个庙会都有固定的仪式：祭神、"龙神"巡游、唱"神戏"等。在临潭县，规模最大的祭祀"龙神"的日子是每年农历五月初五日。这天，全县的十八位"龙神"都由信众抬着神像，跋山涉水，来到临潭县城（今临潭新城）。在这里云集后，第二天十八位"龙神"由信众抬上大石山（该山为临潭县第一高峰，在新城北十余里），在那里举行祈雨仪式和要求"龙神"保佑地方太平的宗教活动。回城后，十八位"龙神"都被供奉在新城隍庙内，接受群众膜拜，同时在新城举行庙会。

五、彪炳史册与神道之碑

《金龙训言》："潼关月下走走看"中的潼关，是陕西的东大门，训言提示人们应该前往陕西李晟墓前多祭拜。李晟葬于长安郊外东渭桥北五里奉正塬上（今陕西高陵县白象村渭水桥北）。2010 年 5 月，湖北汉川李晟后裔兄弟二人相约一起前往西北寻根，首站飞抵西安，住宿临潼，驱车高陵，寻西平郡王李晟之墓。当抵达高陵县白象村渭水桥北时，据当地人告知李晟墓早已不复存在，因一千二百多年间，渭河日夜冲刷北岸，年复一年，导致高坡崩塌，渭河竟然北移了几千

图 81　神道碑

米，当初葬于渭河岸坡的李晟墓被崩于河底。虽然未见先祖李晟墓址有些遗憾，但得知神道碑尚存且被陕西省文物局列为第一批保护的文物，现保存于高陵一中，兄弟二人很是欣慰，随即来到了高陵一中神道碑前。（图81）为了保护神道碑，文物局专门修筑了一座古亭，避免碑体再遭风吹雨淋，还为了不被拓片者破坏又加以栅栏铁网，并派专人看管。整个碑体巍然屹立，下座神龟赑屃驮碑，二龙昂首盘桓云海于碑顶。中有篆书：唐故太尉兼中书令西平郡王赠太师李公神道碑。因为碑文由唐宰相裴度撰，唐代书法家柳公权书写，名匠刻字，所以世称之为"三绝碑"。碑文铭记了李晟"再造唐室"的功绩。

宋代有诗云："西平十五子，南渡百千孙。"道出了管理员所说的缘由，也是李晟后人在晚唐及宋代向南迁徙流散的写照。千百年来，西平郡王一族的流风余津，今日未绝！其后裔遍及宇内，估计有几百万人之众。他们有一个共同的始祖李晟，有一个无比荣耀的堂号"西平堂"。正如碑文所云："其先烈之辉煌，其后贤之绳蛰，甚矣。"

2012年8月15日，西部网报道：前段时间，西安市高陵县渭桥村东一个挖土方的工地上忽然挖出了唐代的陶俑、青铜器等文物，这些本为唐朝大将军李晟的陪葬品却落入了不法分子之手，西安警方正在对此案进行追查。

这就是说，被人们认为早已不复存在的李晟墓却突现于高陵县渭桥村，据当地警方介绍，当年三月份一家施工单位在李晟墓址挖取土方时，发现了深埋在地下的墓室，文物贩子孟某等人伙同工地负责人石某将挖出的陶俑、铜器、铠甲等文物进行贩卖。2012年6月25日，湖北汉川市中华李氏西平忠武王宗亲联谊会得知这一骇人听闻的消息后，为了证实事件的真实性，6月26日，中华李氏西平忠武王宗亲联谊会迅速派人驱车赶往高陵县晟公墓地，通过实地勘察走访，经当地知情群众反映得知，墓内所有文物被歹徒用金杯面包车运走了六车。现场勘察拍照时，联谊会人员遭到了一伙不明身份人的围攻。为了尽快澄清事实真相，联谊会人员立即向高陵县各级主管部门反映，但没有得到明确的答复。无奈联谊会人员决定将现场拍照和调查掌握的具体情况向国家文物局执法督查处、西安市文物局、西安市公安局报案，同时还给高陵县委书记写信反映情况，联谊会人员两上北京、四下西安，终于得到了公安部、国家文物督查处及各级部门的高度重视，相应成立了"晟公墓"被盗案侦破专案组，由西安市公安局刑侦局二处文物稽查大队侦破。在各级领导地高度重视下，案件终于成功告破，多名歹徒落网，盗抢的文物正在追缴之中。

案件成功告破，充分彰显了西平忠武王李晟后裔疾恶如仇、坚持正义、爱国爱族的胆略和实力，也得到了中华世界李氏宗亲联合会主席李继和先生的高度评价，他赞扬中华李氏西平忠武王宗亲联谊会这次维权，不仅是一种尊祖爱族的行为，更是一种爱国主义精神的体现。

国兴修志、族兴修谱是中国历史上传承至今的光荣传统。寻根访祖、尊祖爱族这种炎黄子孙的传统美德在当今国泰民安的新时期已越来越成为一种新时尚、新理念、新抱负。李氏西平忠武王后裔人丁兴旺、枝繁叶茂，在漫长的历史发展长河中，徙居全国各地乃至海外，所以团结宗亲，开拓进取，造福桑梓，寻根归宗，文化认同，弘扬祖德，成为当代西平忠武王李晟后裔责无旁贷的使命。

2001年8月，西平郡王李晟后裔，辽宁省政协委员、沈阳奥特鞋业有限公司董事长李铮及其兄李树章二人来到甘肃临洮寻根，确认临洮为古陇西李氏发祥地，老子为其先祖并飞升于临洮，敬赠大型花岗岩老子石雕像一尊。2002年9月，陇西李氏祖籍临洮联谊研究会杨培林副会长等专程从山东省莱州千里迢迢将老子像恭迎到临洮，安放仁立在老子飞升处岳麓山古凤台，供人们瞻仰凭吊。2005年，临洮县委、县政府重新修复了"凤台"，并建了老子飞升阁。

江西永新县莲花镇琴亭李氏大宗祠原建于明朝初期，于1959年被拆，从此以后，先祖无处安身，嗣孙无处聚首。为重建大宗祠，族间贤达仁者志士奔走呼号。在二房所履村二十三世嗣孙，美国雅博公司创办人总裁李德伟先生地巨资赞助下，合族嗣孙闻风而动，几经周折，三择其址，于2005年底李氏大宗祠竣工落成。西平琴亭李氏大宗祠从奠基到竣工历时三年，耗资一百二十万。大祠占地面积7300平方米，主体建筑2500平方米，附属建筑800平方米。纵观全景，李氏大宗祠门庭巍巍、堂府壮观、飞阁流丹、气势磅礴。

2011 年 12 月 24 日，时值兔年圣诞节，在这举世欢庆、全球沸腾的良辰吉日，中华李氏西平王后裔们一定会永远记住这个历史时刻：中华李氏西平忠武王宗亲联谊会在湖北汉川市隆重召开。来自全国九省二百余名代表欢聚一堂。同系晟公后裔，追溯历史渊源，旨在强化宗族认同感，弘扬西平王忠武精神，倡导新时代和谐族风。

这是自唐以来从无先例的宏图大业，认祖续谱，重点在源流。中华李氏西平忠武王宗亲联谊会的成立，是李氏西平忠武王后裔们的共同心愿，也是新时期国情所趋，民心所向的必然产物。会上，各代表团代表们凭着一颗尊祖爱族之心，一腔报国睦宗之情，踊跃发言，讨论热烈，对大会提出的各项决议和有关今后工作开展的很多合理化建议和意见，为了便于做好各方面工作，联谊会决定开办联谊宗亲网络平台，并在全国最有影响力的香港网开办了中华李氏西平忠武王宗亲网站。通过网站的宣传发布，吸引了全国各地宗亲的关注，扩大了西平忠武王的社会影响，为宗族事业的振兴和发展搭建了桥梁和纽带，也为全国各地宗亲构建了寻根访祖、文化交流、凝聚宗谊的平台。随后按组织管理章程规定由当选各省分会会长集中选举联谊会总会的领导班子。各省分会会长依据各省代表们的共同呼声，一致举手表决选举了以李晓炎先生为总会会长的联谊会领导班子。

2012 年 10 月，中华世界李氏宗亲联合会正式承认了中华李氏西平忠武王宗亲联谊会这个团体组织，并聘请李晓炎先生为国内联合会首届副主席，决定在西安成立李氏文化历史研究院，设立两个分院。一是唐皇室历史研究分院；二是晟公历史研究分院，筹拨专用资金，成立专业机构。中华世界李氏宗亲联合会是世界各地华人李氏宗亲社团，李姓华人、华侨、华商精英，李姓华人企业家、实业家、教育家、科学家等联合发起，由世界李氏宗亲投资集团有限公司注册成立。

中华世界李氏宗亲联合会邀请长江实业集团有限公司董事局主席兼总经理、世界李氏宗亲会主席李嘉诚博士，香港著名商界巨子、香港培华教育基金会信托理事会主席李兆基博士担纲荣誉主席；推举世界华人华侨华商联合总会主席团主席、世界李氏宗亲投资集团（香港）有限公司董事局主席、中国原点新城国际投资集团（香港）有限公司董事局主席、陕西李氏宗亲会会长、西安明珠国际集团董事长李继和先生任主席兼秘书长。会址设在香港九龙旺角花园街；西安总部设址中国大地原点——陕西省西咸新区"中国原点新城"。

　　现今矗立于高陵县第一中学校园内西平王李晟的"三绝碑"在陕西省西安市高陵县委、县政府地高度重视和积极努力下，已定为国务院一级重点文物保护对象，并决定投资近千万元在高陵县昭慧广场兴建晟公陵园。中华李氏西平忠武王宗亲联谊会将力争国家拨专款修建晟公纪念馆，并由高陵县文化局、文化馆组建西平忠武王晟公文史研究办公室。

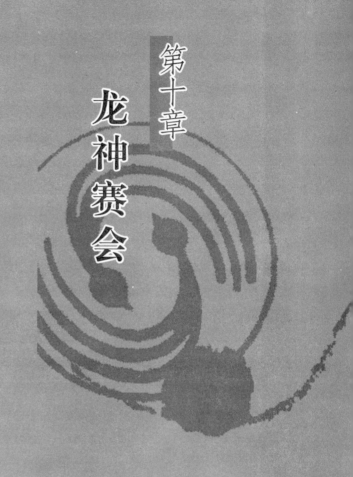

第十章
龙神赛会

第十章

龙神赛会

中华民族 50 多个民族地区都流传着龙祖盘古开天辟地的神话传说，龙神崇拜与其信仰伴随着盘古神话广为流传。近百年来，考古学家发现了大量新石器时期遗物上的绘画、陶纹、塑像、壁画、岩字等多种包括灵魂崇拜、生殖崇拜、图腾崇拜、社神崇拜、天神崇拜、女神崇拜的资料，印证了在原始人类宗教活动的形式中，它们是相互依存发展的。如灵魂崇拜伴随生殖崇拜，生殖崇拜引发了图腾崇拜，继而有祖先崇拜。这一切崇拜活动都跟龙神发生联系。考古学家证明，在新石器时期中国就已经出现了龙神崇拜，从中原大地到长江流域、从东北到东南沿海，新石器时期的考古材料都显示出先民们对龙神的崇拜。

一、洮岷地区的金龙四大王信仰

马衔山被称为中华龙脉宝山、龙的圣地。由于金龙转化的各位化身驻跸与临幸，使龙神金龙的信仰在马衔山及周边地区得到广泛传播和兴盛。据《松漠纪闻》记载，宋神宗元丰元年（1078 年）夏季，在熙州（治狄道县，辖境相当今临洮、康乐、渭源等县地）野外东南的渭水河边有龙出现了三天时间。第一天，在渭水边上出现一条苍龙，时间没过多久便不见了。第二天，只见金龙以龙爪托着一个婴儿从渭河中出来，婴儿虽被金龙戏弄挑逗，但却没有一点害怕的表情。第三日，金龙又继续以龙爪托着婴儿从渭河中出来，婴儿被金龙一边戏弄挑逗着，仍如昨日毫无惧色。与此同时，又见一位帝王模样的人骑白马从渭水中出来，身穿红衫，腰系玉带，如少年金榜题名赴官上任之状，有六蟾蜍立于马前。大概过了三个时辰之久，金龙与这位帝王模样的人及其随行者方才离去。当时，周边民众闻讯后，都争先恐后地前往观看。观看的人们虽然距离金龙很近，但却没有受到一点风浪波涛的伤害。宋·洪皓《松漠纪闻》卷下载："戊午夏，熙州野处渭水有龙见三日。初，与水面见苍龙一条，良久即没。次日，见金龙以爪托一婴儿，儿虽为龙所戏弄，略无惧色。三日，金龙如故，见一帝者乘白马，红衫玉带，如少年中官状，马前有六蟾蜍，凡三时方没。郡人竞往观之，相去甚近，而无风涛之害。"

前已述及，唐大将李晟生于洮岷地区的临潭县，因李晟数次征西平蕃，屡立战功，有再造大唐之功，所以被唐德宗敕封为"西平郡王"。唐皇为了威镇吐蕃，激励将士，下诏书在马衔山金龙池（今金龙后池，临洮民众亦称老庙湾）等地为其建庙以供民众祭祀。今甘肃宕昌县阿坞乡各奄村有一座初建于明代的"金龙大王庙"，仍保存完好，供奉主神即李晟。根据宕昌县阿坞乡"金龙大王庙"供奉之神李晟和《金龙训言》，我们足以确定唐代中期名将李晟就是民众传颂的"西平王（金龙化身）"。关于李晟是金龙的化身《临潭县志》中也有记载：

> 唐贞元九年（793 年）八月，李晟病逝长安，德宗悼涕，废朝五日，诏令百官就第临吊，追赠太师，谥忠武，葬长安郊外东渭桥北五里奉正塬上（今陕西高陵县渭桥村），并立有宰相裴度撰文，柳公权所书的"三绝碑"。今甘肃省宕昌县阿坞乡各奄村有"金龙大王庙"，供奉主神即李晟，有塑像，每年祭祀，香火不绝。（《临潭县志》卷三十四·人物）

临潭县古称洮州，岷县古称岷州。洮岷地区，就是现在的甘肃省临潭县和岷县及其毗邻地区。这两个县在地域上是相连的，又因为这两个县在古代民族、历史的变迁上有诸多的相似性，在地方史志上，常常把这两个县合称为"洮岷地区"。那么，洮岷地区的金龙四大王信仰，为何又与西平王李晟联系在一起？当然，这主要还是因为唐代"西平王李晟"和宋末的"金龙四大王谢绪"他们都是金龙不同时期的化身。所以，唐代"西平王李晟"就成了今甘肃省宕昌县阿坞乡各奄村的"金龙大王庙"内供奉的主神。

洮岷地区历史悠久，自古以来就是个多民族杂居区。这里在秦朝以前是西部少数民族戎、羌等的居住地。秦始皇统一中国后，将这一地区纳入中华版图，是秦陇西郡的一部分。随着西汉在这里的屯田，这里逐步形成羌、汉杂居区。西晋时，吐谷浑人西迁进入这一地区，并建立了国家，统治长达三百多年。唐末至宋代，这里又为吐蕃人占据，逐渐形成一个以吐蕃人为主，杂以汉、吐谷浑等民族的杂居区。这种情况至明代以后才有了改变，明王朝为了加强对西北少数民族的控制，巩固西北边防，隔断蒙古人和藏人之间的联系，从安徽、陕西、河南、江苏等地将大批汉人移入这一地区进行屯垦，于是这里才形成了多民族杂居的局面。

洮州和岷州各有十八位湫神，当地人又称为"龙神"。所谓的"湫神"，即龙神。"湫"乃山间低洼处之深潭，俗谓龙居其中。杜甫《乾元中寓居同谷县作》中"南有龙兮在山湫"的诗句可以为证。洮岷一带的龙神，与中国其他地方的"龙王"不同，各村社所奉祀的"龙神"总称曰"十八龙神"，多为历史人物，如蜀汉之庞统、唐之李晟、宋代之宗泽、明代之常遇春、胡大海等。信仰"龙神"的地区比现在的临潭县和岷县相加的地域还要广，与古代洮州、岷州的行政区划大致相当。"龙神"的信仰者主要是当地人口占大多数的汉族。另外，藏族和土族也信仰"龙神"。

李晟自被唐德宗下诏书在马衔山金龙池等地为其建庙以供民众祭祀后，马衔山区域及周边的民众将李晟尊称为"西平王总统"或"西平王"。数百年后，建于明朝的今甘肃宕昌县阿坞乡各奄村"金龙大王庙"，供奉主神亦为李晟。为何又将李晟尊称为"金龙大王"和"大王爷"？这主要缘于南宋时期金龙的又一位化身"金龙大四王"。金龙为了更进一步践行救苦救难、御灾捍患和弘扬中国传统儒家文化的忠君爱国、舍生取义等，将龙神金龙信仰广泛地传播于大江南北和黄淮两域，使之逐渐形成为一个全国性响应的官民信仰，从而在华夏九州树立起龙神金龙的形象。南宋末年，金龙决定转世投身于杭州钱塘安溪金龙山下的谢家湾（今余杭区良渚镇下溪湾）。

中国三大干龙之一的南干龙，它起于马衔山，溯洮河之水南下至西倾山，沿岷山经峨眉山而下丽江，趋云南绕益，贵州关索，过九嶷衡山，出湘江，过九江，入黄山，天目山，金龙山，最后汇入杭州湾。天目山支脉金龙山地处杭州城北 18 千米的余杭区良渚镇，历史悠久，人杰地灵，是被誉为中华文明曙光——良渚文化的发祥地。金龙山下有个濒临苕溪的村庄叫下溪湾村，也叫谢家湾。

金龙于南宋末年决定转世投身于杭州金龙山下的谢家湾（今余杭区良渚镇下溪湾）"谢氏一家皆忠烈"谢氏门中的谢绪。谢绪祖籍为会稽（今浙江绍兴）的一个名门望族，为南宋末年谢太后戚婉。其祖父谢达时，由会稽迁徙至钱塘安溪（今良渚镇下溪湾），谢绪父谢仲武，生有四子：纪、纲、统、绪，谢绪为其四子。《金龙降训言》曰：

四月初六吾的日，卯时生在皇家门。

也算谢门排行四。兵战戈年毁家庭。

后人祭吾立山阙。丁向癸坐兴吾灵。

吾的灵体归运河。大路招来祸害多。

三十六殿为天阙，十八转世成文著。

谢绪所处的时代，正是南宋末期。南宋（1127—1279 年）是靖康之难徽宗、钦宗二帝被女真人俘虏北上后，由唯一幸存下来的宋徽宗第九子赵构在北宋陪都南京（应天府，今河南商丘）重建宋朝，南迁后建都临安（今浙江杭州）史称南宋，与金朝东沿淮水（今淮河）为界，西以大散关为界。南宋与西夏、金朝和大理为并存政权，是中国历史上封建经济发达、古代科技发展较快、对外开放程度较高但军事实力较为软弱、政治上较为无能的一个王朝。国势日衰，内忧外患。谢绪出身世家大族，有文才"以天下为自任"，具有儒家视野下完美的士人形象，当他看到自宁宗以后，奸佞当道，政治腐败，预感宋室江山将移，虽为皇室国戚，但他立誓隐居不进仕为官。他在下溪湾金龙山的祖茔旁建造了一个亭子，因金龙山顶常负白云，所以，这个亭子就叫"望云亭"，以表示远望白云于东山的志向。他作一首诗以明志："东山渺渺白云低，丹凤何时下紫泥？翘首夕阳连旧眺,漫看黄菊满新谷。鹤闲庭砌人稀迹,苔护松荫山径迷。野老更疑天路近,苍生犹自望云霓。"这首诗的前两句充分表达了谢绪时刻不忘报效朝廷的雄心壮志,他站在金龙山巅,遥望远方渺若烟云的祖籍地上虞东山,要以东山谢家历代忠君爱国的忠烈之士为楷模,只要皇帝的"黄麻紫泥"诏告文书传到,随时准备尽忠朝廷,报国为民。"翘首夕阳连旧眺,漫看黄菊满新谷。鹤闲庭砌人稀迹,苔护松荫山径迷。"这四句,是描述野望之景,出语纯情自然,犹如勾画了一幅素淡恬静的江村闲居图,整个画面充满了村野之趣,传达了此时此刻谢绪的闲适心情。然而谢绪并不是一个超然物外的隐士(久望之下),虽然目下似同当年唐代爱国诗人杜甫如村野老人居于金龙山,但是,面对国家残破、生灵涂炭的现实,只要能为天下苍生求得安静和平,也就能像著名诗人屈原身投汨罗江而死,无怨无悔,义无反顾,这就有了结尾两句"野老更疑天路近,苍生犹自望云霓"。

南宋咸淳七年(1271年),两浙发生大饥荒,居民甚苦,谢绪散尽家财救济灾民。甲戌年(1274年)秋,八月龙见大雨,天目山崩,大水泛滥成灾,临安、余杭诸县溺死了无数人,苕溪沿岸居民十分恐慌,谢绪哭泣着对大众说:"天目是临安的主山,太后受制于权奸,其兆也,今崩,宋其危矣。"后果然蒙古帝国于1276年攻占南宋都城临安(今杭州),俘五岁的宋恭帝,灭南宋。谢绪闻讯后,说:"事已去矣!大丈夫死则死耳,生不能报效朝廷,有惭于祖,死愿为厉鬼,以灭丑。"他随即写了一首诗:"立志平夷尚未酬,莫言心事付东流。沦胥天下谁能救,一死千年恨不休。湖水不沉忠义气,淮淝自愧破秦谋。苕溪北

图82 浙江钱塘金龙山

去通胡塞，留此丹心灭虏酋。"然后跳进苕溪自尽，顿时苕溪水猛涨，波涛汹涌高达一丈多，如龙相搏兴起的波浪，其子孙哭泣皆谓其葬于鱼腹矣。过了数日，忽然，只见谢绪尸体现于钱塘江上，其尸随着钱塘江潮涌逆江而上，如坐云端，且面色红润与活人无异。人们将他葬在金龙山祖茔之右，立像而祀于灵慧祠之旁。（图82）夜间有声传出："灭胡！灭胡！"如此达数年。百姓都相信谢绪一定成了一位神灵。至元顺帝丙午年（1366年）正月初一的夜晚，空中突然传出如甲兵的呼唤，乡人们惊闻后，其声音隐隐呼呼，若真若梦，大家都起床出门观望，只见一人空中跳跃而对众人说道："予宋谢绪，恶金、元乱，赴水死，饮恨九泉，今幸新天子与元有吕梁之战，吾其助之，如众不信，但看黄河北流。"

丙午年九月，黄河水果然改道向北，随之，朱元璋攻取杭州，当地军民按谢绪的吩咐，纷纷归顺了明军。丁未年（1367年）二月，朱元璋率明军在徐州的东南，黄河著名的三洪之一吕梁洪段与元军展开决战，元军据守吕梁洪的上游，而明军在吕梁洪的下游，地形对明军十分不利，军中有识者都担心元军决堤放水，用水淹没明军。

正在战争胶着阶段，突然，天地间狂风大作，乌云翻滚，电闪雷鸣，乌云中有一位披甲大将跃马挥鞭，裹挟狂风将黄河之水如钱塘江潮从下游倒灌回上游，形成了黄河倒流的千古奇观。顿时，黄河之水淹没了元军的阵地，淹死无数元军，明军士气大振，个个奋勇杀敌，势如破竹，元军一败涂地。因为，这场战争是关系到全局的决定性战役，明军在神灵的佑助下转败为胜。当天夜晚朱元璋遂作一梦，见一儒生入告说："吾宋时会稽诸生，姓谢名绪是也，祖名达，宋敕封广应侯，伯名孟关敕封五道十一相公。余兄弟四人，长名纲，善驾云致雨；次名纪，善制水往来；次名统，善兴风扬沙；余居第四，恶金、元乱中原，力不能剿，赴苕水死，尸葬金龙山麓，饮恨九泉百余年。幸圣主出，时为拥河北流，以伸平生之志也。"言毕而出。

朱元璋惊醒后次日，将梦境告诉属臣，并命查稽谢绪生前事历。当得知谢绪为数千年来的黄河龙神，亦即宋元时期盛行于徐州洪一带的"护国金龙"的化身时，朱元璋便传旨昭告天下，封谢绪为"金龙四大王"。取这个封号既因为谢绪是金龙的化身，又因其生前隐居金龙山，并葬于金龙山，且在兄弟中排行老四，"大王"为水神之尊者。因为谢绪能号令黄河之水，因此又被封为黄河之神，兼管运河（明清时，徐淮一带黄运不分）。其神民间尊称为黄河福神、黄河福主。史曰："永乐间，凿会通渠，舟楫过洪，祷无不应。"

明嘉靖年间著名文学家徐渭在《金龙四大王庙碑记》中记载："王姓谢，名绪，宋会稽诸生，晋太傅安之裔，祖达。父某，有兄三人曰纪、曰纲、曰统，王最小，行第四。居钱塘之安溪，后隐金龙山白云亭，素有壮志，知宋鼎将移，每慷慨愤激。甲戌秋，八月大雨，天目山颓，王会众泣曰：'天目乃临安之镇，苕水长流，昔人称为龙飞凤舞。今颓，宋其危乎。'未几宋鼎移，王昼夜泣语其徒曰：'吾将以死报国！'其徒泣曰：'先生之志果难挽矣，殁而不泯，得伸素志，将何以为验？'曰：'异日黄河北流，是予遂志之日也。'遂赴水死。时水势高丈余，汹涌若怒，人咸异之。寻得其尸葬金龙山之麓，立祠于旁。元末，我太祖与元将蛮子海牙战于吕梁，元师顺流而下，我师将溃，太祖忽见空中有神披甲执鞭，驱涛涌浪，河忽北流；遏截敌舟，震动颠撼，旌旗闪烁，阴相协助，元师大败。太祖异之，是夜梦一儒生披帏语曰：'余宋会稽谢绪也，宋亡赴水死，行间相助，用纾宿愤。'太祖嘉其忠义诏封为金龙四大王，金龙者因其所葬地也，四大王者从其生时行列也。自洪武迄今，江、淮、河、汉四渎之间，屡著灵异。商舶粮艘舳舻千里，风高浪恶往来无恙，佥曰：'王赐'。敬奉弗懈，各于河滨建庙，以祀报赛无虚日，九月十七日为其诞辰，祭赛尤盛。非王忠义之气昭昭，耿耿光融显赫，而能然乎嗟夫。宋社既屋于今已数百年矣，铜驼荆棘，故宫茂草，而王之神灵，独磊磊落落，常在天地间……"（仲学辂《金龙四大王祠墓录》卷四）

最初形成于江南余杭的金龙四大王信仰，随着明代永乐迁都北京以后，江南地区漕运负担加重，从而在信仰层面形成了以护佑水运、漕运为主的运河河神崇拜，并沿运河传播开来。（图 83）金龙四大王信仰的形成过程典型地体现了官民互动的结果，官民双方力量的对比或态度的趋向会影响到对民间信仰的价值评判——是淫祀还是正祀。在官民互动的过程

图 83　明代大运河图

中，金龙四大王因在信仰的取向上更加契合国家正统理念，因而官方致祭的色彩越来越浓，最终被列入国家祀典，淡化了原有的民间性、地域性立场。金龙四大王谢绪也就被明、清两代接二连三地进行敕封祭祀。每当黄河与运河出现大的灾情，朝廷都要对其进行敕封，这样一直延续到清光绪十年的最后一次封禅。国家祭祀金龙四大王旨在捍御河患、通运济漕，当官方的此种诉求得到满足时便会祀神报功，正如美国学者韩森在《变迁之神：南宋时期的民间信仰》中指出："官员们向神祇赐封，是基于与神祇塑像、建庙的信徒们同样的假设，神祇需要人类的承认以使能够继续显灵。"国家祭祀中存在神人互惠的观念。

历史时期，黄河以善淤、善徙著称，下游河段决口不断影响国计民生。元至明清定都北京，朝廷供需仰给东南，物资输运主要依靠京杭大运河，而黄河溃决屡屡冲毁运道，治河和护运成了朝廷要务。河流水性靡常，治理很难，在当时的社会条件下，当人力所不能及时，只得求助于神灵。而兴起于民间的金龙四大王，因迎合国家的祭祀政策，由民间护佑漕运水神上升为国家祭祀的黄河和运河之神。国家祭祀是指以国家名义，按照礼制规定，以皇帝、中央各部为中心，其他官员广泛参与的公共祭祀活动，祭祀活动以国家共同体的福祉、秩序为中心，具有高度的公共性。国家祭祀的对象宽泛，祭祀方式亦有差别，金龙四大王属于明、清国家祭祀的神祇，祭祀方式主要有赐予封号、敕建庙宇、颁发匾额、撰写祭文等。

国家祭祀金龙四大王与黄河冲毁运河密切相关，明朝国家祭祀金龙四大王旨在祈神护佑黄河安澜、漕运畅通。明正统十三年（1448 年）六月，黄河决口荥阳，从开封城北，经山东曹州、濮州、东昌，直冲从阳谷县张秋镇到寿张县沙湾一线的运河西岸，溃决运河而东趋大海，致使运河浅涸，漕船胶阻，朝廷派大员前往治河。到景泰二年（1451年），时间已过三年，问题仍未解决。在开封府境内，因东南入淮河道的淤浅而致河水漫流，溃决后直奔东北，冲垮了山东境内的漕运堤岸，于是景帝命工部尚书石璞等前往堵塞。当时"水势湍急，石铁沉下若羽，非人力可回"。此时，有人建议让有戒行的僧道设醮祈禳。自然力远超出人力之外，严峻形势可见一斑。

到景泰三年四月（或五月），在内官黎贤、阮落和御史彭谊地协助下，开月河二道引水以补益运河，且杀决势，而此时的水流也渐细微，决口才侥幸堵塞，在沙湾筑了石堤。石璞觉得这是神佑之功，便奏请在黑洋山和沙湾（在山东张秋镇，今属台前县）为黄河龙神建两座新庙，景帝同意并命河南、山东两布政司在每年的春秋仲月择日祭祀。（《明英宗实录》卷二一七）赋予河神以灵性，将神体从水体中分离出来，幽微莫测的神灵获得了无边神力，反过来又左右着人们的心灵和行为。山东沙湾的感应祠，即是稍后徐有贞所说的"大河祠"。河南黑洋山的河神庙，位于黑洋山西北的河北之滨，在原武县东北二十里，在阳武县西二十里，因其恰处两县交界，故"责令原、阳二县春秋轮祀。"（《乾隆怀庆府志》卷六《河渠·河防》）以配合布政司官员或上方来员的祭祀活动。

从正统十三年（1448年）夏开始的这次黄河泛滥，近乎百年一遇，水流旺盛，规模超前。景泰四年（1453年）十月十一日，在河决沙湾持续六年无解的情况下，景帝召集大臣在文渊阁议举人选，最后推左金都御史徐有贞前往治理。徐有贞抵达山东后，并未骤然堵塞，而是"戒吏饬工，抚用士众，咨询群策"。并从东至西，"逾济涉汶，沿卫及沁，循大河道范以还"。亲自沿河巡视，"究厥源流"，"度地行水"，找寻规律。最后决定从上游的河、沁之地，经开州、濮州到张秋金堤，修渠筑闸，上下协调，适时节宣。"河、沁之水过则害，微则利，故遏其过而导其微"。此次工程从景泰五年春动工，至六年夏收功，秋天告成。景泰六年六月初三日，在工程接近尾声时，徐有贞又前往沙湾感应祠代皇帝祭祀黄河河神。

祭文对这次河神转患为福的功劳给予了高度评价：

> 恭承大命，重付眇躬。民社所依，灾祥攸系。志恒内省，政每外乖。兹者雨泽不敷，河流灾决，舟船浅滞，禾稼焦萎，疾患由臻，公私所病。究惟所自，良有在兹。然因咎致灾，固朕躬罔避。而转患为福，实神职当专。夫有咎无勤，过将惟壹。而转患为福，功孰与均？特致恳祈，幸福悬望，谨告（谢肇淛：《北河纪》卷八《河灵纪》）。

从上面的叙述可以看出，从景泰二年首次给黄河河神加封，到景泰三年六月工部尚书石璞奏请在黑洋山和沙湾为河神建祠，再到景泰七年，左佥都御史徐有贞在沙湾奉敕建金龙四大王祠，（图84）皆表明官方在黄河河神信仰上所迈出的不断推进的实质性步骤。尽管金龙四大王庙在明中叶已遍及会通河沿岸，并显然得到地方官员的支持。但直到景泰七年（1456年）十二月，中央政府才始"建金龙四大王祠于沙湾，命有司春秋致祭，从左佥都御史徐有贞奏请也"。（《明英宗实录》卷二七三）虽无赐封，但这一事件仍可视为金龙四大王正式获得中央政府的认可。而所奏请之徐有祯，亦名徐有贞，景泰二年至七年专事治河，广济渠之通

图84　沙湾金龙四大王祠石雕遗物"龙吻"

全赖其力。尤以景泰七年豫、鲁及畿辅大水，仰其所修堤防，河漕安然，故景泰奖劳甚至，并因此擢副都御史之职。金龙四大王建庙之请，应在其时。

清代延续明制仍将金龙四大王纳入国家祀典。清国家祀典分大祀、中祀、群祀，金龙四大王位列群祀类，并形成从中央到地方的祭祀体系，

"祝文内阁撰拟，发太常寺，香帛由太常寺预备，祭品由地方官备办。"（《大清会典》卷九五）祭祀礼仪完备，"祭日上香、奠帛、爵、读祝、望燎等仪，遣官行礼。"祭祀体系恰与官方治河权力机制一致，祭祀黄河河神成为河务的重要内容，上至皇帝、河臣总督，下至地方官员广泛参与。

顺治二年（1645 年），"以黄河著异"，加封金龙四大王为"显佑通济之神"，"庙祀江南宿迁"。（《文津阁四库全书》第 207 册第 11 页）此后国家祭祀更为频繁，形式多样，中央政府惟以不断提高赐封规格来彰显其"屡卫河工，翊护漕运"中的卓越功绩。清帝南巡时多在河工险处祭祀河神谢绪，"（乾隆二十二年）四月，皇上亲临徐州阅视河工，以河溜刷深、神明默佑令地方官建河神庙于云龙山之北，加封为显佑通济昭灵效顺广利安民金龙四大王之神。"（《皇朝通典》卷四四）

清代皇帝拥有祭祀金龙四大王的最高权力，皇权与神权结合，通过国家祭祀行为向下灌输国家的祭祀理念。值得注意的是，皇帝是祭祀权力的行使者，其祭祀行为亦有祭祀心理的支配。事实上，金龙四大王信仰已深入皇帝的内心。乾隆五十九年（1794 年），河南商虞堤工被浪撞击，经三昼夜抢修各工才保稳固，乾隆帝"览奏欣慰，以手加额，此皆仰赖河神显佑，得以化险为平"。（《乾隆朝上谕档》）又令"凡遇河神二字，俱应双抬书写，以昭敬慎"。（《清高宗实录》卷一四五六）

敕建庙宇是国家祭祀金龙四大王的重要形式，皇帝不惜重金建庙祀神，旨在庇佑河安运畅。雍正二年（1724 年），河南巡抚田文镜奉旨于武陟县建造金龙庙，（图85）耗银八千余两，"庙宇极其精工壮丽"。（《文津阁四库全书》第144 册第 40 页）雍正五年（1727 年），总河齐苏勒奏曰："江南黄河一带所建龙王庙甚多，或地处沮洳，或庙貌狭

图 85　河南省武陟县嘉应观

小，均不足以壮观瞻……本籍祠墓亦行修理以彰盛典。"（《文津阁四库全书》第 143 册第 40 页）皇帝采纳奏议，敕建宿迁皂河、钱塘孝女北乡两处庙宇规模与豫省同。乾隆二十六年（1761 年），河南杨桥漫合龙，"于工所建立河神专祠，岁特祭享"。（《清高宗实录》卷六四八）乾隆四十二年（1777 年），因陶庄开放引河工成，"命建河神庙，岁以春秋致祭"。（《文津阁四库全书》第 210 册第 715 页）敕建庙宇规模宏大，并由专官祭祀，香火旺盛。

此外，在官员地请封下，皇帝赐予金龙四大王封号以报神佑。自明太祖敕封"金龙四大王"后，天启六年（1626 年），治河名臣苏茂相奏请获准，皇上传旨敕封"护国济运金龙四大王"。至清代，据《金龙四大王祠墓录》载：从顺治二年加封神为"显佑通济"四字始至光绪五年加封"溥佑"止，共加封 18 次。即敕封"显佑、通济、昭灵、效顺、广利、安民、惠浮、普运、护国、孚泽、妥疆、敷仁、保康、赞翊、宣城、灵感、辅化、襄猷、溥靖、德庇、锡佑、溥佑"金龙四大王，长达四十四字。这在历史上历代神祇封禅中是极为罕见的，按封禅的规则是不准超过 40 个字的。中国所有的神祇中，只有河神谢绪、海神天后林氏超过 40 个字。然而在《清史稿·礼志卷三》中排名第一的只有"河神谢绪"，"福建祀天后林氏女"排在第三，这充分说明了清皇室对金龙四大王在国家祭祀礼仪中倍崇有加。正是国家祭祀使金龙四大王成为正祀之神，官方成为信仰传播的重要力量，信仰空间不断扩展，在明清数百年的时间里金龙四大王信仰遍及数十省，传播甚广。

金龙化身"金龙四大王"谢绪的忠义形象符合国家祭祀理念，得到明清官方的认可和支持。国家祭祀金龙四大王具有双重意义，一方面，通过祭祀传达国家祭祀理念，掌控民间信仰资源，国家权力渗入民间信仰领域，加强了专制统治。另一方面，祭祀以国家福祉为中心，旨在祈求神灵护佑河道安澜、漕运平安，带有功利性色彩。官员祭祀沟通了国家与地方社会。官员从国家立场出发，奉行国家的祭祀政策，尊重民间的祀神文化，对巫觋、祀蛇等风俗予以认可和利用。具有礼治意义的国家祭祀文化与世俗祀神文化相互塑造和影响。河患的多发和漕运的兴盛是金龙四大王信仰扩展的外部环境，国家祭祀政策的认可是信仰扩展的前提条件，而金龙四大王信仰地域扩展的根本原因是社会经济的发展和社会群体流动性加强，漕运官军、商人、官员等社会群体往来于大运河、黄河、长江、淮河等水体之上，推动了信仰的扩展。

从官方的层面来看，金龙四大王形象和显圣事迹的记述主体是处于社会统治层面的官员们，是他们推动了金龙四大王信仰的形成。在仲学辂汇编的《金龙四大王祠墓录》中搜集了各种明清两朝仕宦及官方志书记载中对金龙四大王的显灵记载和赞美之词，集中体现了金龙四大王信仰的官方化色彩。那他们为什么会热衷于塑造这样一个神的事迹？从现实需求看，对漕运、水运护佑的心理诉求是他们接受金龙四大王的现实基础。但明代漕运信仰众多，为什么金龙四大王独能获得官方的认同？这与神的最初形象及显灵事迹符合社会主流的儒家道德和伦理教化要求是相关的，从而形成了共同的心理认同和价值判断。这才是不可或缺的原因。从文献记载看，谢绪具有儒家视野下完美的士人形象，他出身世家大族，有文才，"以天下自任"，"稍长更折节就学，褒衣缓带，斌斌有儒者家风，性刚决，遇不平事辄慷慨持论"，能周济乡里，特别是在南宋灭亡的关键时刻，能够以身殉国，更是表现出传统士大夫追求的理想气节，有着积极的社会教化意义。因此，两个方面的因素共同促动，使得金龙四大王成为官方积极推动的民间信仰，并最终成为"正祀"，被列入国家祀典。

金龙四大王经明、清两代中央政府封赐、地方官员推动以及商人集团的呼应，不断由分布的核心区域——黄河下游兖州、徐州、淮安黄运交织地带，形成了金龙四大王信仰的中心祭祀区。具体而言，这一信仰分布最密集的地区是在河南、山东、江苏三省

图86 江苏省宿迁市皂河龙王庙

交界地区，并以此为中心。（图86）因地域邻近，又有黄河水道相通，河南亦是黄河河患的多发区，故信仰在河南地区也广为传播。明代国家认为黄河的安定以及漕运的顺畅均系金龙四大王的佑护，从而金龙四大王在明代中后期已独步河上，成为黄河、运河一带首屈一指的河神。明代，国家为治河保运的需要，于此一区域建庙祀神，强化了金龙四大王的黄河神神职。在国家祭祀地推动下河道漕运及地方官员亦不断建庙祭祀，进一步推动了信仰扩展。金龙四大王信仰由中心祭祀地区向外扩散：一支沿黄河传播，扩展至河南黄河附近区域，并向上游扩展至今山西、陕西、甘肃等地区；一支从长江以北沿运河移入江南，金龙四大王随着南北漕运贯通也受到运河地区人们的供奉，亦向江西、湖南等地传播。

明清时期，金龙四大王信仰随着在国家祭祀体系中地位不断隆盛，受到上及封疆大吏下至黎民百姓的普遍崇拜，这一信仰逐渐向外围扩展，形成几乎遍布整个黄河流域并波及江南地区的空间分布态势。清代，大运河祭祀带庙宇更为密集，中心祭祀区向南扩展，扬州府庙宇增多，成为中心祭祀区的组成部分。除大运河沿岸庙宇集中外，信仰以大运河为轴心，向周边地区扩展。黄河多次侵夺淮河水道，安徽北部淮河及其支流一带河患较重，信仰扩展地域较广。安徽南部与中心祭祀区淮扬一带经济联系密切，信仰扩展至安徽长江干流及附近支流地区。

明朝时期盛行于大运河、黄河中下游附近流域的金龙四大王信仰，为何能够与兴盛于唐朝的龙神信仰"西平王总统"李晟融为一体呢？其一，唐朝的"西平王总统"李晟与明朝兴起的"金龙四大王"——南宋人谢绪，他们都是龙神金龙转化于不同时期的两个化身。其二，生活在岷县、临潭一带的汉族，按照当地人的说法和当地一些志书的记载，他们原来都是从南京等地迁移过来的，是明朝部分开国将领的部属，其中有些将军是洮岷移民的先辈。他们从遥远的江南迁移到西北以后，自然也就将盛行于其家乡的金龙四大王信仰传播于当地，当得知金龙四大王也就是龙神金龙的化身后，逐步地便形成了在洮岷地区的龙神信仰中李晟集唐朝的"西平王总统"和明朝的"金龙四大王"于一身的这一鲜为人知的龙神现象。

《金龙训言》曰：

今日吾金龙，也就是远古闻名的"西平王总统"——金龙大王也！吾百感交集，今日再次登上马衔雄姿，吾的古道也。今日大德的弟子同善男信女，你们的功德无量也，吾代表当地的龙神给你们祈福了。神慈有灵，神灵护佑，家园兴盛，绿树成荫，百灵旺盛，门家道泰，歌舞升平。各家门中，吉祥如意，求职者升，求业者达，求文者成，诸宜丰年大有，财金银饷。

二、洮岷花儿是龙神信仰传播的重要形式

二郎山位于岷县城南、千里岷山的起首处。二郎山花儿会最早源于岷县的祭神赛会，据考证其形成时间为明代。每年农历五月初，分布在境内的十八位龙神开始全程巡域。位于其巡行路线上的村庄分会在祭祀地点便形成点蜡、求神、发愿、唱花儿的大小会场达四十多处，其中心五月十七日二郎山花儿会的规模最大。这便是远近闻名的岷县"五月十七"的龙（湫）神赛会，紧接着又是独具地方特色的"二郎山花儿会"也拉开了序幕。群众唱"花儿"许愿，歌祝神灵，以保年景丰盈。在赛会上，有龙神落轿听"花儿"的风俗，每至赏心处，便起轿狂跳，想必是以"花儿"祈愿的遗传。随着时间的推移，赛会上的唱"花儿"活动更具世俗性，曲曲皆为民众心声，有诉怨者、传言者，特别是爱情"花儿"占了主导地位。

"洮岷花儿"除了具有音乐价值和即兴演唱价值外，歌词的文学价值也极高，它与龙神祭祀一样，凝聚了劳动人民的智慧，是研究岷县社会发展历史和民俗文化的宝库。所唱"洮岷花儿"，分南北两派，南路派花儿又叫"阿欧怜儿"，演唱粗犷高亢，具有原始美的显著特点；北路派花儿又叫"两怜儿"，曲调自由舒缓，长于叙事。在洮岷一带，所有的花儿会，几乎都在风景秀丽的名山、庙宇附近举行，这与花儿会大都起源于民间的迎神赛会等农业祭祀活动有着密切的关系。《岷州志》中记载："诸湫神庙，每岁五月十七日众民，各举其湫神之像大会于二郎山，各备祭羊一只，请官主祭。（《岷州志》卷七《秋祀》）这部志书的《艺文》中，还有修撰者汪元所写的《岷州竹枝词八首》，其三云："社鼓逢逢禳赛时，青旗白马二郎祠。踏歌游女知多少，齐唱迎神舞柘枝。"生动地描写了当时迎神赛会的盛况。到了清末，情况略有变化。光绪庚寅（1880 年）进士、岷州文人尹世彩在他的诗中写道："五月十七二郎山，祖裼裸裎人万千。少年都是谁家子？一声姊妹一声怜。"说明到了清末，虽然青壮年男子都仍然光着上身抬着各村社龙神上二郎山聚会，但已把唱情歌作为重要的余兴了。

1938 年，历史学家和民俗学家顾颉刚先生赴洮河流域考察，曾目睹了临潭县新城的"五月神会"，他在自己的日记中写道："三十一日：下午，与明轩、霞波等同上城楼，看龙神会。又至隍庙看龙神像。临潭十八乡有十八龙神，其首座曰'常爷'，即常遇春，其他亦并明初将领，但有足迹未涉洮州者，而如沐英之立大功于此者转无有，盖此间汉人皆明初征人之后裔，各拥戴其旧主为龙神，以庇护其稼穑，与主之职位大小、立功地域无与也。龙神像舁至东门会齐后，即抢先到隍庙安驾，其至之先后谓与年之丰啬成正比例，故奔驰皆极迅，犹存端阳竞渡之遗意。明日龙神游街。后日端阳，将上朵山禳雹而归。"（甘肃文史资料选辑第 28 辑《甘青闻见记》第 66 页）

1947 年，陆泰安在其《洮州纪略》一文中，对岷县维新乡元山嘴农历五月十二日高庙迎神赛会，描写得更加具体生动，他写道："每逢此日，洮岷抬诸神十余位赶会，村村相迎，家家祭祀，山巅形成闹市，男女人等穿红戴绿，其徒步顶礼赴会朝山者不下五千人，往来参神，逢场照戏。待诸神登山后，就在高庙的戏台下，先由抬神者乱跑乱跳，继则护神者持刀玩棒，喊声震天……这一天，诸神供宿这庙，凡是远道前往赶会者，大都食宿于此，他们彻夜高唱，那新颖香艳的词句，婉转嘹亮的声韵，动人魂魄，醉人心神，男女问答相和，若彼此情意融合，即在庙前神龛，权作结婚前奏，同席者不以为奇。翌日诸神纷纷乘轿回府……结束了一年一度的高庙盛会。"（陆泰安《洮州纪略》）这段文字，把 20 世纪中叶的高庙迎神赛会上的赛神、祭祀、祈禳、还愿、唱神花儿和情歌的场景描述得淋漓尽致。

一年一度的迎神赛会，目的主要在于求得农业丰收、人畜安康。会上，不但巫娘"唱神来"，众乡民也要"纷歌舞"，这种歌与舞，都是唱给神听，舞给神看的。既然迎神赛会是当地传统的农业祭祀活动，而今天的花儿会又是古老的迎神赛会的延续和发展，那么，将人们在花儿会上唱给神灵的歌纳入祭祀性歌谣的范围来研究，乃是理所当然的了。

花儿所反映的社会生活内容十分广泛，表现民间信仰习俗的祭祀性花儿（俗称"神花儿"），就是其中很重要的一部分。兰州大学教授柯杨长期关注这一地区的民俗文化，也曾数十次从事当地民俗活动的田野作业。他就洮岷花儿中祭祀性歌谣的内容与特点作了叙述和阐释：

> 祭祀性歌谣，与祭祀性音乐和舞蹈一样，是古代"人神沟通"的一种重要方式。说古代的祭坛就是文坛，是很有道理的。运用不同于日常生活语言的歌唱、咒语、诵经等，以其独特的声调、韵律和节奏，创造出一种异乎寻常的神秘气氛，这正是"人神沟通"时所特别需要的境界。在其他地区，掌握这种歌唱或吟诵技巧的只是少数巫觋或专门的神职人员，是一种个体行为。但在洮河流域广大农村的祭祀仪式上，巫觋(师公子)的地位和作用并不突出，他们被淹没在了群体歌唱的汪洋大海之中。当地"师公子"们的歌唱技巧，大都比不上民间的"花儿把式"，这是很值得注意和研究的一种特殊现象。造成这种局面的原因大约有两个：一是乡民们求神佑护的心情迫切，且所求甚多，"师公子"们的那几句套语，很难准确、完整地表达他们的心愿，于是，便越过"师公子"这个"中介"而直接向神灵诉求了；二是多数"师公子"为了突出自己的神圣性，往往表情严肃，按规程办事，神秘有余而情感不足，而乡民们即兴创作，"我口唱我心"，唱着唱着，不是泪流满面，就是喜笑颜开。他们觉得，这样唱才能"以情感神"，达到与神交流的目的。就这一特殊现象而言，洮河流域的祭祀活动更具古朴性和全民性，保存了许多在别处早已逝去的传统民俗事象，希望能引起民俗学家们的关注和深入探讨。

洮河流域各县平均海拔 2500 米左右，年平均气温在 5°C 上下，年降雨量 580 毫米左右（多集中于夏、秋季），无霜期 45 天到 145 天不等，属高寒阴湿地区，农作物以小麦、青稞、蚕豆、马铃薯、油菜籽为主，主要的自然灾害是春旱与夏秋季的暴雨、冰雹，以及因之而来的洪水，局部歉收和绝收的情况年年都有。农民们在花儿中唱当地的自然状况是"一会儿太阳照者哩，一会儿白雨（冰雹）倒者哩，一会儿烟雾罩者哩"。在这种恶劣的自然环境下从事农业生产，其困难可想而知。正是在这种生存危机没有尽头的情况下，乡民们祈求神灵对农作物加以佑护，就不难理解了。正是当地农民为求得生存而向神灵表达的衷心愿望。如"求雨歌"：

> 杆两根，一根杆，
>
> 十八位龙神保佑各乡都平安，
>
> 叫庄稼扯上十分田，
>
> 全县的百姓都喜欢。 （临潭）
>
> 玉皇大帝蓬头王，
>
> 你把神力张一张，
>
> 下一场透雨安十方，
>
> 叫百姓不遭孽障。 （康乐）
>
> 娘娘庙里木香呛，
>
> 先给天上玉皇唱，
>
> 轻风细雨落一场，
>
> 先把四路八乡的庄稼长，
>
> 斗价塌者三倍上，
>
> 坐者吃肉喝酒摊子上，
>
> 穷娘娘们一搭喧一场。 （岷县）

在过去，不论在大型迎神赛会上，还是在各村社祭祀当地龙神的小庙会上，凡唱这类"神花儿"，都是在地方绅士、"社头"、"会长"地安排主持下，组织当地老年"花儿把式"来即兴创作和演唱的。歌者手持点燃的线香，跪在神像前或庙院里演唱，气氛比较严肃、庄重。

在唱"散冒歌"之前，先由"师公子"（男巫，亦称"觋"）披发仗剑作法，并高声吟唱"轻风细雨，月月常降；恶风暴雨，别发一方"。之类的诀术歌，然后，歌手们就可以即兴创作，此起彼伏地唱起来。他们唱道：

灵佛爷，

你要叫白雨消散呢，

庄稼成下是有饭呢，

百姓(给你)就把羊献呢！　（临潭）

染房门上挂蓝布，

龙神爷，

你把恶风暴雨要堵住，

叫黄田收下入了库，

莫叫一年的辛苦白耽误。　（临潭）

红心柳，两张杈，

龙神爷，

黄田就怕白雨发，

你的神力稀没大，

要把受苦的百姓拉一把！　（临潭）

如果这一年某乡某村的庄稼幸免于灾，获得了丰收，那么，秋后乡民们的"还愿"仪式必然相当隆重。不但要焚香膜拜、献鸡献羊，还要用歌声表达对神灵的感激之情。他们唱道：

一根杆，四根杆，

龙神爷，

今年庄稼扯了十分田，

老老少少都喜欢！（临潭）

针一根，两根针，

灵佛爷，

我永世不忘你的恩，

若要忘了你的恩，

叫雷击多脑（脑袋）火烧身！（临潭）

　　客观存在的生存危机与人们强烈的生存意识，是普遍的社会现象，也是种种信仰习俗至今延续不断、长盛不衰的根本原因之一。信仰民俗作为人类的精神支柱，在表现形式方面虽然千差万别，但像洮河流域的民众对龙神的信仰竟如此执着与虔诚，却是极其罕见的。当地艰苦的自然环境给从事农业生产的群体所施加的精神压力是如此之大，致使他们将自己的一切希望与理想，都寄托在了龙神身上，构成了独特的心理民俗现象。

三、临洮与榆中地区的金龙爷（金龙大王）信仰

　　马衔山下的临洮地区也有与岷县十八位龙神一样的龙神赛会。临洮县城一年一度的河神祭祀活动，也就是迎接“八位官神”的迎神赛会，八位官神依次是常爷、金龙爷、廉洞爷、显神爷、二郎爷、白马爷、索爷。迎神活动的主要过程大致是下庙取水、走马路、齐聚河神祠、游街拜见张进士、雍御史、回水上庙等。庙会是当地群众最大的狂欢节，迎拜开始至结束，时间将近一月。地域包括临洮全境，参加人员之多，场面之热烈，方式之独特，为陇上所仅有。清代著名诗人吴镇在《我忆临洮好》中说：“居临三月后，赛社日纷纷。”其在《临川阁杂咏》中又曰：“湖潭原是古西湖，木客松杉积万株。秋山不来春社好，白杨林下舞神巫。”（《临川阁杂咏》之七）便是这一民俗盛会的写照。

　　酬神娱乐活动的渊源，属于周代的遗风。但随着时代、社会、民族、地域的不同，活动的内容和形式有许多变化，大致经历了自然崇拜、神灵崇拜到英雄崇拜的几个阶段。临洮的迎神活动大体具有番（蕃）、汉一体的民族特点。临洮迎接八位官神的活动，是从高庙山祭祀太白爷的活动结

马衔山龙文化与黄河文明

束后，才掀开序幕的。即"太白爷上庙，八位官神下庙"。每年于五月初一始祝神唱戏，初二日，八位官神走完自己的马路，这一天准时齐聚于临洮县城西南五里的河神祠。河神祠即原"湖潭庙"，据说始建于唐代，后经修缮扩建改名为河神祠，殿堂、厢房、僧房等达三百三十九间。有诗赞曰："琉璃屋脊瓦飞檐，庙门高耸彩云间。石狮威严站两边，大殿巍峨雄姿展。佛尊列排供香烟，信士叩首多善缘，松柏环绕钟声传，万里扬名堪威严。"

八位官神中的常爷、廉洞爷、显神爷、二郎爷，虽有浮桥可渡，但是都要先集中在洮河西岸离县城不远的杨家店，然后再乘上提前准备好的四艇巨型木排漂流而下。木排上锣鼓喧天，礼炮齐鸣，彩旗招展，逶迤而下，于东岸木厂上岸。届时，两岸观众如云，欢声雷动，大有江南龙舟竞渡之盛况。吴镇在《临川阁杂咏之四》中描述到："贝阙珠宫羽卫多，龙舟吹哨水扬波。招魂果得灵均起，应为秦人续九歌。"其余四位官神则是从东岸的不同方向沿旱路浩浩荡荡蜿蜒而来，八位官神齐聚河神祠后，依次排坐。然后举行聚会的仪程：拜谒、掬水、斗宝、献牲、祝神、唱戏等。

五月初五端午节，早戏刚一唱完，县官遂奉香后，八位官神便从河神祠出发，进入城内西大街。过骡马市，经石桥街，先参拜城隍，然后进入北大街，再去拜谒张进士、雍御史。八位官神游街时，迎神的仪仗队前后相接，见头不见尾。只见旗帜蔽空，翠盖迎风，龙轿闪动，人来人往。满大街的杨柳遮阳帽，震耳欲聋的鞭炮声，全城的氤氲香气。整个临洮城内万人空巷，成群结队，前呼后拥。当龙轿经过时，男男女女，老老少少都躬下身争着从龙轿下钻过，为的是祈求平安顺利，图一个吉祥如意。这时，城外的洮河岸边也人山人海，各界名流、文人学士、红男绿女。有焚香敬神者，有许愿还愿的，有求学升迁的。在古树绿荫之下，如茵草地之上，也有挥毫泼墨作画和书写楹联的。还有看戏的、跳舞的、卖艺的、打唱叫卖的、猜拳行令的，真是热闹非凡。庙会、交易会、郊游活动结为一体，把从五月初一日开始的河神祭祀活动推向了高潮。

临洮迎神赛会的目的总的来说，仍是祈求神灵保佑当地风调雨顺、国泰民安。因为历史上这一地区旱灾、雹灾、虫灾非常频繁，盼望一年的庄稼能有好的收成是人们最为迫切的心情。对于这种情况古代诗人的笔下多有涉及，如清代吴之挺《竹枝词》写道："五月清明做道场，村村迓鼓拜龙王。巫阳抱得灵湫至，一路甘霖作麦香。"又如清初临洮诗人张晋（顺治壬辰年进士）在他的《迎神曲》中，也是这样描写家乡当时的迎神赛会的：

> 桃花吹风杏花雨，山口春入古庙宇。
> 万炉突突香烟举，吹竽撞钟纷歌舞。
> 巫娘婆婆唱神来，土壁龙蛇眼欲开。
> 纸钱烧红飞蝶灰，精灵和乐不能回。
> 初祝螟虫化为水，大家再祝旱魃死。
> 殷勤拜跪三祝已，田熟牛肥疾病止。
> 献神羊，酬神酒，送神神归神保佑。
> 白马金袍神康寿，年年与我好麦豆！

五月端阳节这一天，是临洮民众欢欣喜悦的一天，也是快乐万分的一天，临洮县城一年一度的河神祭祀活动达到高潮之日，与此同时，在"辛店文化"的发源地临洮县辛店镇，辛店人也正在举行一种别开生面、非常独特的活动"抬龙王过洮河"，也就是抬着金龙爷坐轿渡过洮河。（图 87）

这一天，人们抬着金龙神像在洮河中尽情畅游……为何这个地方会形成如此独特的一种民俗活动呢？它有着怎样的内涵呢？有人认为：明初，

图 87　临洮县辛店镇"抬金龙爷渡洮河"

马衔山龙文化与黄河文明

明军攻占洮岷地区后，由于这一带人口稀少，防御困难，便从江南迁来了大量的移民。这些移民也将家乡信仰、风俗带到了洮河边上。于是，原本在江南民间祭祀的金龙爷（金龙四大王），也就来到了洮河边上。为了不让后人忘记他们来自江南，这里定居的江南移民们便流传下来。"抬着龙王过洮河"这种活动，以示他们来自江南水乡。笔者不赞同这一观点，其一，近年来，笔者在搜集、整理金龙文化资料时，在查阅明、清时期的相关史料、类书、方志笔记以及当今专家学者们关于金龙四大王信仰的研究成果中，并未发现在金龙四大王信仰盛行的江淮地区、运河两岸及黄河中下游流域有这样的祭祀形式或风俗。其二，笔者认为，辛店镇的这一"抬龙王过洮河"独特的民俗活动与洮岷地区的龙神赛会，都是"龙神崇拜"与"河神信仰"的传承和延续。因为，马衔山地区是华夏龙神崇拜与信仰的发源地和传播地，也是龙神金龙的圣地。

流传在洮河两岸的"抬龙王过洮河"的民俗活动，其出发点就在辛店龙王庙内。龙王庙在镇子中间，从邮电局对面的一条小巷中进去就是。端阳节这天，辛店镇上人山人海，其中不乏远道而来的探秘者。随着人流慢慢往前移动，五六分钟后，就到了龙王庙。龙王庙由一进两院组成，外院是一个小广场，有一座戏台。从戏台斜对面的小门就进到里院，里院内也挤满了人。最大的建筑是一座大殿，上面的匾额写着"龙王庙"。这个龙王庙比较独特，庙内供奉的既不是东海龙王，也不是西海龙王，而是另外一尊神——金龙爷。因此，严格意义上说，这座庙应该叫"金龙庙"。

沿着高高的台阶，一步步走到大殿里，在大殿内看到的却是另外一种景象。原本端坐在神位上的金龙爷，却被人们请到了门口右侧的轿子上，而大殿正中则是供奉着各路神像。金龙爷的雕像被安放在一块木板上，而木板又被人们用两个碗口粗的椽子绑成了轿子的形状。金龙爷慈眉善目，身披红色绸缎，四周被人们用枝枝柳条所装饰。这一天，辛店镇的民众就要抬着"金龙爷"过洮河。这一民俗，乡亲们称是给金龙爷洗澡。按照传统的程式，在抬着金龙爷出发之前，还要进行一系列的祭祀仪式。

龙王庙的院子里站满了人群，大家都在等待仪式开始。随着大殿下面院子里的鼓声响起，仪程正式开始了，师公拿着一把扇鼓，头戴纸花帽，身披五彩衣在院子里跳了起来。他一边跳一边唱，在金龙爷神像前和院子内来回蹦跳。最后，他站到了一张桌子上，拿着一枚长五六厘米、外形为六棱柱的法器，口中念念有词地祷告了一番，便将法器扔到了地上。这时，跪在地上的几位长老将法器接起来，看上面的字符，以此来确定金龙爷给出的预兆，以及金龙爷渡洮河的方位和时间。进行完这些程式后，最为紧张而激烈的仪式就到了，早已准备好的小伙子，来到大殿里，将"坐"在轿子上的金龙爷抬起来，向洮河边进发。此刻，这项延续了千百年的传统民俗活动也就进入了高潮。

事实上，人们并不是单纯地抬着金龙爷走。抬着轿子的小伙子们做出各种动作，或表现出金龙爷无边的法力，或者显示出金龙爷的各种喜好。最精彩的一幕在外院中展开，外院就是有戏台的那个院落。小伙子们抬着金龙爷时而向左、时而向右、时而在原地回旋、时而向后退却，动作如同行云流水一般，轿子也好像在江水中一样，一会儿在浪头上下颠簸，一会儿在漩涡里打转。这种动作被当地人称为"扭扭神"，意思是说抬着神像要扭一阵。

在外院展示完后，人们就抬着金龙爷的轿子，扭着、颠簸着穿出小巷，来到了大街上，向洮河边走去。大街上围观的人群排成了长龙。抬着金龙爷的队伍，前有开道，后有护卫，一路上不少商铺都鸣炮迎接，有些三轮车上还拉着从各个地方请来的神像，共同庆祝这一盛会。辛店镇到洮河边的路并不远。抬着轿子的小伙子们选择了一条比较宽阔的田间便道，向洮河边而去。田地里的麦苗早已是绿油油的了，走在田埂上的村民排成长长的队伍，向洮河边蜿蜒前行。

金龙爷下河的地方选择在辛店镇外的一块宽阔的河滩上。河岸边，早已等待着十几位水性高超的小伙子。他们抬起金龙爷的轿子，便缓缓下水了。这一段洮河，靠着山边流淌，河水的流速比较快。小伙子们抬着金龙爷在河水中出没，展现着他们的水性。金龙爷在水中时沉时浮，在滚滚波浪中，向下游缓缓而去。

在以前，这个活动是要横渡洮河的，后来情况发生了变化，就改成了顺水而下，但整个活动的程式并没改变。端午这天，不仅是金龙爷的节日，也是周围民众的节日，人们从四面八方汇集于此，购物访友，尽情享受着阳光，女孩子们则毫无顾忌地展现着她们的青春靓丽。喜欢唱花儿的村民，早已在大柳树下拉开了场子，很快歌声便直冲云霄。孩子们显然不满足于花儿，他们沿着河岸追逐水中的金龙爷。有下水的地方，自然也有上岸的地方。金龙爷上岸的地方选择在下游大约三里处。那儿是个回水湾，水势相对较缓。小伙子们抬着金龙爷上岸后，主持活动的长老们也从岸上赶了过来。长老们祈祷后，看看金龙爷的面孔说，哦，金龙爷没有洗高兴，还要继续洗。于是，小伙子们抬着金龙爷，回到上游入水的地方，继续护送着金龙爷在河里游水。

洮岷地区的"龙神"赛会和临洮县城一年一度的河神祭祀活动，与明、清时期盛行于大运河、黄河附近流域以"捍御河患，通济漕运"的金龙四大王信仰相对照，我们从中发现了一个不同现象，就是龙神金龙在不同的区域显示着不同的灵应和神通。对此，复旦大学教授张晓虹考察后指出："金龙四大王信仰广泛存在于黄河流域以及黄运交界地已确凿无疑。如果我们在仔细考察各地金龙四大王信仰，就会发现在这样广阔的地域范围内其信仰特点存在着一定的区域差异。"在河南濒临黄河干流的各县，金龙四大王的神通主要定位于防洪，只是更偏重于工程方面；山东地区金龙四大王似与运河或漕运关系更为密切；江苏北部黄运交界地区的金龙四大王信仰，其神通仍集中在佑护航运方面。甘肃地处西北黄土高原，气候干旱，雨量稀少，尤其是地处甘肃中部的广大地区，十年九旱，庄稼歉收，人们盼雨的心愿更切。所以，马街山周边广大地区的金龙信仰主要以祈雨、驱雹、驱蝗、镇水为主，凡吉凶、祸福、盈亏、歉收之事都在祈祝范围，因此，龙神金龙又被视为"福神"。如乾隆《狄道州志》中详细记载了当地由地方官员在金龙四大王庙主持的一次祈雨活动：

> 余任狄邑（今临洮）之十有一年。辛巳（1761年）暮春，赴皋兰（今兰州）综理军供出纳，甘属郡邑卫所诸挽运。是时，民艰刍挽束草至六七十钱不可得，予之往也，狄民环马首而泣者，所在皆是虑在军供不在无雨。予至兰，谒中丞及邦牧。以民苦，

次第告始令，以山草、麦蘀兼收，而远近之民稍得不困。予犹恻
然苦之，乃未逾月，而民以旱闻。或曰：马衔山有金龙大王者，
祷辄应。于是命父老舁至邑，焚香再拜，具巫觋以祝。郡伯许大
夫、城守薛将军及文武诸僚偕晨昏往叩焉。未几，雨得小润；再
拜再祷，越二日，而甘澍沛至。吁嗟乎，王之灵应如响，斯答
矣。

吾闻王姓谢名绪，宋之诸生也。闻陆秀夫负帝昺沈于海，因
赴水死于金龙山下。历数十年，有明太祖起兵，王假梦近臣许反
黄河水以斯助战。后果逆流，遂得封王行四，故世谓金龙四大王
之灵在天下。而狄民独崇奉而敬祀之，异于他处。昔康熙丁未
（1667年）岁大旱，前令胡鼎文亦祷于王，得大雨。而岁，亦不
饥，因为文以纪其事。王宁非狄邑之保障乎哉！若谓雨适会其
时，匪神之为，是不知，积诚之可以有感也。予谓神莫不灵，惟
视所感何如耳。不然予曩岁，以蚄蚄迭见，曾告神以驱，而蝗螟
尽死。神虽不一，讵非其应与。予特隆王之祀，新衣冠，饰装
采，肃仪卫，以奉王于庙礼，所谓有功德于民则祀之也，岂曰邀
福？

(清·娄玠《马衔山金龙大王记》·乾隆《狄道州志》卷十二)

这则纪事讲述了金龙四大王在狄道州所行的三次神迹：二次祈雨，一
次驱蝗，皆应答甚速。还简略介绍了金龙四大王的来历。

民间祈雨，由来已久。关于龙（湫）神"求雨"的记载见于《岷州续
志采访录》"祥异纪事"："国朝顺治六年，久不雨，官民并集城北数武，
致祝于湫神。是时湫池之水尽涸，忽旁涌一泉，流入于池。水光明莹，激
子不浊；味甚甘美，试以茶，经久不变。俄而风起云蒸，霖雨如注。是年
大有，特书。"作为一种民俗文化现象，源于中国古老民族的原始信仰
"龙神崇拜"，后经代代传承延绵至今。自古以来，金龙以不同的化身
"龙神"、"龙王"、"河神"、"金龙（四）大王"在马衔山区域及周边广
大地区赐雨除旱、造福苍生。祈雨于神，形式多样，既有在龙神赛会上举
行的祈雨仪式；也有如《狄道州志》中所载地方官员前往龙神庙内焚香叩

拜，祈求龙神赐雨；还有一种独特方式，就是到马衔山金龙池求雨取水，通称"水会"。每当遇到旱年，村民众议祈雨，便举行水会，习以成俗，沿袭至今。如遇特大旱灾，当地地方官员也参与其中。

清朝道光年间时任金县（今榆中县）县令的李锦芳，民众亲切地称为李公。李公为官清正，又能体恤百姓，深受父老乡亲的爱戴，都叫他李大人。道光二十四年（1844年），金县遇到了数十年不遇的大旱灾，灾情十分严重。夏粮全部绝收，就连补种些小秋作物，也眼看就要错过季节，人们急得像热锅上的蚂蚁团团转。李公也像受到火烧一样，坐卧不安。他一面开仓放粮，一面发动百姓打井取水补苗。但是，天旱得这么厉害，地下的水源都快枯竭了。眼看老天不养人了，当地老百姓便举行水会，只得以"水会"名义请求李大人带他们去马衔山的金龙池祈雨取水除旱。农历五月二十一日，李公丑时起身，带领从人和当地父老乡亲直奔马衔山金龙池而去。一路走来，少不了沿途百姓捧香跪迎，随着沿途乡民的加入，祈雨的队伍也不断扩大，形成一支浩浩荡荡的队伍。当地"水会"规定，凡去金龙池祈雨取水所有人员必须是赤着双脚走路，方显虔诚之心。所以，天亮之时才走到马衔山下的红庄村。稍息片刻，即起身爬山，登山之路崎岖难行，加之烈日当头。时至青龙午时才到达金龙池畔。众乡亲和随从在水会执事人员地组织安排下，依自古传统方式举行了祈雨祭礼仪式。然后，由一位德高望重的老人作为执事者，将一个干净的瓶子，用蜡封严瓶口，倒置着浸入池内，等待一两个时辰后，把瓶子取出放正，再揭开瓶盖，插一炷香到瓶里蘸试。香的头端有个倒钩，像个"挖耳朵"勺（这是古时造香时裁截所至），俗称"马蹄"。据说，如果香头能蘸上半"马蹄"水，就能得半蒌雨（降水量约30毫米），能蘸上一"马蹄"水，就能得一蒌雨（降水量60毫米），超过尺度就会酿成水灾。当时，执事的老人如法浸蘸了几次，都没有一点儿结果。见到此景，李公宽慰大家说："众乡亲别发愁了！假如取上金龙池的水，天就能下雨，好办！好办！"说完，从执事老人手中要来取水的瓶子，向池中淹去。只听"咕咚"一声，灌了半瓶水上来，人们一看，都惊呆了，一齐跪在李公面前，说："父母官救灾心切，这样取水，适得其反。因取了这么多的水，如果天降水祸，怎么了得!"李公也是被旱灾闹慌了,哈哈一笑,安慰大家说:"如果苍天感知,真的降下雨就好,有祸端,我是本县县令,叫惩罚我就是了。"说完,提上盛了水的瓶子,带着众乡亲欢欢喜喜走下山来。

俗话说,天有不测风云,当人们刚走到山脚下时,天气就突然变了。成片的云朵变成厚厚的乌云,布满整个天空。响过一声巨雷之后,那"竹子雨"就直倒了下来。人们见下雨了,淋在雨中也满不在乎,喜得又跳又喊。谁知雨越下越大,眼看山洪即将暴发,要酿成水灾。李公见人们全在峡谷里,急命随从传令,叫人们迅速往山上跑。当大家都撤离到两旁的山坡时,只见一位老人还在谷底被水冲得立脚不稳,摇摇晃晃地眼看就要倒下被洪水冲走,这时,李公带领随从唐汉奋不顾身地跳进水中去救老人。洪水越涨越高,当李公和唐汉二人奋力将老人托举上岸时,一个浪头打来,李、唐二公被洪水吞没了。老人得救了,可李公和随从唐汉为救百姓献出了自己宝贵的生命。

二位恩公被水卷走了,父老乡亲们为了纪念他们,就在他们俩牺牲的地方,修建了"二公祠",并将他们率众取雨,涉水救人,大义捐躯等爱民事迹一一画在"二公祠"的墙壁上。后《榆中县水利志》中也载到:"清宣宗道光二十四年(1844年),夏五月二十一日酉刻,金县烈风暴雨二时许,金川里平地水深尺余,冲毁田地,民居,淹死8人,伤20余人,得救者30余人,浩门桥(县城南关桥)冲没,无存。金县知县李锦芳(字心斋,河南固始举人)和从人唐汉被水淹死,乡人在兴隆山修建了"二公祠"。

金龙在中原地区"捍御河患"的神通,在黄河上游的金城兰州一带也有同样的显现。如《甘肃全省新通志》载:"大王庙,在盐场堡城东北隅。光绪三十年(1904年),河水泛滥,沿河庐舍悉被淹没,波涛汹涌,渐有入城之势。堡人惊惧,以木板御之。俄有一物,长许尺,状如龙形,翘首水中向堡门竖立。堡人以其异,焚香祝之,物忽隐旋复见,如是者三日。追水下石堤,杳然而逝。堡人感其灵,因踵河南四大王遗迹立祠祀之。金龙四大王殿,在府城山子石。谨案。"(《甘肃全省新通志》卷二十八·祠祀志)

　　甘肃地处西北黄土高原，气候干旱，雨量稀少，尤其是地处甘肃中部的广大地区，十年九旱，庄稼歉收，人们盼雨的心愿更切。所以，马衔山周边广大地区的金龙信仰主要以祈雨、驱雹、驱蝗、镇水为主。为答神麻，这一地区的人们纷纷为金龙修建庙宇。据康熙《金县志》载："金龙庙在城北，康熙八年（1669年）典史申所嫦重建。"（康熙《金县志》卷上《庙祠》）与金县相邻的狄道州马衔山不仅有金龙四大王，且该神在当地灵应如响："马衔山有金龙大王者，祷辄应。"（清·娄玠《马衔山金龙大王记》）民国《重修灵台县志》中记载了在泾河上游的灵台、崇信交界有金龙庙的修建（民国《重修灵台县志·祠祀》）。民国《甘肃通志稿》中也记载多处金龙四大王庙：

　　　　临洮县：金龙庙，一在县北马衔山，清知州娄玠有记；一在
　　　　城北二里毁歇马殿；一在北门外。
　　　　渭源县：金龙大王庙，在马连川□。
　　　　会宁县：金龙大王庙，在龙峪。

参考文献

1. 柯杨：《洮岷"花儿"中的祭祀性歌谣》，1982年。

2. 邵伟华：《周易与预测学》，花山文艺出版社1991年1月版。

3. 苏开华：《太极图、河图、洛书、八卦四位一体论》，《学海》1998年1月。

4. 晏云鹏：《洮岷地区"龙神"信仰探源》，《西北民族学学报》1998年第3期。

5. 刘志雄、杨静荣：《龙与中国文化》，人民出版社1999年1月版。

6. 钱其琛：《深刻开掘和研究龙文化的精神内涵》，2000年4月3日《人民日报》第五版。

7. 郭大顺：《龙出辽河源》，百花出版社2001年9月版。

8. 杨东晨：《论黄帝治理天下及其创造的文化》，2007年4月。

9. 庞进：《中国凤文化》，重庆出版社2007年4月版。

10. 何新：《诸神的起源》，中国民主法制出版社2008年8月版。

11. 孔子等著：《四书、五经》，华文出版社2009年10月版。

12. 林家骊译注：《楚辞》，中华书局2009年10月版。

13. 杜海泓辑，姬昌著：《周易大全》，华文出版社2009年11月版。

14. 段振坤：《黄帝学说与和谐社会的建设和中国文化的复兴》，2009年11月。

15. 杜海泓编辑：《老子、庄子》，华文出版社2009年11月版。

16. 刘永胜：《靖远古渡口考证》，《丝绸之路》2009年第16期。

17. 司马迁：《史记》，北方联合出版传媒（集团）股份有限公司万卷出版公司2010年1月版。

18. 褚福楼：《明清时期金龙四大王信仰地理研究》，2010年6月。

19. 班固：《汉书》，吉林出版集团有限责任公司2010年10月版。

20. 徐宗显：《论中华盘古神话的考古、文体及其历史价值》，2010年10月。

21. 未知：《丝绸之路陇右南道甘肃东段的形成与迁变》，2011年3月。

22. 磐石：《中国人祖先来自非洲，北京猿人不是我们的老祖宗》，2011 年 4 月。

23. 张晓虹、程佳伟：《明清时期黄河流域金龙四大王信仰的地域差异》，2011 年 3 月。

24. 王娟娟：《中国古代的黄河河神崇拜》，2012 年 5 月。

25. 许慎：《说文解字》，凤凰出版传媒集团2012 年 12 月版。

26. 王文元：《甘肃临洮钦王湾：大唐皇家内乱中崛起的名将之谜》，2012 年 10 月。

27. 袁珂：《中国古代神话》，华夏出版社2013 年 1 月版。

28. 吴景山：《丝绸之路在甘肃的线路述论》，2013 年 5 月。

29. 马博主编：《山海经》，线装书局2013 年 10 月版。

30. 易洲编著：《恐龙百科》，中国华侨出版社2013 年 10 月版。

31. 郭丹译：《左传》，中华书局2014 年 8 月版。

32. 王充：《论衡》，岳麓书社2015 年 2 月版。

33. 孔子等编选，芳圆主编：《诗经》，天津人民出版社2015 年 3 月版。

34. 滕力：《丝路莲台话雷祖》，甘肃人民出版社2016 年 9 月版。